江苏省公民道德与社会风尚协同创新中心成果

江苏省道德发展高端智库成果

道德与幸福同一性的精神哲学形态

任春强　著

中国社会科学出版社

图书在版编目(CIP)数据

道德与幸福同一性的精神哲学形态/任春强著 . —北京：中国社会科学
出版社，2022.9

（东大伦理博士文库系列）

ISBN 978 – 7 – 5227 – 0737 – 2

Ⅰ.①道⋯　Ⅱ.①任⋯　Ⅲ.①幸福—研究　Ⅳ.①B82

中国版本图书馆 CIP 数据核字（2022）第 142976 号

出　版　人	赵剑英	
责任编辑	郝玉明	
责任校对	谢　静	
责任印制	戴　宽	

出　　　版	中国社会科学出版社	
社　　　址	北京鼓楼西大街甲 158 号	
邮　　　编	100720	
网　　　址	http://www.csspw.cn	
发　行　部	010 – 84083685	
门　市　部	010 – 84029450	
经　　　销	新华书店及其他书店	

印刷装订	北京君升印刷有限公司	
版　　　次	2022 年 9 月第 1 版	
印　　　次	2022 年 9 月第 1 次印刷	

开　　　本	710×1000　1/16	
印　　　张	17.25	
字　　　数	293 千字	
定　　　价	99.00 元	

总　　序

　　东南大学的伦理学科起步于 20 世纪 80 年代前期，由著名哲学家、伦理学家萧昆焘教授、王育殊教授创立，90 年代初开始组建一支由青年博士构成的年轻的学科梯队，至 90 年代中期，这个团队基本实现了博士化。在学界前辈和各界朋友的关爱与支持下，东南大学的伦理学科得到了较大的发展。自 20 世纪末以来，我本人和我们团队的同仁一直在思考和探索一个问题：我们这个团队应当和可能为中国伦理学事业的发展作出怎样的贡献？换言之，东南大学的伦理学科应当形成和建立什么样的特色？我们很明白，没有特色的学术，其贡献总是有限的。2005 年，我们的伦理学科被批准为"985 工程"国家哲学社会科学创新基地，这个历史性的跃进推动了我们对这个问题的思考。经过认真讨论并向学界前辈和同仁求教，我们将自己的学科特色和学术贡献点定位于三个方面：道德哲学；科技伦理；重大应用。

　　以道德哲学为第一建设方向的定位基于这样的认识：伦理学在一级学科上属于哲学，其研究及其成果必须具有充分的哲学基础和足够的哲学含量；当今中国伦理学和道德哲学的诸多理论和现实课题必须在道德哲学的层面探讨和解决。道德哲学研究立志并致力于道德哲学的一些重大乃至尖端性的理论课题的探讨。在这个被称为"后哲学"的时代，伦理学研究中这种对哲学的执著、眷念和回归，着实是一种"明知不可为而为之"之举，但我们坚信，它是我们这个时代稀缺的学术资源和学术努力。科技伦理的定位是依据我们这个团队的历史传统、东南大学的学科生态，以及对伦理道德发展的新前沿而作出的判断和谋划。东南大学最早的研究生培养方向就是"科学伦理学"，当年我本人就在这个方向下学习和研究；而东南大学以科学技术为主体、文管艺医综合发展的学科生态，也使我们这些90年代初成长起来的"新生代"再次认识到，选择科技伦理为学科生长点是明智之举。如果说道德哲学与科技伦理的定位与我们的学科传统有关，那么，重大应用的定位就是基于对伦理学的现实本性以及为中国伦理道德建设作出贡献的愿望和抱负而作出的选择。定位"重大应用"而不是一般的"应用伦理学"，昭明我们在这方面有所为也有所不为，只是试图在伦理学应用的某些重大方面和重大领域进行我们的努力。

基于以上定位，在"985工程"建设中，我们决定进行系列研究并在长期积累的基础上严肃而审慎地推出以"东大伦理"为标识的学术成果。"东大伦理"取名于两种考虑：这些系列成果的作者主要是东南大学伦理学团队的成员，有的系列也包括东南大学培养的伦理学博士生的优秀博士论文；更深刻的原因是，我们希望并努力使这些成果具有某种特色，以为中国伦理学事业的发展作出自己的贡献。"东大伦理"由五个系列构成：道德哲学研究系列；科技伦理研究系列；重大应用研究系列；与以上三个结构相关的译著系列；还有以丛刊形式出现并在20世纪90年代已经创刊的《伦理研究》专辑系列，该丛刊同样围绕三大定位组稿和出版。

"道德哲学系列"的基本结构是"两史一论"。即道德哲学基本理论；中国道德哲学；西方道德哲学。道德哲学理论的研究基础，不仅在概念上将"伦理"与"道德"相区分，而且从一定意义上将伦理学、道德哲学、道德形而上学相区分。这些区分某种意义上回归到德国古典哲学的传统，但它更深刻地与中国道德哲学传统相契合。在这个被宣布"哲学终结"的时代，深入而细致、精致而宏大的哲学研究反倒是必须而稀缺的，虽然那个"致广大、尽精微、综罗百代"的"朱熹气象"在中国几乎已经一去不返，但这并不代表我们今天的学术已经不再需要深刻、精致和宏大气魄。中国道德哲学史、西方道德哲学史研究的理念基础，是将道德哲学史当作"哲学的历史"，而不只是道德哲学"原始的历史"、"反省的历史"，它致力探索和发现中西方道德哲学传统中那些具有"永远的现实性"的精神内涵，并在哲学的层面进行中西方道德传统的对话与互释。专门史与通史，将是道德哲学史研究的两个基本纬度，马克思主义的历史辩证法是其灵魂与方法。

"科技伦理系列"的学术风格与"道德哲学系列"相接并一致，它同样包括两个研究结构。第一个研究结构是科技道德哲学研究，它不是一般的科技伦理学，而是从哲学的层面、用哲学的方法进行科技伦理的理论建构和学术研究，故名之"科技道德哲学"而不是"科技伦理学"；第二个研究结构是当代科技前沿的伦理问题研究，如基因伦理研究、网络伦理研究、生命伦理研究等等。第一个结构的学术任务是理论建构，第二个结构的学术任务是问题探讨，由此形成理论研究与现实研究之间的互补与互动。

"重大应用系列"以目前我作为首席专家的国家哲学社会科学重大招标课题和江苏省哲学社会科学重大委托课题为起步，以调查研究和对策研究为重点。目前我们正组织四个方面的大调查，即当今中国社会的伦理关系大调查；道德生活大调查；伦理—道德素质大调查；伦理—道德发展状况及其趋向大调查。我们的目标和任务，是努力了解和把握当今中国伦理道德的真实状况，在此基础上进行理论推进和理论创新，为中国伦理道德建设提出具有战略意义和创新意义的对策思路。这就是我们对"重大应用"的诠释和理解，今后我们将沿着这个方向走下去，并贡献出团队和个人的研究成果。

"译著系列"、《伦理研究》丛刊，将围绕以上三个结构展开。我们试图进行的努力是：这两个系列将以学术交流，包括团队成员对国外著名大学、著名学术机构、著名学者的访问，以及高层次的国际国内学术会议为基础，以"我们正在做的事情"为主题和主线，由此凝聚自己的资源和努力。

马克思曾经说过，历史只能提出自己能够完成的任务，因为任务的提出表明完成任务的条件已经具备或正在具备。也许，我们提出的是一个自己难以完成或不能完成的任务，因为我们完成任务的条件尤其是我本人和我们这支团队的学术资质方面的条件还远没有具备。我们期图通过漫漫兮求索乃至几代人的努力，建立起以道德哲学、科技伦理、重大应用为三元色的"东大伦理"的学术标识。这个计划所展示的，与其说是某些学术成果，不如说是我们这个团队的成员为中国伦理学事业贡献自己努力的抱负和愿望。我们无法预测结果，因为哲人罗素早就告诫，没有发生的事情是无法预料的，我们甚至没有足够的信心展望未来，我们唯一可以昭告和承诺的是：

　　我们正在努力！
　　我们将永远努力！

樊　浩
谨识于东南大学"舌在谷"
2007 年 2 月 11 日

目　　录

绪论 "善好合一"的"全体哲学样态"

"道德与幸福的同一性"是一系列"家族相似"① 表述的统称。因为"道德"与德、德性、美德、德行、善、善念、善因、善业、善行等具有相通的本质，"幸福"包含金钱、财富、富贵、健康、长寿、利益、快乐、幸运、好运、吉、福、福利、繁荣、福佑等内容；由此，"德福同一性"可以被转述为德福一致、德得相通、义利合一、善恶因果律、因果报应、善恶报应、善恶承负、鬼魂或灵怪之报恩或报怨、超越者之赏善罚恶或惩恶扬善、神之末日审判②等诸多表达形式；把这些表达总括起来，形成高度相关的"概念系统"，"道德"和"幸福"就将趋向自身概念的极大值。因此，笔者不预先对种种道德概念和幸福概念作细微的分辨，而是以两者的极大值为论述前提，寻求其最具普遍性的定义，然后，再返回来探讨它们在具体场域中的规定性及其同一性。

一 道德与幸福的分殊

道德和幸福是人之为人的两大根本存在状态。人必然会追求道德，也定然会寻求幸福。然而，道德的内涵毕竟不等同于幸福的内涵，由此导致"道德状态"无法与"幸福状态"直接同一，在现实世界中，呈现为德福

---

① "家族相似性" 概念由奥地利哲学家维特根斯坦（Ludwig Wittgenstein）提出。参见[奥] 维特根斯坦《哲学研究》，李步楼译，陈维杭校，商务印书馆 1996 年版。

② 如无特别说明，本书中"神"的内涵和外延等同于"上帝"的内涵和外延。由于各大启示经典对"至上存在者"没有统一的称谓，因此，为了行文的一贯性，笔者统一用"神"来指代。又因一神论信仰系统逻辑上能够统摄泛神论信仰系统，故而除非特别说明，本书中的"神"特指"独一神"。

分离、对立、背离乃至直接冲突。如果"分裂"或"负相关"成为德福关系的本质，那么道德将会被压抑为纯粹的"自我牺牲"，幸福则会异化为贪婪的"利己中心主义"。为了克服德福之间的断裂及其引发的种种危机，也为人的道德实践和幸福生活正名，必须追本溯源，从其概念本性着手，优化乃至重建二者的同一性。

以往的道德哲学和伦理学说对道德与幸福及其关系的探讨，之所以显得含混不清、纠结缠绕，其根本原因在于两点。一方面，没有清晰地界定二者的区别。或者将道德作为幸福的规定根据，幸福源于道德的实现，幸福是道德行动造就的愉悦状态；或者把幸福作为道德的规定根据，没有达成幸福效果的行动是不道德的，反言之，行动促成了幸福状态的实现才具有道德性；或者道德与幸福互为根据，这是由于二者之间不存在可以清晰分辨的标识，因此，既不存在纯粹的道德行动，又不存在单纯的幸福活动，两种活动自始至终都内嵌在对方的本质规定里。另一方面，知晓二者的区别却无法建立起它们之间的一致性联系，着力强调道德的非幸福性和幸福的非道德性，认为二者属于完全不同的领域，它们独立于彼此，遵循各自的运行规律而独自发生作用，甚至极端地推论出道德的反幸福性和幸福的反道德性。对此，在二者之间，只能做出"非此即彼"式的选择，坚守道德必然牺牲幸福，追求幸福必须违背道德，最终导致两大活动的自身挫败，既无法保全道德行动，也无法保全幸福活动，道德沦为不幸福的根源，幸福沦为不道德的动因。

人为什么需要道德和幸福？与其说它们是人之为人所必须追求的目的，不如说它们是人之为人的基础，即人能够过一种"属人生活"的前提条件。假如人的"生活"不具有任何道德属性和没有丝毫幸福感，那么人将会被还原为动物性的存在者，从而只能服从自身之中天然的动物性或兽性，遵循天赋的自然本能和动物本性而去求得"生存"。实际上，在纯粹的自然状态里，任意一类动物都需要在一定程度上遵从其所在种群的"生存方式"和"组织原则"，否则，每一个动物都将单独地应对残酷的生存竞争，时刻面临着种种伤害乃至直接的死亡，而其所在的种群也可能就此分崩离析，走向解体。由此，"求得生存"是动物得以存在的前提，"逃避伤害"是动物得以"更好"地存在的前提。人也是一种动物，他自然也必须保存自己的生命和尽量避免伤害。因为没有生命，人的存在对其自身而言只是一种"虚无"，而若不断地遭受伤害，则人的存在状态不是一种好的生存状态。相较于其他动物，人更拥有智能方面的优势，然而，如果一个人或一个群体只把其智能纯粹地用于求取自身的生存和更好的生存，那么否定他人和其他群体的生存及其更好的生存将在所难免——在特定的时空领域里，维持生存的资源总量是有限的，人与人之间对有限生存资源的争夺，必然会伤害乃至毁灭对方，即为了自身的生存而否定他人的生存。由此可见，人之原生状态或自然状态是极其险恶的，人与人之间处于或潜在地处于"不好"的关系中，依循"丛林法则"而展开"你死我活"式的争斗。如果任由此"状况"延续下去，那么人就只能彻底地沦为"自然生物"。更为致命的是，人不光像其他动物那样仅仅只是服从其自然本性和本能而生存，他还能够运用其智能为其动物性的存在方式服务。原本这种能力是为了使人超越其生物本能而去过一种属人的生活，现在却沦为人之残酷生物本性的推动力量。因此，人无法纯粹地堕落为"禽兽"，而只会"禽兽不如"。显然，"禽兽不如"的活动方式既无法保住最基本的生存状态，更不可能造就好的生存状态。正因为人本身能够设想甚至亲身经历人类堕落到"最低谷"，把人性中最残酷、最残暴、最残忍、最血腥、最黑暗的部分——人类最邪恶的存在方式和绝对下限——彻底地实现出来，由此，人类才会直面并限制"绝对的黑暗"而向上追求光明。也就是说，已然存在着最邪恶、最坏的生存方式，除了绝对的灭亡，人类已经无路可退。正因如此，人类才会有绝对的动力去追求更好更善的生存状态。所以，全部问题的症结在于：人类如何在一起过一种共"生"（生存）共"荣"（好的生存）的生活？

对人类而言，其道德和幸福以人性中的"不好"和"不好"的现实生活为克服的对象。正因"不好"的存在，追求"好"才是必须且珍贵的。所以，道德和幸福位于人类追求"好"的领域里，即道德和幸福的本质规定都是"好"（good）。道德和幸福，一方面捍卫人的"底线"，不让人堕落到连禽兽都不如，由此保住人的生存（survival），让人成为一种具有持续性的而非朝不保夕的、偶然性的存在者；另一方面，提升人的上限，助推人去过高尚、高贵的优良生活（good life）。

虽然道德和幸福同为人类之"好"，但是二者之间存在着重要的区别。凡能引发人之"好感"的事物和事件，都能带给人幸福的感觉；幸福源于一种直接的好，它是"好"的直接呈现形态，因为幸福的内在结构为"well + being"，well 与 good 相通，being 是指"存在状态"；因此，幸福的核心内涵为"好的存在状态"，对人而言，就是指人自身及与人相关的一切都处于良好状态。由于幸福是好的存在状态或者存在者的好状态，"存在者"包含全部人类，但人类却无法包括全部存在者，由此，幸福的载体或"主体"将以人类为中心向——每个个人与每个存在者——两个方向拓展，幸福成为"对某个 x 而言的好"①，所以，幸福不仅指好的存在状态，更是指每一存在者的好状态。因此，幸福落实为每一存在者的好才是真实的。个人追求个人自身的好，与此同时，个人意识到自己的好必须与他人的好相协调，继而需要在人类整体中界定和追求自身之好。相应地，作为人类整体也追求人类自身的好，然而，人类单方面的求好活动，以利用甚至牺牲其他存在者的好为代价。严格地讲，人类并不能确定其他存在者是否具有求好的意愿和能力，虽然无法完全确证，但是基于人类自身的自然生物本性，可以设想其他存在者也在追求自身的好。概言之，幸福以求取自身之好为本质规定。

二　"全体哲学"观照中的道德与幸福

任何一个存在者都无法将自身彻底地隔绝起来，在某个封闭的领域中求取和维持自身之好，因为没有哪个存在者在自身中是完全自足的，除非"它"是包含一切、至大无外、至小无内的"全体"（whole）②。全体之为全体，并不在于它是一个包罗万象的封闭整体，而在于它拥有将一切收摄于自身之中的能力，无论万事万物如何变化，皆在全体之中。全体是"一"与"一自身"、"一"与"非一"、"一"与"是"（存在、聚集、集合）、"一是"与"一不是"、"一"与"一个"、"一"与"多"、"一"与"一切"、"一"与"时空"、"一"与"变动"、"一"与"静止"、"一"与"大小"、"一"与"整体"、"一"与"部分"、"一"与"生灭"、"一"与

---

① 本书中出现的"x"，如果指代"某一个"未被全知的存在者，那么用小写的"x"来表示，若特指无法被全知的"全体"，则使用大写的"X"来指代。

② 儒家、道家、佛教、神学等对"全体"作了最为深刻的思考和阐释，详细的展开请参看本书第四章和第五章。严格地讲，"全体"包含 absolute（absoluteness）、all（allness）、complete（completeness）、entire（entirety、entireness）、everthing、full（fullness）、holism（holistic）、holo、integrity、omnitude、total（totality、totalism）、unity、universality、whole（wholeness、wholism）等含义，为了行文一贯，本书统一采用"whole"翻译"全体"概念。

"有限"、"一"与"无限"等所有方面的统一体。① 全体是"太一"（The One）流溢与上升的整个历程。② 全体是"梵"（Brahman），梵创造一切，遍及一切，遍布一切，囊括一切，梵是一切，在一切之中，在一切之外，唯一不二，永恒无限，"自我"（Atman）感知、认识、知道、依靠梵，最

① 柏拉图（Plato）在《巴曼尼得斯篇》中展开严密论证："是既不离开一，一也不离开是。""一如若是，它既是一又是多，既是整个又是部分，既是有限者又是数量方面无限者。""［一］分有任何的形，直、圆或任何由这两种形混合成的。""每一部分都在整个以内，无一部分在整个以外。""一切部分都为整个所包围。""一就是它自身的一切部分，不比一切部分多点或少点。""如若一切部分是在整个里，一又是一切部分并且它又是整个，一切的部分为整个所包围，那么一为一所包围；这样，一自身即是在它自身里了。""既然一是整个，它是在其它的里，既然它是一切的部分，它在它自身里；这样，一必然既在它自身里，也在其它的里。""一既是永远在它自身里和其它的里，必然永远变动和静止。""一和非一就是相同的。""一既是异于其它的，也异于它自身，同于其它的，也同于它自身。""因为一既是同于其它的，又是异于其它的，由于这两点和由于其中某一点，一既类似又不类似其它的。""一接触又不接触其它的和它自身。""一既是等于它自身，又是等于其它的。""一既等于它自身和其它的，又比它自身和其它的大些和小些。""一又在数量方面将是等于、大于和小于它自身和其它的。""现在永远伴随一经过整个的是；因为一无论在何时，那时候永远是现在。""一既永远是比它自身年老些和年少些，又永远在变得比它自身年老些和年少些。""由一向多进行时，或由多向一时，它既不是一，也不是多，既不离散，也不集合。再者，当它由类似向不类似，或由不类似向类似进行时，它既不类似，也不不类似，既不类似化，也不不类似化。当它由小向大、向等以及其相反者进行时，它既不是小，也不是大，也不是等，既不生长，也不萎缩，也不等量化。""整个和部分必然分有一。因为整个是一个整个，部分是整个的部分；每部分——它永是整个的部分——是整个的一部分。""对于那些异于一的，一方面由于一和由于它们自己互相联结所生的结果，看起来是在它们自身里产生了那个给它们相互间的界限；但另一方面它们自身的性质自身是无限。""如若一是，一既是一切，又不是任何一个，相对于它自身并同样地相对于其它的。""一既生灭，又不生不灭。""其它的每个表现为无限的和有限、一和多，如若一不是，异于一的是。""如若一不是，其它的里任何的不被想象为一和多；因为没有一，想象多是不可能的。""如若一不是，其它的既不是也不被想象为一、为多。""如若一是或者如若一不是，它和其它的，相对于它们自身以及彼此相对，既完全是一切、又不是一切，既表现为一切、又不表现为一切。"［古希腊］柏拉图：《巴曼尼得斯篇》，陈康译注，商务印书馆 1982 年版，第 183、185—186、187、188、189、192、194、201、204、212、218、227、228、230—231、237、278、286、290—291、307、334、352、360、364 页。

② 普罗提诺（Plotinus）论述"太一流溢"说："太一就是万物，而不是万物之一；太一是万物的原理，而非万物本身，万物有另一类超然的存在……它们确实在太一里面，或者更确切地说，它们还未在太一里面，但将来总要归于太一。太一……正是因为它里面一无所有，它才能产生出万物……为了使是能够存在，太一不是是，而是是的生产者……这就是最初的生产行为……正是因为太一一无所求，一无所有，一无所需，所以它自身是完全的，甚至可以说满溢出来，它的充盈产生出它自身之外新的东西。这产物生成之后又回转向太一，被充满，并因为凝视太一而成为理智。它的止步和转向太一构成了是，它对太一的凝视则构成了理智……"［古罗马］普罗提诺：《九章集》，石敏敏译，中国社会科学出版社 2009 年版，第 562—563 页。

终"与梵合一"①，达致"梵我同一"或"梵我一如"状态。全体是"理一"与"分殊"的统一，"一统于万，一故无一。万统于一，万故无万。无一之一是谓一本，无万之万是谓万殊"②。全体是"真一贯者"，"一是多中之一，多是一中之多；一外无多，多外无一，此乃真一贯者也。一贯者，无碍也。通昼夜而知，本无不一，本无不贯"（《一贯问答·问一贯》）③。"将世界视为一个不可分割的全体，宇宙的所有部分，包括观察者及其所使用的工具，都融合统一在一个总体之中"，"一切是一个连续完整的、不可分割的全体运动，每一事物都只是从这个全体运动中提取出来的相对不变的方面或侧面。"④"下自草木金石以至于人类，再进于社会国家，与夫理想（ideals）艺术（arts），莫非'全体'。以电子原子之微，社会国家之大，金石草木之质实，理想艺术之抽象，皆以一理贯之，'全体'是已。宇宙之进化，即此'全体'趋势之实见，从最低级以至于最上级，代代相延，无有止境。电子而原子，原子而分子，以至于累累之物质，扰扰之人生，皆为全体之演进。""各'全体'皆有其围场。围场之所及，实兼现在、过去、将来之三时期。""宇宙间一切结构，不论其为有机无机，皆以全体为范畴；至于形上之事物，如价值（Value），爱（Love），美（Beauty），善（Goodness），真（Truth）等，亦皆全体也。'全体'乃精神世界与理想世界之根基与原理。吾人之认识之也，以'全体'之理，其解释之也，亦以'全体'之理。""统观万物，自电子原子以至心灵人格，莫不一理以贯之，全体之实现是已。宇宙间之动作（activity），莫非此也，宇

---

① ［印度］婆罗门教：《奥义书》，黄宝生译，商务印书馆 2010 年版，第 388 页。徐梵澄先生精当地概述了"梵"的内涵："'大梵'也，即'自我'也。宇宙间之万事万物皆在大梵中，大梵亦在万事万物中，大梵即此万事万物。在彼为此，在此为彼，此即彼也，万物一体。故其口号曰：'汝即彼也'，而一而万，推至数之无穷，还归太一。是已有矣，万物皆真，真曰存在，存在曰智，智，知觉性之谓也，万物皆本于一知觉性。在'是'为有，为有即乐。故说宇宙人生之真理，不过三言，曰'真、智、乐'，而三而一，而一而三，即体即用，即用即体。"［印度］婆罗门教：《五十奥义书》（修订本），徐梵澄译，中国社会科学出版社 1995 年版，译者序第 7 页。

② 戴琏璋、吴光主编：《刘宗周全集》，台北："中央研究院"中国文哲研究所 1997 年版，第 2 册，第 507 页。

③ （明）方以智：《东西均注释》（外一种），庞朴注释，中华书局 2016 年版，第 424 页。

④ "look on the world as an undivided whole, in which all parts of the universe, including the observer and his instruments, merge and unite in one totality", "*all* is an unbroken and undivided whole movement, and that each 'thing' is abstracted only as a relatively invariant side or aspect of this movement." David Bohm, *Wholeness and the implicate order*, London and New York：Routledge, 2005, pp. 13, 60.

宙间之结构，亦莫非此也。"① "当把对象、主体及其一切潜在关系视为整体时，该整体就是全部世界，整体论成为'全体论'。"② "全体"的本真状态是，"全中有分，分分是全"③，"一即全体，全体即一"，"一入全体，全体入一"（one in whole and whole in one），"一贯全体，全体贯一"（one through whole and whole through one），"一即一切，一切即一"，"一入一切，一切入一"（one in all and all in one），"一贯一切，一切贯一"（one through all and all through one），"一为一切，一切为一"（one for all and all for one），"一"与"全体""一切"贯通无碍、通体相关④，"万有皆互联"（all beings are interconnected）⑤，全体是一个"纠缠系统"（entangled system）⑥，"全体"永远处于"过程"（process）⑦ 之中或"展开状态"（die

---

① 严群：《斯牧次（Jan Smuts）"全体"进化论之鸟瞰》，载《古希腊哲学探研及其他》，商务印书馆 2011 年版，第 240、241、243、247 页。

② 刘劲杨：《当代整体论的形式分析》，西南交通大学出版社 2018 年版，第 206 页。Holism（整体论）概念由 Jan Smuts 在 1926 年首次提出，他在其著作 Holism and evolution（《整体论与进化》）中论述到，"整体论"以宇宙中的综合趋势为基础，它促成宇宙里不同整体的发端和发展，从最初的无机物到最高层级的精神创作，向整体发展的趋势是根本性的。参见 Jan Smuts, Holism and evolution, New York：The Macmillan Company, 1926。

③ 熊十力：《熊十力全集》第 6 卷，湖北教育出版社 2001 年版，第 323 页。

④ 唐君毅先生说道："如果把宇宙当作一通体相关之宇宙，则任何对象以通体相关之宇宙为背景，其意义都可说通于一切对象。所以我们严格说起来，我们应当可以于一对象中领略其一切意义，而感受一全宇宙之意味于一对象中。然而人们不能如此，人之不能如此，犹如人之不能真由一对象而了解其一切意义。人之了解一对象之意义之有限度，同时人对一对象所感之意味也有限度。"唐君毅：《唐君毅全集》第 28 卷，九州出版社 2016 年版，第 236 页。

⑤ 在本书中，"万有"（beings）包含人、其他智性存在者、万事、万物，是一切存在和存在者的统称。

⑥ Jonathan Schaffer 认同基于"量子力学"系统的宇宙观，"宇宙形成了一个纠缠系统（an entangled system）……诸纠缠系统被视为不可简化的整体（irreducible wholes）……最终宇宙中的每个粒子（particle）都必须与其他粒子纠缠在一起……宇宙处于一种纠缠的状态（an entangled state）"。参见 Jonathan Schaffer, "Monism：The priority of the whole", The Philosophical Review, Vol. 119, No. 1, 2010。

⑦ 怀特海（Whitehead）阐释"宇宙的有机过程"："宇宙的扩展（the expansion of universe）是'过程'（process）的首要意义；而宇宙在其扩展的任何阶段上都是'有机体'（organism）的首要意义。在这个意义上，有机体是一种联结（nexus）。""整合过程（the process of integration）由于恰恰处在合生（concrescence）的核心，成为由主观统一性（Unity）、客观同一性（Identity）和客观差异性（Diversity）这三个范畴所施加在那种宇宙（universe）的合生统一性之上的强烈要求。宇宙的唯一性（oneness），以及宇宙中每一种元素的唯一性，在从创造物到创造物的创造性进展过程中，把它们自身复制到一片毁灭声（the crack of doom）中，每一种创造物在其自身中都包含着整个历史，并把事物的自我同一性（self-identity）及其相互差异作为样板（exemplifying）。"［英］怀特海：《过程与实在：宇宙论研究》，杨富斌译，中国城市出版社 2003 年版，第 392、418 页；Alfred North Whitehead, Process and Reality：An Essay in Cosmology, New York：The Free Press, 1978, pp. 215, 228。

Erschlossenheit）①。

在最彻底的沉思中，尤其要注意"全体"与"整体"、"全体论"② 与"整体论"（如"整体不一不异论"、"整体吠檀多" Integral Vedanta）③、

---

① 海德格尔（Heidegger）阐明"此在的展开状态"："'此'（Da）这个词意指着这种本质性的展开状态（Erschlossenheit）。通过这一展开状态，这种存在者（此在 das Dasein）就会同世界的在此一道，为它自己而在'此'（da）。在存在者层次上用形象的语言说到在人之中的 lumen naturale（自然之光），指的无非是这种存在者的生存论存在论结构（die existenzial-ontologische Struktur）：它以去是（zu sein）它的此的方式存在。它是'已经澄明的'（erleuchtet），这等于说：它作为在世的存在（In-der-Welt-sein）就其本身而言就是敞亮的（gelichtet），不是由其他存在者来照亮，而是：它本身就是明敞（Lichtung）。唯对于从生存论上如此这般已经敞亮的存在者，现成的东西才可能在光明中得以通达，在晦暗中有所掩蔽。此在从来就携带着它的此。不仅实际上此在并不缺乏它的此；而且，此在若缺乏这个此就不成其为具有这种本质的存在者。此在就是它的展开状态（Das Dasein ist seine Erschlossenheit）。我们应当把这种存在建构整理出来。但只要这一存在者的本质就是生存，那么，'此在就是它的展开状态'这一生存论命题也就等于说：这一存在者为之存在的那个存在即是：去是它的'此'（sein'Da'zu sein）。"［德］海德格尔：《存在与时间》（中文修订第二版），陈嘉映、王庆节译，熊伟校，商务印书馆2019年版，第188—189页；Martin Heidegger, *Sein und Zeit*, Frankfurt am Main: Vittorio Klostermann, 1977, pp. 176 – 177。

② 贺麟先生认为，王船山哲学的基本特质是全体论或合一论："在各种对立的双方中……力求其偏中之全，对立中之统一……不是孤立的单一的一元论，而是一种谐和的调解对立、体用兼赅的全体论或合一论……合一论也并不是漫无区别的混一论或同一论。"贺麟：《文化与人生》，上海人民出版社2019年版，第259页。陈立骧先生提出，理解、诠释与分判中国哲学的一组参照系——"全体论与整体实存的思路"与"分解的思路"。前者的内涵为："思想家们并不以一套人为设计的、分解的存有层序之理论架构，来区分、来框套以及来解释天地万物及人类的生命、社会、历史与文化等，而是直接就整个实存的宇宙人生之大化流行来说本体，并认为本体之中本就含有相反而又相成、相灭而又相生，同时互为隐显、浑然相融的两股势能或动力，如阴与阳、翕与辟、乾与坤或静与动等。而由于它们之间彼此不断地相互起作用，不断地一阴一阳、一翕一辟、一乾一坤或一静一动等，因而带动或引发了整个实存的宇宙人生之生生不息和永续发展的这样一种思路。而具有这种思路的思想家，在解释宇宙人生时，通常并不会预设着'超越的分解'的理论架构。他们并不认为宇宙人生乃是异质的两层或多层的存有（在），也不认为在宇宙万有之前、之上或背后，有所谓独立自存、永恒普遍的本体存在；相反，他们往往是就实存的宇宙人生之总体存在与流行来说本体。"陈立骧：《试论黄梨洲哲学思想的特性》，载赵毅、秦海滢主编《第十二届明史国际学术研讨会论文集》，辽宁师范大学出版社2009年版，第445页。

③ 在阿罗频多（Sri Aurobindo）看来，梵"是绝对的（absolute）、永恒的（eternal）和无限的（infinite）……大梵（The Supreme Brahman）是绝对（the Absolute）。梵是无所不在的真实性（omnipresent Reality），所有的相对性存在者（relative exists）作为梵的诸形式（forms）和诸运动（movements），都在梵之中。绝对能够将所有的相对包含在自身中……一切真实、一切方面和一切类似都是梵"。Sri Aurobindo, *The life divine*, Pondicherry: Sri Aurobindo Ashram Press, 2005, pp. 336 – 339；［印度］室利·阿罗频多：《神圣人生论》，徐梵澄译，商务印书馆1984年版，第323—326页。

"全体哲学"① 与"整体哲学"之间的区别：从最普遍的意义上讲，"全体"不分"整体""部分"与"单一"，"全体"既包含"整体""部分"与"单一"，又超出"整体""部分"与"单一"，还包括"整体""部分"与"单一"之间的"空隙"，直至无所不包；"全体"之为"全体"，其本质规定在"全"，而非"体"，此之谓"全体无体"，因"全体无体"，故而能够容受万有之"体"与"无体"，所以，"全体"是"全"；"全体"之"体"，既是作为稳定结构之"体"，又是动态流溢、变化万端之"体"，还包括"体"外之"存在"与"非存在"，因此，"体"亦是"全"；"整体"与"部分""个体"相对相待，"全体"无对无待，或者说"全体"包含一切相对相待，包括绝对与相对；"整体"有界，"全体"无界，"全体"不断融摄和超越"整体"之界限……所以，不同的哲学家或哲学流派至多触及全体的"概念"，而非"全体本身"，更何况全体本身永远处于未完成状态，因此，不存在一种对于全体的完满理解方案。从纯哲学角度对"全体"和"全体概念"的系统性阐述中，黑格尔（Hegel）、雅斯贝斯（Karl Jaspers）、冯友兰的相关哲学论述可作为经典的范例。

在黑格尔哲学那里，das Ganze 和 die Totalität 都可以用来指涉"全体"，二者的细微区别在于，前者强调全体之"体"——整体性，后者侧重全体之"全"——总体性。全体是在自身之中展开自身，并将自己的各环节联系和保持在一起的统一体，因此，处于开端阶段的全体只是全体的最初基础，全体只有将自身发展至完全状态或结果阶段才达到和成为全体自身。全体表达的是个体性与普遍性相互渗透的整个运动过程。全体是

① "只有全体哲学（die gesamte Philosophie/the whole of philosophy）才是对宇宙作为一个有机整体（eine organische Totalität/one organic totality）的知识，这整体是从它自己的概念中自生发出来的，并且由于它的自对自的必然性，又还原到它自己而成为一个整体（Ganze/whole），这样就把自己和自己结在一起，成为一个真实世界（eine Welt der Wahrheit/one world of truth）。"［德］黑格尔：《美学》第 1 卷，朱光潜译，商务印书馆 1996 年版，第 31 页；Georg Hegel, *Vorlesungen über die Ästhetik*, Berlin：Duncker und Humblot, 1842, p. 32；Georg Hegel, *Aesthetics：Lectures on fine art*, trans., T. M. Knox, New York：Oxford University Press, 1975, p. 24。对此，朱光潜先生给出的"译注"为："全体哲学把整个宇宙按照概念自生发的原则，把它的各部分各阶段说清楚，然后再就所生发的各部分各阶段，按照必然的内在联系贯穿起来，还原到整个宇宙。按照黑格尔的哲学，这种生发和还原的辩证过程不仅在人的思考里而且在现实界进行着，这才是真实的世界。'自对自的必然性'即宇宙整体中各部分的内在联系，'自己和自己结合在一起'即一个整体中各对立面的统一，例如概念与现象的统一。这个看法肯定了思维与存在的统一。"

无限的，但是，如果把有限与无限完全对立起来，那么无限的全体就被有限限制了……全体由诸部分及全体的对立面构成，但是，如果通过部分来理解、分割全体，那么全体将分裂成不同的部分，即全体将不再是全体自身。构成全体的部分是各自独立的，因而它们彼此之间是不同的，但是唯有它们之间具有一定的同一性，即通过自身的否定或异化作用，才能结合起来形成全体，因此，它们对于这个全体而言才能作为部分。全体与部分的关系因其直接性，是一种机械性的同一性联系，因此，这种同一性联系要向差异性联系转化，全体向部分过渡，部分向全体过渡……力是一个在自身之中就具有否定性联系的全体，它以自身为中介，不断地排斥它自身和表现它自身，它能够扬弃这两个方面的差异性，并建立起构成自身内容的同一性……概念在其自身同一性里是一个自在自为地规定了的全体，概念的每一环节都具有成为全体并成为其中介作用之根据的必然性……概念的规定性（内容）和形式要返回到理念，理念是系统性的全体，换言之，系统性的全体就是唯一的理念，理念就是唯一的全体……所以，被区别开的环节（部分）必须努力从自身出发，不达致全体便誓不罢休，在此过程中，扬弃各自的片面性形成新的环节，新的环节又将前面的环节包含在自身中，直至所有环节统一起来成为全体的环节，因此，全体由各个环节发展而来，必须重视每一环节的内在必然性。[1]

在雅斯贝斯的"生存哲学"里，"全体"的形态为"大全"——das Umgreifende。Um 作为动词前缀，其基本含义是"围绕""环绕"，动词 greifen 的核心含义为"抓住""握住"，两者结合起来的字面含义为"向周围抓取"。大全是无所不包者，是存在本身，是无所不包的永恒空间。大全不是一个封闭的整体，而是永远处于开放状态。无法看到大全的边际，而一切的边际由大全产生。大全透露自身的消息，却不成为人的对象或客体。大全不显现自身，但万事万物在大全中才会显现出自身。万物为大全所渗透。被认识了的大全，不是大全本身。人类思维大全时，使用了特定的规定内容，这是矛盾的，因而只能得到关于大全的假知识。在领会大全时，要消解掉特定的规定内容。大全因现象的客观性而分裂成不同的

---

① 参见［德］黑格尔《小逻辑》，贺麟译，商务印书馆 1996 年版；［德］黑格尔《精神现象学》，贺麟、王玖兴译，商务印书馆 1979 年版；Georg Hegel, *Die Wissenschaft der Logik*, Hamburg: Felix Meiner Verlag GmbH, 2008；Georg Hegel, *Phänomenologie des Geistes*, Frankfurt am Main: Suhrkamp Verlag, 1970。

大全样式（die Weisen）——世界、一般意识、［人的］实存（Dasein）、精神、生存（Existenz）、超越存在（Transzendenz）。被认知的"存在"（大全）不是存在自身，被认知的"我"不是我自身，被我认知的"存在"不是存在自身，因此，存在被蒙蔽和被束缚了。掌握有规定的存在知识，然后再摆脱所有的规定知识，才能达到存在自身。人努力意识到至大无外的大全，才会不断地察觉到自己的可能性。人需要体会大全，体会到大全的充实，才能生发出追求无限进展的洞见能力和心愿。在大全面前，我们必须不断地敞开自身。①

在冯友兰先生的"新理学"体系中，"大全"即全体，"大全观念"即全体概念。大全可以被理解为宇宙、一、至大无外之大一、一切底有、万有、万物、一切物、天地万物、"无对"、斯宾诺莎的神等。大全包括整个万有、一切事物，无所不包且永恒地存在着。理解大全必须通过大全之观念，但大全观念不等同于大全本身。大全无法被言说、思议和了解，被思议的大全不是大全本身。必须通过言说、思议、了解才能超越言说、思议、了解，从而逼近不可言说、不可思议、不可了解的大全。对大全的思考，必须超越经验，但亦不能脱离经验。在天地境界中，人不但觉解到自己是大全的一部分，并且能够与大全同一。②

据此推知，全体自身的好才是最普遍的好，全体之中的好都只是特殊的为"己"之好。问题的关键在于：这些特殊甚至个别的"好"之间如何可能和谐共处？每一存在者从自身出发，都能为自身的好提供辩护理由，从而理所当然地寻求自身之好；然而在特定范围内完全正当的理由，随着"范围"的扩大，其正当性也必须随之调整，也就是说，必须追溯至最大范围的正当性，才能为每一存在者的好提供终极性的辩护。正当性并非来自事物之"所是"，而是以事物之"最好"为根据，而正当性本身——至当性——只能源于全体之"最好"，以全体的最好状态为终极标准，才能评判每一存在者的好。所以，全体之最好不仅是最普遍的好，而且是最正当的好，两方面的结合体就是至善——最高的善和最普遍的善，据此，道德获得了自己的基地和领域。如果每一存在者只关注自身的好，

---

① 参见［德］卡尔·雅斯贝斯《生存哲学》，王玖兴译，上海译文出版社 2005 年版；Karl Jaspers, *Existenzphilosophie*, Berlin/Boston：De Gruyter, 1974。

② 参见冯友兰《三松堂全集》第 4、5、6 卷，河南人民出版社 2001 年版。

或促成他者的好也只是为了自身的好，那么"他"最多只是一个幸福的存在者，而不是一个道德存在者；更有可能出现的情况为，在求取自身幸福的同时，损害、破坏甚至终结他者的基本存在状态。对此，至善理念正是要克服这种为"己"之好，即便这个"己"不单指个人，更是个人与他人、人与自然、人与其他一切存在者所结合成的共同体，甚至推廓至全体层面，幸福概念的极大值即全体之好。然而，每一存在者并没有严肃地界定与自己相关的各种"好"和幸福，而直接认定好即好、不好即不好，没有论证这些"好"的正当性。至善理念完成的逻辑颠倒是，将最高、最普遍的好与正当性结合起来，即从全体层面确立最具正当性的好——全体之善，由此，形成进行道德判断的价值序列。概言之，幸福的核心本质是每一存在者借由全体之好而追求自身的好，道德的本性为每一存在者根据全体之善而做出具有普遍价值的善行。

由是，"道德与幸福的同一性"转换为"善与好的同一性"。以往的哲学理路之所以不能清楚地阐释德福之间的一致性，最根本的原因在于，它们既没有把"善"（最高的价值理念——至善）与"好"（事实层面的良好或优良）严格、清晰地区分开来，又没有将二者之间普遍必然的联系——"善"是全体层级的"最好"或"善"是最好的、最高的、最普遍的"好"——揭示出来。西方文化中的 good 指向最宽泛意义上的好，并不特指道德上的好——善（morally good），因此，"善"天然地在 good 中。又，幸福的原初含义为"活动"进行得好，事物处于和维持着自身好的存在状态——well-being，因此，well-being 与 good 的核心内涵是等同的，幸福（well-being）是最一般意义上的好。所以，西方文化的主流为，"善"只是"好"的一个"子集"，道德概念、德性概念先天地在幸福概念之中。在中国文化里，"善"不仅是一种"好"，更是好的标准，甚至是唯一标准，是最究极、最根本的好。反言之，不是来自善的"好"或没有经受住"善"之衡判的"好"都不是真正的好。所以，"善"至少在逻辑上优先于"好"，不存在完全独立于"善"的"好"，其本质为，"好"只能以"善"为本原，行动主体必须在道德领域里追求幸福。由此可以看出，西方文化没有将道德概念独自地树立起来，而中国文化没有把幸福概念独自地挺立起来，正因如此，"善"与"好"之间的区分始终处于混沌状态，并用其中的一个概念去规定或评判另一个概念，由此实现的德福同一性也是混沌的。

三 德福一致：道德生命体之挺立

如果承认道德与幸福之间、善与好之间不是直接同一的，或者严格地对待二者的区别，那么二者一致性的达成必须付出巨大的努力。前文已经指出，道德和幸福都不仅仅是局部性的概念，它们需要达到全体层面才能完全确证自身，然而人只能从每个人的真实感受出发，而人的一切都将被人的精神把握。因此，对道德和幸福的思考只能从个人的精神开始，不断地向最普遍的全体推进，以全体层级的善、好为目的和标准，不断确定每一具体"场域"中的德福同一性。

好的对立面是坏，正如前文所述，此处的好与坏都是以认识为视角、以事实为基础而作出的判断，因此，但凡人通过其认知系统感受到了"好"——身体的无病痛、心理的舒适、欲望的满足、精神的愉悦，即与人的良好存在状态相关，那么人就会获得一种幸福感。所以，幸福是最宽泛意义上的好或好的状态，幸福的生活是最一般意义上的好生活。对幸福的追求是人维持其生存的内在本性，是人与生俱来的自然本能，否则，人连延续自身的存活都难以实现。因为人身上的动物性或兽性并不高于其他动物，动物完全遵从自然必然性而存活，它们之间以物质、能量的交换和转移即"食物链"为基础。所以，处于自然状态的人，将会为自身的存活展开最大的竞争，甚至以对方的死亡或消亡为目的。如果没有对"好"的理解，人只会服从自身的生物本能，因为对生物而言，一切以生存为目的，存活下来即最大的好。而人一旦开始思考比存活下来更好的好时，人便开始超越其纯粹的生物性，通过自身的行动去建构属人的好生活，这种筹划不是以存活为目的，而是以人的更好生存为目的，因此，那种只以食物链为基础的存在方式必将为人所完全抛弃。

幸福固然是人类生活的好目的，但它并不能保证人类寻求幸福的过程是好的。这就是说，幸福是一种直接性的好，它无须在这些"好"之间进行严格的高低划分或者说比较，每个人都能为自身的求福活动找到事实性理由。因此，每个人都在为自身的幸福奋斗，在此过程中，每个人活动的中心和重心在于自己的幸福，而不在于他人的幸福，即人必然会首先满足自身的幸福，并使自身的幸福最大化。然而，在特定的场域中，一个人幸福最大化的方式是完全占有此场域中的一切事物包括人，并让这些事物和人为自身的"好"服务，因此，与自己同类的人也沦为让自己幸福的"工具"。也就是说，如果每个人都只想追求自身的（最大）幸福，那么一定会造成各种"好"之间的争斗，而争斗的结果是少数人的幸福得到了极大实现，大多数人的幸福遭受损失，甚至所有人的幸福都会被削弱。由此，人类必须限制每个人的好，以便每个人都能合道理地追求自身的好，虽然无法实现每个人最大程度的好，但是能促成人类整体的好。然而，什么样的好是合道理的好？显然，它必须是能公平公正地考量所有好的好——最好，即在人类所及的全部范围内确定出最合道理的好、最高的好——至善，它就是一切好之正当性的评判标准。所以，幸福是一种好，而道德以好之正当性标准为本质规定性。

从道德与幸福、善与好的区分看来：道德基于一种整体性的价值判断，并以整体的最好状态或至善为评判标准和目的，其本性是实现和捍卫最高价值，即人的一切活动（心意知行）趋近或体现了最高价值才能被判定为道德活动；幸福是指与人相关的事实处于好的状态，事实是一种直接的呈现，而非以价值性反思和批判为基础，因此，幸福并不是至少并不必须是基于最高价值的好，而可以是任意层面、任何意义上对自身而言的好，正因如此，它更符合人类追求任何好的心理需求，其本质为人类希望过一种自由且好的生活，由此，对幸福的追求成为人类不可遏制的冲动。在此基础上，可以揭示"德福同一性"的内涵及其之于人生的根本意义。"德福同一性"讲的是"道德活动如何必然且真实地引发出相应的幸福回报"。因为道德活动从整体或全体的最高价值出发，这意味着道德主体必须依据最普遍的至善来规定自身的行动，其本质为预先放弃对各种"为己之好"的追求，而以全体之最好为行动根据；这必然要求人的自我牺牲，主动限制自身的求福活动，正因道德活动本身作出了实实在在的牺牲，由此才需要一种"平衡机制"来给予补偿，否则，道德只是单纯的付出。虽然道德在其自身并不要求幸福，道德主体并不以德邀福，但是从道德和幸福作为人生的基本存在样态而言，二者缺一不可；追求幸福是人的自然本性，并无所谓高尚与卑贱之分，而践行道德则是在拓展自己的生命范围，提升自己的情操和境界，它是一种高尚的活动，并且是一种牺牲活动；因此，道德必须经过自身的刻苦修炼才能实现出来，所以相较于追求幸福的活动，道德行动更值得称颂和赞扬，也即相较于其他活动主体，道德主体更有资格享有相应的幸福。需要注意的是，道德活动本身带来的幸福感不同于对道德活动进行补偿（平衡意义上）的幸福：前者里的幸福直接内在于道德活动之中；而后者中的幸福是从公正的角度，通过与道德活动对等的幸福来承认其价值，道德与幸福位于天平的两端，一分德对应一分福才能维持天平的平衡；对于全体而言，亦是如此，只有道德与幸福之间的精确对应，才能促成全体达致稳定平衡状态。

虽然从全体层级讲，人并不能断言自身是唯一的道德主体，但是人只能规定自身的道德，而无权规定其他物种的道德。人在人群中确立起自身的道德原则和规范，并且道德之为道德，是以人将道德实现出来为本质特征的。"德福同一性"是道德与幸福的一致性，其本质是强调道德在二者关系中的根本地位：没有道德，就无所谓配享与道德相称的幸福。当然，并不能推论出，没有道德，便没有一丝一毫的幸福。而幸福与道德的一致性则强调幸福与否、幸福之大小是有无道德、道德之高低的标识，将幸福作为评断道德与否的标准：一方面可以理解为，幸福水平精确地反映了道德水平；另一方面可以理解为，如若"道德"没有达成幸福的效果或结果，那么此"道德"就是不道德的。"福德同一性"指向了两大逻辑推导：一为幸福的即道德的，结合经验生活，必然得出"现实生活中幸福的人一定是道德高尚的人"，这种观点很容易被那些没有什么德性却占据了社会优势资源的人利用，为其所享有的幸福生活提供正当性的辩护理由；另一个是把非道德作为道德的基础，在道德之外为道德奠基，其本质是用（局部之）"好"来评价（全体之）"最好"——善。如果将"福德同一性"作为"德福同一性"彻底实现后的结果，即道德与幸福已经完全实现了一一对应的一致性，那么这两大同一性可以从任意一方推出另一方。然而，现实生活中的道德与幸福不是完全同一的，至少不是直接同一的，而是处于通向同一的过程之中，并且只有"德福同一性"才能表达这种追求。

与其说"德福同一"是一种刚性的要求，不如说是一种永远有待完成的理想。正是在对这一理想的追求过程中，人的道德才能不断地得到公正的对待，从而反过来促进人们更加积极地行善。一方面，如果"德福必然同一"成为人们内心中坚定的信念，那么将从人之意念发起处生发出最强大的求善动力；另一方面，作恶与不幸的必然联系，将使人从人心之发端处遏制恶的动机。通过这两方面的作用，人之心灵得到了净化，所以，追求德福同一性是为了净化人之生命和生活。净化包含两大方面：一是洁净——净化已有的污渍，强调善心善行的积极作用；另一个是清净——不再生出新的污渍。善心善行之所以必要，是因为现实生活中存在着恶念恶行，当这些"恶"不再存在，那么善心善行的发动反倒会引发有缺陷的活动，因为人无法直接把握全体层级的最高善，人之善心善行必然受制于人自身的有限性，与其不断地在"善"方面人为造作，不如回归心灵的清净自然状态，不再为了强求善而生出恶果，顺应全体之必然规律，自然地实现德福一致。因此，全体意义上的德福一致不单单指个人、人类在全体层面获得了最大程度的德福同一性，更是全体本身实现了最普遍的德福同一性。这要求个人、人类破解对自身主体性的顽固执着，将自己融入全体之中，以全体之至善状态为最高的道德，以全体之好为最大的幸福，由此实现的德福同一性才是圆融无碍的。在此过程中，每个人才能成长为最具关怀精神的道德生命体。

第一章　精神哲学的视域和方法

从广义上讲，将"精神"作为最高概念或第一元素而生成的哲学系统是精神哲学体系。而从严格意义上讲，精神的历史文化本质是"神—圣—性"，其内在的逻辑结构为"全体—个体—全体"，其现实的载体是每一个活生生的"个人"。三者结合起来才能形成精神哲学的核心内涵："个人"运用其"精神"与"全体"发生交互作用，由于人自身的"有限性"，他只能尽力追求自身心灵和行动的"合道理性"，并将"神圣性"作为最终目的。此种精神哲学的视角，既不来自"神"，也不是能够显现为世间万有的"绝对精神"，而是源于人自身的全部精神能力，它是一种属人的视域。因此，人的精神哲学必然携带着人自身的有限性，同时又面向无限的全体进行思考和行动。也正因如此，精神哲学的方法必然是"辩证法"，它存在于有限精神与无限全体之间"肯定—否定—否定之否定"的联系之中。当道德和幸福进入精神哲学的视野，它们将在全体层面重新被界定或者获得最普遍的规定，前者上升为"全体之善"，后者拓展成"全体之好"；由此，二者的同一性本质为"善与好通过精神在全体中获得普遍必然的一致性"。以精神哲学为根据，"同一性"可以被诠释为同于"一"性。融汇逻辑、历史和现实方面的考察，"一"呈现为经验的个体或共同体、超验的神和先验的形上本原，据此，同一性也相应地具有三大类型。

第一节　"精神"的文化生命

一　"精神"的中国文化样态：圣性

（一）"精"

"精"呈现的是生命体的茂盛状态和凝聚形态。哪一种色彩最能表现天地万物延绵不绝的生意？非"青"色莫属，"青，生也，象物之生时色也"（《释名》）①，"青"描绘了天地间一切生命体生机勃发的情状②。"米"既来自生命体，更是生命体的成熟和结晶，"米，粟实也"（《说文·米部》）③，"米"为生命体所结之"实"，而且是"实"之"内核"。"青"和"米"融合成"精"的原初含义：生命的生长，生命的繁茂，生命的完成和生命的凝结。

生命体如何显现自身？通过光明，"精，明也"④，光之"明"使所有生命体"现"出自己的形象，这既是它们对自身进行确认和确定的过程，也是人得以见证其他生命体之生命状态的前提。在光明中，人与其他生命体相遇，一起成为共时的在场者。这里显现的是生命体的"存在状态"和"存在形态"。然而，作为"明"的"精"将生命体显明出来，只是其最为初步的追求。因为生命体的生长、繁荣和成熟是其"好的状态"，所以，光明不仅仅要显现生命体，更要呈现生命体的"好"，"精，好也"（《广韵》）⑤，不能显明生命体的"好"便不是真正的"精"。同时，"精"不外在于生命体本身，它既是生命体内在的凝聚状态，也是生命体能够生长繁荣的内在动力。当人感受到生命体的力量时，他希望这种力量不只是一种自然冲动，而是将它转化为生命体的内在德性，"精，善也"（《广韵》）⑥，也即"精"成为生命体"内在的善"。概言之，"精"意味着生命体将光之明、好的生命状态及善的德性融合在自身之中。

"人"自然是一种生命体，他与万有相接的前提，除了这个世界存在光明外，其自身也需具备感受光的能力，此即为"目之精"，"精，目中……有光者"（《正字通·米部》）⑦。人将自己的目光投向并聚焦到万有上，由此，人识见到万有的姿态，继而将自己的身心投入其中，去感

①　汉语大词典编纂处：《康熙字典：标点整理本》，汉语大词典出版社 2005 年版，第 1372 页。
②　在中国的古文字（如金文）中，"青"字的上半部分是"生"字，这是可以确定的，但其下半部分存在着不同的写法，一般认为是"丹"字，意谓木所生之火的颜色，因此，"青"是与植物的生命状态相关的。参见李圃主编《古文字诂林》，上海教育出版社 2002 年版，第 5 册。
③　（汉）许慎撰，（清）段玉裁注：《说文解字注》，上海古籍出版社 1981 年版，第 330 页。
④　汉语大词典编纂处：《康熙字典：标点整理本》，汉语大词典出版社 2005 年版，第 871 页。
⑤　汉语大词典编纂处：《康熙字典：标点整理本》，汉语大词典出版社 2005 年版，第 871 页。
⑥　汉语大词典编纂处：《康熙字典：标点整理本》，汉语大词典出版社 2005 年版，第 871 页。
⑦　汉语大字典编辑委员会：《汉语大字典》，四川辞书出版社、湖北辞书出版社 1986 年版，第 3151 页。

受、体贴万有的生气和美好。"目"是人之身体的窗口,"精"为人之心灵世界的出口。人的心灵世界越"光明",人的目光便越能清晰地洞悉万有的存在样态、生命气象和善美状态,这是对人作为生命体的印证和确证,即人在其自身之中便拥有生命、光明、美好和良善。人通过目之"精"和心之"精"与万有相交相即、互相映照和相互贯通。

人在与万有的照面中,最能获得其心灵目光关照的是具有生气且能活动的存在者,即有生命之存在者,因为其存在状态与人的存在状态是相似甚至相通的。同时,对人来说,也存在着离生命很远乃至无生命的存在者或存在状态——非生命体。如何将"非生命体"纳入人的心灵目光中?或者将"精"的含义推廓到"生命体"之外,"凡物之精,此则为生。下生五谷,上为列星。流于天地之间,谓之鬼神。藏于胸中,谓之圣人"(《管子·内业》)[1];"精"成为天地万有生化的共同基质——精气,"精气为物"(《周易·系辞上》)[2],由此,精气便能作为神、鬼、精灵、人、万物相通的介质。或者找到比"生命体"更普遍、更高级的存在形态,"道之物,唯恍唯忽。忽呵恍呵,中有象呵。恍呵忽呵,中有物呵。幽呵冥呵,中有情(精)呵。其情(精)甚真,其中有信"(《帛书老子·甲本第二十一章》)[3],将"精"的根据和来源追溯至形上之"道";由于"道"是创生万有的母体,因此,"形上之道"与"形下之器""形下之生命"是一体贯通的,人之"精"通过回归到"道"中获得对于"非生命体"的关照和理解。

(二)"神"

"神"的初始含义为超越或超验的存在者在显示自身。"礻"即"示","象以木表或石柱为神主之形……卜辞祭祀占卜中,'示'为天神、地祇、先公、先王之通称"[4]。"示"既表明了超越存在者是存在的,"天垂象,见吉凶,所以示人也……三垂,日月星也。观乎天文,以察时变。示,神事也"(《说文·示部》)[5],又表现了人类对"祂"们的认同、敬

---

① 黎翔凤撰:《管子校注》,梁运华整理,中华书局2004年版,第931页。

② (清)李道平撰:《周易集解纂疏》,潘雨廷点校,中华书局1994年版,第555页。

③ 高明撰:《帛书老子校注》,中华书局1996年版,第451页。

④ 徐中舒主编:《甲骨文字典》,四川辞书出版社1989年版,第11页。

⑤ (汉)许慎撰,(清)段玉裁注:《说文解字注》,上海古籍出版社1981年版,第2页。

畏和崇拜①。"申"原本描述的是"电耀屈折形","電"为"阴阳激耀"
(《说文·雨部》)②,阴阳相交才产生"电"和"电之明",所以,"申"
指向了阴阳之相即相斥及由此产生的光亮。"阴阳和合"并不是单纯的自
然现象,它更显明了超越存在者的能力,因此,"申"是通向"神"的。
合"示"和"申"而言,"神"是超越于人的存在者,"祂"通过天地间
的种种现象来显示自己的意志和力量。③

　　进一步,"神"更是"引出万物者"(《说文·示部》)④。"祂"是天
地万物的导引者,经由"神",天地万物才能获得和成就自身的存在样
态。由于万物完全由"神""创引",因此,这层意义上的"神"是至高
的、绝对的、唯一的超越存在者。然而,若天地万物是"阴阳"交合、
"气"化流行的产物,那么,即使是"神",也是其运动的生成物。"阳魂
为神,阴魄为鬼;气之伸者为神,气之屈者为鬼"(《正字通·示部》)⑤,
"阳之精气曰神,阴之精气曰灵。神灵者,品物之本也"(《大戴礼记·曾
子天圆》)⑥,神与鬼、灵成为同一等级的存在者,他们超越了人和万物,
并且具有对人进行道德评判、赏善罚恶的权力和职责。

　　在中国文化的生命构造中,"神"作为人格神的旨趣是隐匿性的,其
主干内涵指向一种"神妙的状态或作用"和"人的神圣性"——圣人。
其一,"列星随旋,日月递炤,四时代御,阴阳大化,风雨博施,万物各
得其和以生,各得其养以成,不见其事而见其功,夫是之谓神"(《荀
子·天论》)⑦,"神也者,妙万物而为言者也"(《周易·说卦》)⑧,此即

---

　　① 虽然"祂"特指对神、上帝或耶稣之尊称的第三人称单数形式,在中文语境中,"祂"
是港台基督教信众的新造字[参见周志锋《字典、词典应补收"祂"字》,《现代语文》(语言
研究版)2009年第12期],但笔者不将其局限于基督教信仰范围内使用,而将其拓展为对神或
诸神的普通称谓。由于人无法确知神的性别,或者说神全然超越了其创造物的性别,因而没有性
别属性或者与人相同的性别,因此,用人称代词来指称"神"容易引发混淆,最好使用"示"
字旁的"神称代词",如"祢""祂"。

　　② (汉)许慎撰,(清)段玉裁注:《说文解字注》,上海古籍出版社1981年版,第572页。

　　③ 参见李圃主编《古文字诂林》,上海教育出版社1999年版,第1册。

　　④ (汉)许慎撰,(清)段玉裁注:《说文解字注》,上海古籍出版社1981年版,第3页。

　　⑤ 汉语大字典编辑委员会:《汉语大字典》,四川辞书出版社、湖北辞书出版社1986年版,
第2392页。

　　⑥ (清)王聘珍撰:《大戴礼记解诂》,王文锦点校,中华书局1983年版,第99页。

　　⑦ (清)王先谦撰:《荀子集解》,沈啸寰、王星贤点校,中华书局1988年版,第308—
309页。

　　⑧ (清)李道平撰:《周易集解纂疏》,潘雨廷点校,中华书局1994年版,第698页。

宇宙神奇玄妙的生化过程。其二，从字源上分析，"聖"与"聲""聽"是同源字。"聖"字或者从"耳"从"呈"，意为"闻聲知情通于天地"，或者从"耳"从"口"，"象聲出于口入于耳之形"，"出于口为聲，入于耳为聽……通于心者聖也"。[1] 以听觉的敏锐度来表征圣人感官和心灵的敏感度，凭借此种普遍却细微的敏感性，圣人调动着自身的全部能力去明晰天地万物。但这还不是圣人的本质特征，因为圣人的根本能力是将天地人之间的终极大道贯通起来，以此为前提，才能明晓万物，即"夫大人者，与天地合其德，与日月合其明，与四时合其序，与鬼神合其吉凶。先天而天弗违，后天而奉天时。天且弗违，况于人乎，况于鬼神乎"（《周易·乾卦·文言》）[2]。"大人"即"圣人"，圣人与天地的无上至德、日月的煌煌光明、四季的轮转秩序、鬼神的吉凶赏罚相通，因此，他与神圣的、普遍的存在者和存在状态相契合；其前提亦是圣人自身完具德性和神圣性，由此交相辉映，互相成就对方。同时，"聖"也是每个人自身的神圣境界，或者通向神圣状态的发端和原初可能性。

（三）"精神"

"精"的核心内涵融摄生命体（包括人）之生长、繁茂状态、光明和善好性质；"神"的根本内核包含超越的存在者、神妙作用及神圣境界；由此，"精神"是一般的生命体与超越的存在者、自然的生长状态与不测的神妙状态、日常的善好生活与崇高的神圣境界之融合体，它即有限而无限，既自然又玄妙，既日常又神圣。

"精神"的中国文化结构是"精神生于道，形本生于精，而万物以形相生"（《庄子·知北游》）[3]。"精神"以至大无外的"道"为本原，因而与无限相通；"形"若无"精""精气"和"神"，只会沦为单纯的抽象存在和僵死物，因为"形"来自"精神"的自我规定，"精神"赋予"形"真正的力量和生气；因此，在"精神"与"形"的关系中，无"形"则"精神"虚散而没有定着，无"精"、无"神"则"形"为偶然性的空壳；万物的本性来自"精神"，最终来源于"道"，但万物的存在是具体的实在，因此，万物要以"形"为实际的载体，"精神"与"形"

---

① 李圃主编：《古文字诂林》，上海教育出版社 2004 年版，第 9 册，第 572 页。
② （清）李道平撰：《周易集解纂疏》，潘雨廷点校，中华书局 1994 年版，第 64—66 页。
③ （清）郭庆藩撰：《庄子集释》，王孝鱼点校，中华书局 1961 年版，第 741 页。

的结合使万物获得了自身的完整规定。

"精神"与道、天地等根本性存在相联结时，成为道德精神、天地精神。其实质为，"精神"内在于道、天地之中，"精神"是"道"所本具的属性之一。"精"侧重在最高存在的"精气"方面，"精气"生化出万物之"形"和人之"身"，换言之，"精"倾向于"物质性"；"神"偏重于最根本存在的"神妙作用"，它是非物质性的，由此生化出神、鬼、精灵、人之"精神"和万物之"生命"。"精"和"神"生于"道"，道是它们的"母体"，因此，道超越了"精"和"神"，亦即超越了"物质"和"非物质"，反言之，"精"和"神"的合体还无法等同于"道"。所以，若没有作为最根本存在的道，那么"精""神"便无法奠定自身的终极合理性，并且二者无法获得统一性。

由于"精""神"来源于最根本存在的气化运动和神妙作用，所以，"精神"包含了"精""气"和"神"，即将"精神"和"形体"统一于自身之中。又由于"精气"与"形体"直接相关，因此，与"形体"相对的"精神"是"神"，"夫精神者，所受于天也，而形体者，所禀于地也"（《淮南子·精神训》）[1]，由此，"精神"与"形体"或"神"与"形"的关系就成了解释"万物之为万物""人之为人"的关键；"精神天之有也，而骨骸者地之有也；精神入其门，而骨骸反其根，我尚何存"（《淮南子·精神训》）[2]，无"精神"和"骨骸"的结合，人、个人是无法存在的。

进一步，"神"与"形"如何相关？若以"神"为基础，则可推出"神"可以超出"形体"和"身体"而独立存在，甚至反证"神"是永恒不灭的，这种"神"的极致形态是与天地万物合一的精神；如果以"形"为主导，那么"神"必须依附于"形"，"精神居形体"（《新论·形神》）[3]，"夫物未死，精神依倚形体，故能变化，与人交通；已死，形体坏烂，精神散亡，无所复依，不能变化。夫人之精神，犹物之精神也。物生，精神为病；其死，精神消亡。人与物同，死而精神亦灭"（《论衡·论死》）[4]，物的精神和人的精神都以其形体的存在（存活）为前提条件。"精神"依傍于具有生命力的"形体"，它不独立于这个活的形体，

---

① 何宁撰：《淮南子集释》，中华书局 1998 年版，第 505 页。

② 何宁撰：《淮南子集释》，中华书局 1998 年版，第 504 页。

③ 张岱年：《中国哲学大纲》，商务印书馆 2017 年版，第 268 页。

④ 黄晖撰：《论衡校释》，中华书局 1990 年版，第 882 页。

是其"作用"的体现。"形者神之质，神者形之用"（《神灭论》）①，活的"形体"是承载"精神"的质地或者物质性基地，而"精神"只是此"形体"内在属性、能力的呈现，若形体的生命力消失了，那么作为"形之用"的精神必然一并消亡。顺此，独立于"形"的"精神"与失去了"生命力"的"形体"是否成了互不相干的两极？这里需要进行逆向推论，如果天地万物都是具有生命力的存在，那么"精神"与"形体"将以"生命体"为中介获得一种结合。所以，"精神"与"形体"的关系既不是一方统一另一方，也不是一方以另一方为基础，而是要在生命层面展开相互作用。

在中国文化中，"精神"位于"道（天地）——神鬼精灵——万物——人"所结合成的架构里：以"道"为终极根源，以"精""气""神"为三位一体结构，以"形""神"为基础元素，以"形神关系"为基本主题，以"生命"为核心条件，以"人"为承载主体，以"万有"为关照和关爱的对象。唯有人方能把上述文化因子融合在一起，尤其是圣人，其性即圣性能将人与天地神鬼之道贯通起来。因此，在中国文化看来，"圣性"是人和世间万有具有意义的真实根源。

二　"精神"的非中国文化样态：神性

（一）体系性文化中的"精神"概念

体系（System）就是一种系统（system）。"系统之为系统"在于，其组成部分或构成元素能够通过相互作用、影响、联系、依赖，结合成一个独立的、自发运行的整体或"全体"。文化可以理解为，人类在认识自然、宇宙、社会、生命、人生、自我等一切事物的过程中，以及在相应的实践活动中所凝练出的"精神性作品"。因此，"体系性文化"是由文化因子结合而成的"精神生活系统"。"体系性文化"不是在与"非体系性"或"无体系性文化"的对比、区分和对立中确立自身的界限，因为"非体系类文化"对社会和自然缺乏完整的解释力和解释系统，它们只能给出碎片化的理解方案，它们内部与彼此之间往往存在着尖锐的逻辑矛盾和冲突。对此，"体系性文化"并不是简单地否定处于不相干或矛盾冲突状态的各种"非体系性文化"，而是运用更具普遍性、更有解释力的文化系统来融合并超越它

① 张岱年主编：《中国哲学大辞典》，上海辞书出版社 2010 年版，第 191 页。

们。因此，"体系性文化"往往将"非体系性文化"收摄到自身之中并对之进行评判、筛选、修正、论证、扬弃与优化，熔铸升华为"文化生命整体"的内在环节。不同的"体系性文化"类似于不同的"发光系统"或夜空中的"恒星系统"，它们拥有各自的照射角度和照射范围，其中的决定因素是"光源"和"恒星"，它们不能相互取代。而"非体系性文化"如同光照范围内的"光点"，它们虽然也能发光，但是无法形成持久且强烈的"光照系统"，反而极容易被周边更强大的"光照系统"吞噬，继而成为其组成部分。所以，"非体系性文化"没有资格与"体系性文化"位于同一层级和水平线之上。由此，某个"体系性文化"只能在与另一个"体系性文化"的区别中确定自身。一种极端的表述为，正是由于不同"体系性文化"之间至少在其核心内核方面的不相容性和不兼容性，才让它们各自成为独特的、不可替代的"文化解释系统"。要保证自身的独特性和合理性，即持久的生命力，"体系性文化"必须在其所属范围内实现自给自足、自圆其说，即需要"讲道理"和"具有科学性"，具有足够的韧性和丰富的设计方案应对各种挑战和难题。所以，"体系性文化"必须具备两大特性，一个是"系统性"，另一个是"不可替代性"。

在古埃及文明、古印度文明、希伯来文化、古希腊文化、伊斯兰文化等人类"体系性文化"中①，"精神"与"灵魂"是相通的，其原初含义

---

① 在原初的非洲文化（尤其是撒哈拉以南地区的文明）、美洲文化（如玛雅文明、阿兹特克文明、印加文明）及其他地方的区域文明中，其先民多采用宗教仪式、祭祀语言、通灵等神秘性的方式与"普遍存在者"或"特定存在者"进行精神交流。相对仔细的分辨是，虽然原初的非洲人崇拜各种神灵，但非洲伦理是基于自然的、人文的、人道的、人格的、情感的、性格的、责任的、公共利益的、传统的、社区的价值观和道德原则，而不是来自超自然的宗教信仰。玛雅文明在天文、数学、建筑、雕刻等方面取得了极高的成就，发明了独特的文字、编年和历法系统，创造了独到的世界观和宗教信仰，但是，玛雅人通过大量的人祭和血祭对神灵表达崇拜，则是十分残酷和血腥的……此外，由于他们对此类精神交流缺乏系统的文字记载、说明和阐释，或者其文字系统及其含义至今未被广泛地破译；更致命的是，自"大航海时代"以来，为了掠夺美洲、非洲的资源，西方殖民主义者迫害当地原有居民（西非、中非、南非和美洲），破坏当地的文化典籍和建筑物，使其传统文化发生重大改变，同时，大肆传播基督教信仰和西方文化；在非基督教信仰地区，主要是伊斯兰教信仰的广泛传播，改变甚至取代了当地的原初文化形态。故而截至目前，仍无法全面、准确、直接地解读非洲和美洲的早期文化，也难以从哲学角度厘清其"精神"概念，对此，本书将不展开详细论述。参见［美］罗伯特·索罗门、［美］凯瑟琳·希金斯主编《从非洲到禅：不同样式的哲学》，俞宣孟、马迅等译，上海人民出版社 2003 年版；［美］林恩·福斯特《探寻玛雅文明》，王春侠等译，张强校，商务印书馆 2007 年版；［德］海因兹·基姆勒《非洲哲学：跨文化视域的研究》，王俊译，人民出版社 2016 年版；李安山《当代非洲哲学流派探析》，《国际社会科学杂志》（中文版）2020 年第 2 期；Kwame Gyekye, "African Ethics", *The Stanford Encyclopedia of Philosophy* (Fall 2011 Edition), Edward N. Zalta ed., https：//plato. stanford. edu/archives/fall2011/entries/african – ethics/, 2020 – 11 – 29。

与"气息""呼吸"相关①。"呼吸"是生命的一种表征，是"生命体"与"非生命存在"相区分的基本标准；"生命体"的呼吸证明其处于"活的状态"，这种状态说明"生命体"具有生长和行动的能力，而此类能力表明"生命体"具有一定的目的性和意向，即"生命体"具有主动寻找其生存意义的冲动，而"非生命存在者"缺乏这种主动性。②

"体系性文明"中存在着三大类典型的"精神观"或"灵魂观"。第一，"精神"来自神或神的赋予。在犹太教的《塔纳赫》、基督教的《圣经》③、伊斯兰教的《古兰经》等神学典籍中，"精神"是"神"的"神圣精神"，在此意义上的"精神"才是精神本身；同时"神"将"精神"以"气息"的形式赋予生命体和人，因此，"气息""呼吸"不单单是一种"生理"现象，也不仅仅是一种"生命"特征，更是一种具有神圣性来源的"精神"现象。

第二，"个人精神"能够与最高精神、最高本原相通。在以《吠陀经》《奥义书》为根本经典的印度教看来，存在着永恒的、遍在一切又超越一切的神（Isvara）或非人格性的梵（Brahman）——真、真理本身，"祂"是超验的、唯一不二的、绝对的精神实在——真实存在，一切存在者都由"祂"化身、幻化而来，"祂"是一切存在者的唯一来源和原因，因此，神或梵是全能的。"我"内在地具有神性——全知，可以自由地遵从自己的信仰，通过自己的正语、正思和正行，去除一切欲望，超越恶的轮回，甚至在此生即可以获得解脱，最终达到与神、梵合一；其中，决定

---

① 参见 Calvert Watkins ed.，*The American heritage dictionary of Indo-European roots*，Boston：Houghton Mifflin Harcourt，2000。

② 比较而言，非洲传统宗教思想中对于"灵魂"和"精神"的理解，其内容更加"泛化"，"非洲人广泛信仰精神力……'信仰，和与信仰隐蔽的、神秘的、超越感觉的及遍在的活力、能力、潜力和精力有关的活动'……最高价值是'力量、有力的生活，或曰生命力'。许多奇迹之所以能产生出来，均因人们相信'自己要获得精力或生命力，要坚强地生存下去，要增强生命，或确保后继有人'……尼阿玛（nyama）……为活力、能力、生命力或动力……这个词被用来称呼上帝，有时代表人或动物的力气，或者代表土药的神奇效力。人们还常把尼阿玛想象为一种与人力无关的、无意识的活力。人、动物、神灵、大自然及各种物体均有这种活力。尼阿玛并非表面现象，而是内在的实质……"［英］帕林德：《非洲传统宗教》，张治强译，商务印书馆1999年版，第18—19页。

③ 本书所引基督教《圣经》以"和合"中译本（中国基督教协会：《新旧约全书》，中国基督教协会1989年版）和"钦定"（KJV：The Holy Bible Authorized King James Version of 1611）英译本为基础，同时参考其他中英文译本，详见《基督教圣经》，http：//www. godcom. net//，2022 - 01 - 01。

性的因素是，必须通过正当（如非暴力）的途径探寻真理。①

第三，人死之后，其精神或灵魂可以独立存在。古埃及文明认为人的灵魂可以脱离其身体而存在，但躯体本身也应该保持圣洁状态。因此，古埃及人将尸体制作成木乃伊，以便灵魂重新进入肉身完成复活。至为重要的是，人死之后，其灵魂要接受诸神的审判，只有正直、善良的灵魂才可以与诸神生活在一起。②

所以，"体系性文化"中的"精神"概念，要么直接是最高存在者、诸神的属性，要么来自最高存在者、诸神的赋予；在生命体的自然生命终结之后，其"灵魂"可以独立于"身体"而继续存在，并且"灵魂"可以通向最高存在者、诸神；然而，"灵魂"只有通过了"终极审判"才能够获得最大的存在意义。③

（二）西方文化中的"精神"概念

"精神"的英文对应词为"spirit"或"mind"，"spirit"与"soul"基本同义，而"mind"是"soul"之"consciousness"或"thinking"部

---

① 参见巫白慧《印度哲学——吠陀经探义和奥义书解析》，东方出版社2000年版；［印度］摩诃提瓦《印度教导论》，林煌洲译，台北：东大图书股份有限公司2002年版。在古玛雅人看来："整个宇宙是连续不可切分的……领有者（神灵）永恒不断地在空间—时间的连续性中运转流动。在玛雅人的概念体系中，宇宙乃是统一整体。物理世界与其他领域密不可分地交织在一起。那些超自然的、无法控制的、超感觉的体验，原来就是玛雅人日常经验的一部分，是现实的一个正常普通的方面。玛雅人活动的空间是把现世世界和天堂、冥界打通一气的。不仅如此，时间和空间还水乳交融地统一在一起。就连神灵也不是高高在上主宰宇宙并施放'第一推动力'的万能上帝，他们也无非是玛雅人所设想的宇宙内的一部分，是时间和空间的某个侧面。"林大雄：《失落的文明：玛雅》，华东师范大学出版社2001年版，第28页。

② 参见金寿福译注《古埃及〈亡灵书〉》，商务印书馆2016年版；［英］雷蒙德·福克纳编著《古埃及亡灵书》，文爱艺译，吉林出版集团有限责任公司2010年版；［美］华理士·布奇《埃及亡灵书》，罗尘译，京华出版社2001年版；周全波《古埃及的宗教经典——〈亡灵书〉》，《世界宗教文化》2004年第2期。

③ 玛雅人认为，人类拥有多重灵魂："有13重灵魂……有39重。灵魂的不同类型或部分构成了个人生活中最为重要的方面。对于玛雅人而言，道德植根于灵魂：疾病是伴随着灵魂不同部分或类型的缺失；而死亡则是整个灵魂的丧失。尽管对于多重灵魂的描述有所不同，但不同玛雅族群都认为灵魂的某些方面是永恒的，故而殡葬通常需要进行许多天，以便灵魂得以释放……似乎所有死去的人都有来世……穿越'西巴尔巴'的艰辛旅程以到达极乐之地——一座为神圣木棉树所荫蔽的岛屿……成功完成这一旅程的灵魂可以在11月1日，或称'万圣节'时现身，这一天被他们作为亡灵节来庆祝，据说在那时人们的祭品及思念可以到达死者那里。"［美］林恩·福斯特：《探寻玛雅文明》，王春侠等译，张强校，商务印书馆2007年版，第195—197页。

分，也就是说，"spirit"与感性、身体、欲望等紧密相连①，"mind"则与它们保持一定距离，甚至可以独立于它们，因此，"mind"的内涵比"spirit"的内涵狭窄。因为中国文化中的"精神"比"思"拥有更丰富的含义，"soul"或者"spirit"贯穿了整个西方文化和文明历程，所以，将"精神"翻译为"spirit"或者把"spirit"移译成"精神"，才具有比较准确的契合性。

"soul"和拉丁语"anima"均翻译自古希腊语"Psyche"，其基本含义为：气息、呼吸；生气、元气、性命、人和动物的生命；亡灵、阴魂、幽灵、鬼魂；与肉体相对的灵魂；生灵、生物、动物；意志、欲念、情感的出发处——心灵、内心；宇宙、世界的精神；性情、性灵；理智、理性、悟性、理解力。②"Psyche"涵摄了"生命体"的气息运动、生命状态、内在能力和超肉体、超此生的彼岸存在形态，继而类比、推廓为"普遍存在者"的属性，形成了宇宙精神、世界精神等。"spirit"的直接来源是拉丁语"spiritus"，其主要内涵为：呼吸、气息；风吹；空气；生命；勇敢；情绪、性情；气味；灵感；心灵；人格、精灵；神体、神。③"spiritus"更古老的印欧语系来源同样是"气息、呼吸"，其原初含义经过人格化、哲学化和宗教化之后，"spirit"在概念上具有了人性、神圣性和神性等内涵。

"精神"概念在西方文化和哲学中逻辑地展开为四方面内容。第一，精神作为神的属性。神或诸神作为"大全"，精神是其显现形态之一，或者神是精神本身——神圣精神，"神是精神……精神是自由"，"精神是生命"，"神是生命"。④神不仅创造了万物和人的"形体"，而且其"精神"也由神创造，即"精神"来自神的赋予。但是，人的精神不具有完全认识和把握神的能力，因为神是无限的，因此，人只能信仰和崇拜神。

第二，精神作为绝对精神。精神原本是神的属性和作品，但因其主动性，力图完成对神的精神化，"神只有就其知自己本身而言才是神；进而

---

①　参见［英］尼古拉斯·布宁、余纪元编著《西方哲学英汉对照辞典》，人民出版社2001年版。

②　参见罗念生、水建馥编《古希腊语汉语词典》，商务印书馆2004年版。

③　参见吴金瑞编《拉丁汉文辞典》，台中：光启出版社1980年版；谢大任主编《拉丁语汉语词典》，商务印书馆1988年版。

④　［俄］尼古拉·别尔嘉耶夫：《自由精神哲学：基督教难题及其辩护》，石衡潭译，上海三联书店2016年版，第4、9、19页。

神的自知就是神在人里面的自我意识和人对于神的知，而人对于神的知则
进展到人在神中的自知"①，"宗教对于一切人都是真理，这个信念是以精
神的见证为根据的，而这个作为出来作证的精神就是在人里面的精神"②，
人的精神使"神"转变成"精神性的神"，乃至于将其自身置于神的位置
上成为"绝对者"，成为"spirit as a whole（精神全体）"③。由此，"精
神"将物质世界、自然、社会等视为自己的生成物，万物由此获得理解
和解释，此即精神的"绝对精神模式"。

　　第三，精神作为与物质相对的精神。因为神是全能的，所以，"祂"
必然具有创造物质、能量的能力。绝对精神能否创造物质和能量？这取决
于绝对精神的自我设定：如果它将自己人格化为神，或者与神合一，也就
是说，此处的"绝对"是大全意义上的绝对，那么它与神的能力无异；
如果绝对精神的"绝对"是精神领域中的绝对，那么它只能理解而无法
"从无到有"地创造物质和能量，即物质和能量是非精神范围内的存在。
精神与物质的纯逻辑关系为：精神是非物质的，物质是非精神的。精神是
一种非物质实体，同时物质也不是一种精神实体，由此形成精神与物质的
二元对峙。针对二者的关系，认为精神占据了主导位置，且精神可以独立
于物质实体存在，此即唯理论的基本立场；若认为没有物质实体便没有精
神（实体），精神依附于物质实体，甚至精神可以被还原为物质粒子和能
量，这并非在否定精神，而是对精神的一种理解途径，这是唯物论的基本
观点；还存在一种理解方式，认为精神和物质既非二元的，也不是以其中
某一方为基础，而是两者均来自一种"中性材料"④。

　　第四，精神作为人（生命体）的精神。在人这里，精神既要把握它
自身，又要理解人的其他部分，由此产生了身心关系问题。如果将身或肉
体看作物质性的，那么身心关系自然也具有上述精神与物质的三大类基本
关系。除此之外，还可借助自然科学的实证方法，将人的精神现象和活动
归结为人的行为、行为系列和行为倾向。⑤ 以当代脑科学、神经科学为基
础，能够更精准地研究精神与肉体之间的关系，由此产生了"心理神经

---

① ［德］黑格尔：《精神哲学》，杨祖陶译，人民出版社 2005 年版，第 379 页。
② ［德］黑格尔：《精神哲学》，杨祖陶译，人民出版社 2005 年版，第 384 页。
③ 方东美：《华严宗哲学》，中华书局 2012 年版，第 585 页。
④ ［美］J. A. 沙弗尔：《精神哲学》（下），东方白译，《哲学译丛》1996 年第 A2 期。
⑤ 参见贺善侃《现代西方精神哲学研究现状》，《学术月刊》1994 年第 10 期。

一元论"①，其主要观点为，一个"精神事件"精确地对应着大脑某一特定区域的神经元活动。进一步的趋向是，"原子论"提出了"精神"来自极细小的、不可再分的物质粒子及其运动的哲学理论。现代"高能（基本粒子）物理学"在科学实验中，已接近将"精神"还原为基本粒子及其运动，这一理论和实验的极端推导为：连"神"本身也是"由基本粒子所构成"或者"神即最初的基本粒子"。

因此，非中国文化中的"精神"概念具有如下基本内涵：神圣精神，纯精神，与物质相对的精神，与身体或肉体相对的精神、鬼魂。"神圣精神"是神的精神形态，是最高也是最完满的精神；"纯精神"为介于人与神之间的精神存在者，如天使、恶魔；当精神与物质相对时，精神的载体是"生命体"；而精神与身体或肉体相对之时，精神的载体为人或"类人的生命体"；"鬼魂"是一类"超自然的存在者"，一般呈现为令人恐惧的表象。此外，当代科学技术对精神的物质性机理进行着实验和实证研究，这类研究能更准确地揭示精神与其物质性载体之间在"量"方面的相关性。然而，科学及其技术本身不是目的，它们需要服务于"人的生活"和"世界的整体和谐"。如果"精神"对人和整个世界来说是不可或缺的，那么科学活动的旨趣便不是消解精神，单纯地对精神进行还原，而是理解精神。

综括而言，从考察"精神的文化生命"可以看出："精神"不是最终极的概念，其本身必须以神或"最高的形上本原"为根据；二者的区别为，神创造着精神，而"形上本原"创生着精神。"精神"不仅仅是"纯灵存在者"和人的属性，也不单单是"生命有机体"的属性，而且是宇宙、星球等"非生命存在"的属性。"精神"往往与"物质""形体""身体"结合在一起，虽然无法证实在"生命体"死亡之后，其精神仍然存在，但是也无法证实其不存在，特别是在宗教信仰中，精神的超物质性是其必要的前提。在中国文化中，"精神"的要义体现为"圣人与道合一"，这是一种"圣性"，并且为每个人所具有。与此不同，在其他文化尤其是西方文化里，"精神"的最终追求是要达到神的高度，像神一样进行"思考"和"创造"，其最高本质是"神性"。所以，总括起来，"精神"的文化生命内核为：追求"神性"和"圣性"的合一——"神圣性"。

---

① 邵水浩：《邦格的精神哲学评介》，《社会科学》1988 年第 4 期。

第二节   "精神"的哲学思辨

一   "精神"的"自我演绎"

（一）精神与非精神

从纯逻辑或逻辑形式上讲，"精神"的完全对立面是"非精神"，"精神"与"非精神"互为彼此的完整对立面，因为两者的合体才是包含一切的"全体"或"一"。① "全体"或"一"指称至大无外、无所不包、无一遗漏的存在，甚至包括"非存在"，实际上人的思维和语言无法对其进行命名，"全体"或"一"也只是一种暂时性的、不得已的称谓。由此，任何事物、任何概念之于"全体"都是不完满的，甚至"全体概念"之于"全体自身"，"全体"之于"全体自身"，亦是不完整的。因为"全体"永远处于无所不包的未完成状态，也就是说，"无所不包"不仅是指"全体"将"一切"包含在自身之中，而且是说"全体"永恒地处于"要去包含一切的状态"，"……属于全体"这种表达是永远有效的。显然，包含着"精神"和"非精神"的"全体"方才是周延的。在此，出现了一个问题："全体"本身是精神性的还是非精神性的？由于"全体"能将一切"精神"和"非精神"统摄于自身之中，那么，"全体"便既是精神性的又是非精神性的，既不是精神性的又不是非精神性的。但

---

① 愚按：吾人常言，非此即彼，非彼即此。其实然乎？"彼""此"决然对立，抑或处于矛盾状态，方可言"非此即彼"。然，世间万有，能为彼此二字全然包括乎？若然，全体之中，唯"彼"唯"此"，全体为彼此分剖为二也。然，依何标准可将全体决然二分？若吾认知到，全体乃"至大无外至小无内"之存在，且为不断生成之存在，则吾不敢断言，全体尽在吾之瞳眸中矣。故，吾人无法完全关照全体，把握全体。吾与非吾皆为全体之一隅，则吾以己之标准二分全体，实无绝对之效力也。己之"彼""此"之外，尚有非己之"彼""此"，己与非己之外仍有"彼""此"。即，彼此之外有彼此，彼此之间有彼此，超出彼此尚有非彼非此。因全体之无限，则彼此之分判标准不断变易，实无恒定之"彼"与"此"。非白即黑与？不光明即是纯黑乎？非黑即白与？不黑暗即是光明乎？黑白之间，黑白之外，色彩缤纷。非善即恶与？于严格之道德语境，确乎如此。然，世间万有，必然处于道德与不道德之一端否？道德与不道德之间，非道德存焉。故可言，非善不必然恶，亦可不关乎恶。非恶即善与？此言至多可释为，非恶乃善之最低标准。善之至高标准，须以全体之最好状态为圭臬，更精准之表述为，以全体与个体交互作用而生成之最好状态为衡准。"非此即彼"之说，其不及之处为，释"非"为"不是"。"非"者，从全体哲学观之，其位于"是"与"不是"之间之外也。直言之，"非"者不在"是非"之中，而不断超出"是非"之域，向全体推廓。"彼""此"之内之外之间，全体存焉。勤力于全体中安顿身心，成长为大人，乃吾人之天命也。

是，与其说"全体"的这种性质解决了"精神"跟"非精神"之间的对立或并列，不如说回避或消解了二者之间的不相容性。由此，"精神"和"非精神"都依循各自的力量将对方收摄到自身之中，继而完成了两者的统一。

从逻辑上讲，只有两条路径可供选择：要么是"精神"统一"非精神"，要么是"非精神"统一"精神"。后一种方式会面临如是难题：即便"精神"可以被还原或解释为非精神性的，但是，仍然必须通过精神性的中介（如思维、语言）被"描述"，因此，"描述"本身就是精神性的，乃至于"非精神"这个概念本身也必须由"精神"命名。当然，"非精神本身"不同于"非精神的概念本身"，除非断言"非精神的概念"包含了"非精神"的全部领域，否则"精神"便只是在与自己所认为的"非精神"打交道。问题在于，"非精神"无法通过"非精神的方式"显示自身，更不消说统摄"精神"。由此，"非精神"统一"精神"的道路只具有"想象的可能性"，连"逻辑的可能性"都没有达到，更无法触及"真实的可能性"。

所以，剩下的统一路径只能由"精神"来完成。但"精神"的统一过程并不是直接将"非精神"收纳到自身之中，而是预先精神化"全体"，让自己上升到"全体"的高度，获得"全体"的属性，使"全体"变成"精神化的全体"或"全体精神"。唯有经过如此艰难的提升历程，"精神"才获得了统一"非精神"的资格。在此过程中，"精神"完成了一次"颠倒"或"翻转"，从对立两极中的一极超升为最高的"统一体"，这既来自"精神"追求"最高统一性"的本性和渴求，又源于"全体"自身需要被恰当地呈现。由此生成的逻辑秩序是："全体精神"将自身规定为"精神"和"非精神"。

上升为"全体精神"的"精神"能否"无中生有"地创造出"非精神"？如果能，那么"精神"就是"诸神""独一神"，因为只有"神"才具有最终的、绝对的创造能力，也唯有"神"才可能完全等同于"全体"。若"精神"只是精神化"非精神"，那么"精神"便不是在创造"非精神"，而只是在理解"非精神"，至多能改变和加工"非精神"。因此，存在着两种"精神"：一者是"神"之精神；另一个为"非神"之精神。"非神"不是也没有资格成为"神"的对立面，因为"非神"是"神"的"创造物"，由此，"神"之精神是"非神"之精神的根源。正因"非神"之精神不等同于"神"之精神，恰好为"非神"之精神的主动性留下了可能性，因此，每一"非神"之精神的存在均具有独特的作用。综上，"全体精神"结合了"神"之精神和"非神"之精神，来自"神"之视域（非"神"本身）与"非神"之视域的交融。

（二）生命体的精神

"精神"通过精神化"全体"而成为"全体精神"时，并不意味着"精神"等同于"全体"，或者说"精神"拥有了"全体"的全部属性和内容，由于"全体"才是终极的统一性本身，因此，"精神"的最高统一性来自对"全体"之统一性的理解。为什么"全体"需要被精神化？其动因不在于"全体"本身，因为"全体"已经包含了"精神"和"非精神"，统摄了全部一切，是最终的完成形态，所以，"全体"没有精神化自身的"冲动"。由此，"冲动"不是来自"全体"方面，而是存在着"某种存在者"力图通过"精神"达到"全体"，或者至少可以去理解"全体"。

在现实世界中，这种存在者的存在状态是"生命"，其载体为"生命体"。"生命"的对立面是"非生命"，但"生命体"的对立面不是"非生命"，这是因为"生命体"是由"生命"和"非生命"结合而成的。如何理解"生命体"的"非生命部分"？关键在于，"生命"不是"生命体"的全部，至多说"生命"是"生命体"的"本质"，因此，"生命体"的"非生命部分"之于"生命体"是具有作用的。然而，"非生命部分"无法自知自身对于"生命体"的作用，这种"作用"需要以"生命"的存在为前提。

为什么"生命体"渴求"全体"？因为"生命体"面临两大难题："生"的对立面——"死"；"命"的对立面——"亡"。前者指向"生命"的终结，后者的含义为"意义"的虚无。其实质是，"死"对应着"无生命力的存在状态"，"死"仍然是一种"存在"，但"亡"指向"存在形态的彻底消失"或"存在的虚无"，"亡"是一种"非存在"。每个有生命的存在必然死去，但"他"不会彻底消亡而沦为虚无，构成其肉身的分子、原子将再次投入宇宙的生灭大流之中，并同时释放出物质和能量；其精神活动，将在另一个生命的精神世界和整体性的精神生活史中留下印迹。生命的结束越是无法避免，寻求生命之意义就越发重要，追求生命之意义的冲动也便愈加强烈。此处的"生命体"不仅具有生命气息，更是对自身存在之意义拥有强烈的反思能力。那么此种能力如何使"生命体"获得生命的意义？答案是它必须通向"全体"，并将"全体"设定为"绝对价值"。因为既然一切都在"全体"之中，那么将"全体"视作"绝对价值"至少在逻辑上是可行的，否则"绝对价值"若然处于"全体"之外，那么，"全体"便不是包含一切的"全体"。

既然"全体"能够被设想为"绝对价值"，又由于"生命体"的"非生命部分"只能为"精神"所把握，而无法主动地与"精神"相通。因此，"生命体"只能将自己的"生命"与"精神"能力贯通起来，或者说"生命体"将"精神"设定为自己的内在属性。由此，"生命体"凭借内在的"精神能力"追求和通向"绝对价值"，以便获得其生命的"意义"。

（三）人的精神

虽然在逻辑上应设定一切"生命体"都具有追求"全体"和"意义"的能力，但是，除非"人"能完全认识所有的"生命体"，否则"人"便无法判定其他"生命体"是否具有这种"能力"及其强弱程度。当然，"人"可以认识和判断部分"生命体"的状态，由于"人"也是一种"动物"，其部分属性直接来自"动物性"，因此，"人"与"动物"具有较近的亲缘关系。然而，对于"动物"之外的"生命体"，"人"很难断定其是否具有寻求"意义"和"全体"的能力，或者其"能力"是否远远超越了"人"的"能力"。无论如何，"精神"成为"人的精神"才能为"人"所理解，一切"生命体的精神"亦是如此。

"人"通过与"全体"的联结而获得自身的"精神"，因此，从逻辑起源上讲，"人的精神"来自"全体精神"。但是，从"人"对"全体"的理解和认识角度来说，"人"从理解自身的"精神"出发，经由对其他"生命体"之"精神"的理解，最后才抵达对"全体精神"的理解，这就是"人的精神"的生长过程。因此，虽然"人的精神"最初不等同于"全体精神"，但是，"人的精神"也必然不外在于"全体精神"，而且其"成长过程"能够不断地趋近"全体精神"，此即"人"之最可贵处。

在此阶段，"世界"在"人"面前呈现为"人为"和"自然"两种状态。"人为"是指"人"在其"精神"的驱动下所发出的作用，因为"精神"在"人的精神"环节带着"人的有限性"，所以，"人"的"精神作用"不一定符合"事物"的"自然本性"——自然而然的状态。但是，严格来说，"事物"包括人自身的"自然状态"天然地包含着"精神"，处于原初状态的"精神"是与"自然"完全一致的，所以，"自然"的对立概念不是"精神"，而是"人为"或"人为精神"。因此，"人的精神"：一方面要理解"自然"，让"自然"尽可能按照自己的"本性"去存在；另一方面要防止自身的过度作用而演变成"人为精神"，继而对"自然"施加过度的人工改造。

"全体"将"有机物"与"无机物"、"生命体"与"非生命体"，以及"人"等统一在一个"自然生态系统"中，人、人类原本只是这个生态系统的一部分。然而，人类借助"技术"和"科技"的力量成了生态系统的"现实主体"，使"人类中心主义"思想得到了客观的实现。于是，现代人类及其活动对"生态环境"造成了巨大的破坏，由此激发了人类对生态系统的根本关切。人类的精神必须科学地进展到生态层面，将生态环境、其他物种、其他生命体的"良性存在"作为人类自身能够过上美好生活的前提，乃至于把人类整体还原到生态环节之中，重新思考自己行为的正当性，以"自然生态系统"的"整体和谐"为标准和目的；否则，只关注人自身的福祉，终将使人类的生活世界和"自然界"面临困境甚至陷入绝境。

（四）个人的精神

"人的精神"的载体是"人"这类生命体，由于"人"的实存是一个个真实的、有血有肉的、独一无二的、不可替代的"个人"及其生命，所以，"人的精神"最终必然落实为"个人的精神"。

"个人的精神"存在两种走向：一是固守自己的"个别性"，认为自己是独特的，自己是"意义"和"价值"的源头；另一个是不断突破自身的"个别性"，去追求更普遍的"精神""意义"和"价值"，将自身的"个别精神"推向"人的精神""生命体的精神"直至"全体精神"，不断提升"意义"和"价值"的高度。前者关注"如何成为'个人'"，后者关切"如何成为'人'"。

每个人天生就是一个"个人"，他无须自身"精神"的发动便是一个"个人"，只将"精神"用来确证自身的"个别性"，这意味着"精神"之能力被限制在最狭小、最低层级的范围内。"人"之可贵、"人"之高贵来自其"精神世界"的无限庄严和崇高，更为珍贵的是"人"走向这个"世界"的伟大历程："人"最初只是一个以"自我"为中心的"个人"，但是，他不断地反思自己的有限性，认识到自身的不足，并勇于正视和承认它们，继而用真实的努力去改善它们，运用自己的全部精神去思考并践行"怎样成为一个'大人'"；进一步的推廓便是，超出"人"的"精神世界"，"要贯注到一切物质的分子构造、一切物质的原子构造之内。这样子一来，才把整个的色界转变成为精神界的构成分子。到了这个时候，一切精神的差别世界、一切生命的差别世界、一切物质的差别世界，都转变成庄严的精神世界"①；努力向最高、最全的"终极世界"进发，即"个人"自觉地将自身完全融入"全体"之中，树立一种最普遍的责任意识，将"全体"的良序状态视为自己的奋斗目标，把"全体"之中的每一处崩坏视作自身的失职。

二　"精神"的"自我超越"

(一)"我思"与"普遍性"

当"我"在进行思考的时候，"我"如何能够合理地推导出：此"我思"不是"我"一个人的"独思"，而是"人之思"，甚至是"思维自身之思"？如若将前者称作"个体之思"，把后者称为"普遍之思"，那么，"个体之思"在何种意义上是个体性的、独一无二的？而"普遍之思"附着于何处？"个体之思"与"普遍之思"又如何相关……如果"个体之思"固执于自身的独特性，那么，"普遍之思"便会脱离"个体性"而悬置在半空中。"个体性"的特点是"单一化"，"普遍性"的特征为"普遍化"，其症结在于"化"的过程。"化"将"特殊环节"抽象掉，最终导致"个体性"完全收缩在自身之内，"普遍性"亦停留在自身之中。这两个概念均沦为单纯的"抽象物"，因为它们没有展开自身，或者说，它们排斥了"自我否定"的过程。

什么是真正的"普遍性"？与"个别性"相对立的"普遍性"不是"普遍性"自身，因为真正的"普遍性"要将"个别性"收摄在自身之中。然而，除了"普遍性"的概念本身是普遍的外，是否拥有足够的论据论证"x 是普遍的"？若断言"x 是普遍的"，那么，进行判断的主体是谁？"我""我思""我们""我们之思""思维自身"……此"主体"无法自己证明自身是普遍的，除非"他"是"普遍性"本身，对人而言，

---

① 方东美：《华严宗哲学》，中华书局 2012 年版，第 384 页。

"他"只能是作为"全体"的神。与人及其思维相关的"普遍性"只是一种"特殊性"——有限定的普遍性,而非真正的普遍性本身,准确地说,与人相关的"普遍性"永远处于趋近"普遍性"的过程中。

"由于宇宙是一切存在的全体,所以一个人思及宇宙时,他是在反思地思,因为这个思和思的人也一定都包括在这个全体之内。但是当他思及这个全体,这个全体就在他的思之内而不包括这个思的本身。因为它是思的对象,所以与思相对而立。所以他思及的全体,实际上并不是一切存在的全体。可是他仍须思及全体,才能认识到全体不可思。人需要思,才能知道不可思者……人必须思及不可思者。"① 所以,作为"个人"的"我"既无法绝对地、无限地认识"普遍者"——"全体"意义上的存在者,如"神""宇宙""世界";但与此同时,"我"对它们又不是绝对地无知。因此,"我"的认识实际上介于"绝对的知"与"绝对的无知"之间。"我"进行认识的"合道理性"在于,向"绝对之知"前进。推动"合道理性的进程"是"我"所能够、所应当做的,同时这个进程也是无限的,因为"我"无法成为"神"或者终极的"合道理性"本身。如是,"我"才能不断进行"自我矫正"和"自我改错",因为在"我"身上,"道理"无法被完全地体现,"我"自身无法终结和占有整全的"道理"。

"我"对全体意义上的"神"进行规定,只可能是对"神"的否定、限制,因为"我"无权界定甚至理解"神"。神的"概念"并不能囊括神之"大全",当"我"说"神是整全、圆满、全知全能全善……"时,依然是以"个人""人"为参照系反推、否定而成的,然而这类"属性"是否属于"神"本身,它们的完整结合是否就是"神",这是不可知的。"神"与"人"完全不是同一层级的存在者,即便在两者的概念层面上也没有平等性可言,"神"根本不是"人"的对立面;或者说,"人"根本无权论断有限人性的相反面——无限、圆满等——是属于"神"的,因为它们是"人"所认为的无限、圆满,而"神"无法被人思议,被理解的"神"不是"神本身"。

继而,"思维"自身具有辩证性的原因在于:"人之知"介于"无限之知"与"绝对无知"之间。一方面,因为人不是"无限者",所以,无

①　冯友兰:《三松堂全集》第6卷,河南人民出版社2001年版,第284页。

法完全认识"无限者"，甚至人无法认识一个有限的"经验事物"，这是由于人在关注、研究一个"经验事物"之时，已经干扰了其纯粹客观状态。另一方面，因为人来源于这个世界，因而，人与其所处的世界具有一定的同质性，因此，人对世界的认识也绝非基于"胡乱猜想"，至少在一定程度上、一定范围内具有可靠性。除非没有思维存在，否则人对世界便是有知的，而且拥有不可遏制的求知欲。所以，问题的关键不在于"知与无知"，而在于知的"合道理性限度"和"合道理性进程"。

（二）"合道理性"概念

"全体""神""宇宙""世界""自然"包括"人自身"等都有其不可知的一面，所谓的"知"是"人化之知"，正因"它们"不可被完全知悉，所以，人应尽量避免自身的"主观性暴力"，用"属人"的合道理性去过度干扰事物自在的生化过程。既然人自身具有或者在追求"属人"的合道理性，那么比人更普遍的神、宇宙、自然等存在形态，如果拥有属于它们自身的合道理性，其合道理性的进程必定具有更大的力量和必然性，所以，人要尽量地让"属人"的特性退场，敬畏它们，让它们自由地呈现自身。同时，由于人不可能完全脱离"人的视域"去理解和领悟事物，那么从绝对的意义上讲，人对事物的一思一行、所思所行都是一种外在的"暴力侵入"，或者说，人一思行便有"过错"和"罪过"。然而，如何减少乃至消除这种暴力和罪过？因为人存在于这个世间，不可能完全无思无行，而有思有行则必然会干涉甚至侵入其他事物的存在状态，那么最彻底的解决之道即"人的消失"，甚至不要出现类似人这样的可以进行思维和体悟的存在者。

然而，单单敬畏而不认识"事物"，是与思维之"求知本性"相冲突的，由此，"合道理性"概念便出场了。虽然人无法绝对地"知"事物，但是，人一旦在"知"事物，就必须论证和反省这种"知"的合道理性。并且人不是一"知"便完全符合道理之要求，而是一直存在犯错甚至犯罪的可能，因此，人之"知"一直处于不断修正、不断走向更合道理性的过程中。"合道理性"并不是一个终极的、无可反驳的绝对存在或绝对真理，而是指不断走向合道理性的"进程"。据此，"人"才可能为每一讲"道理"的领域进行合道理性的辩护，看到其限度和否定面，再基于其合道理性面和否定面，继续推进各个领域的合道理性进程。所以，"合道理性"及其"进程"的意义在于：为每一具体时空、思维中讲道理的

"场域"——事物或概念——进行辩护，同时使其走向更普遍的合道理性，即在辩护的同时又怀疑和批判。

在现代社会中，存在着一类具有颠覆性意义的原因，人通过科学技术可以按照自己的意志进行"创造"。在以往的文化和宗教传统中，这是神或造物主的能力和行为。如果人拥有了如神一般的能力，那么，可供选择的路径便只有两条：一是走向彻底的毁灭，因为这种能力最终会超出人的控制，继而统治人、奴役人甚至摧毁人；另一条是不断推进自身的合道理性，不断限制这种力量，使其处于合道理性的范围内。因为科学技术正在改变人类甚至万有的"精神基因"和"物质基因"，科学技术的退出和人之主观意志的"空出"，已无法改变和扭转这个不可逆的潮流，更何况科学技术绝不会退出，因而只能对其进行合道理性的限制和校正。

"合道理性"的本质含义是"更好"。虽然从思辨的意义上讲，这个"好"仍然是没有脱离人之属性的"好"，但是，在具体的时空场域中，通过各种思路的比较可以看出"好"的方向；而且"事物不可知"是从绝对层面来讲的，在具体的事物上，一定程度的知是可能的，否则，世间万有便都只是人的"梦中幻境"。"合道理性"的内涵并非固执于自己的立场，认为自己已然占领了"终极道理"，将自身作为终极的评判标准，而是强调合道理性的进程。这个"进程"以当下的合道理性为暂时的、有限的合道理性，从更大的范围看，很可能是有错的，由此才可能论说合道理性的"推进"和"不断纠错"。也就是说，"合道理性"不是封闭的自我独断，而是以不完善、不完满甚至错误罪恶为前提来展开的探讨，它显现为思维内部的"合道理性的自由讨论"，而不应当通过转化为"现实的暴力"来实现自身。

人的命运、悖论是如此，虽然这个世界不可能被绝对地"知"，甚至有不可理喻的、不可思议的事物和事件存在，但是，人不会以不可理喻、不可思议、完全神秘的方式理解和对待它们。即便人的思想和行动自身不具有终极的、绝对的合道理性，人对事物无法绝对地"知"，但是人既然存在，便必然会去"知"。重要的不是否定这种有限的"知"，而是推进这种"知"的合道理性进程。

所以，"合道理性"概念针对的是"个人的精神""人的精神"的不完整性和有限性，其目的是推进它们向更普遍的"精神"发展。然而，"精神"的"超越之路"是极其艰难的，它需要每个"个人"自己的思考和努力：一是对"精神的自我演绎"过程有完整的理解和领悟；另一个是对"合道理性"概念拥有透彻的认识和思考。经过这两方面的磨砺之后，"个人"的精神成长就值得期待了。事实上，"合道理性"概念的内在结构是合乎"道—理"的，由"道"到"理"是从"全体""全体精神"下贯至"个人""个人精神"，从"理"到"道"则是相反的路径。因此，"合道理性"产生自"个人"与"全体"、"个人精神"与"全体精神"之间的交互作用。

第三节　精神哲学的体系

一　精神哲学的本性

"个人精神"不等同于"全体精神"，但"个人精神"不可能在"全体精神"之外，所以，"个人精神"是又不是"全体精神"。"个人精神"单方面宣布自己对"全体精神"是无知的，这恰恰不是一种"谦逊"——知道自己的限度，而是将"全体精神"置于虚无的境地，因为"个人精神"不在"全体精神"之外，"全体精神"亦不外在于"个人精神"及其普遍化历程。因为"全体精神"包含一切"个人精神"，"个人精神"只坚持自身的实质是虚无化"全体精神"并将自己视为"全体精神"。与此同时，"个人精神"距离"全体精神"十分遥远，而这段"距离"恰恰是"个人精神"建构其自身价值和意义的前提，因此，走向"全体"是"个人"及其"精神"无法逃脱的宿命或曰必然性。

当"精神"的"自我演绎之路"和"自我超越之路"成为同一条路时，才形成了真正的精神哲学"架构"。但是，从"全体精神"出发的"演绎之路"与从"个人精神"出发的"超越之路"很难完成真正的"同一"。这是因为，从"演绎之路"讲，"全体精神"与"个人精神"统一于"全体精神"；然而，在"超越之路"这里，"全体精神"是"个人精神"所理解的"全体精神"，由此，两者的同一，演变成了"个人精神"所理解的"全体"与"个人精神"的统一。而且"全体精神"的实质为"精神"对"全体""非精神"的精神化作用，因此，"全体精神"不等同于"全体本身"。所以，"精神"的"超越之路"与"演绎之路"不是同一的。正因如此，实现两条"道路"的统一成了"精神"生发自己之"哲学体系"的原动力，在"超越之路"与"演绎之路"的相互冲突和启发中，"全体精神"得以展开，"个人精神"实现成长。

如果说"精神"的"演绎之路"和"超越之路"是"精神哲学"的"形式"，那么"精神"的"文化生命"就是"精神哲学"的"内容"，只有两者的结合才能形成"有血有肉"的"精神哲学体系"。与"演绎之路"一致的"文化生命"是"神"或"形上本原"，神"创造"万有，形上本原"创生"万有，由此它们即"全体"。与"超越之路"一致的"文化生命"是人的"精气神"。这里的困难之处在于，即便存在"神"或"形上本原"，对于人而言，它们也只能成为"个人精神"所理解的"全体"，因而始终带着"个人""人"自身的"视域"和"有限性"。

"精神哲学的研究"既不同于经验世界中各个学科视域下的具体研究，也不同于绝对信仰神的宗教研究，而是从人的全部思维和心灵出发的研究。"精神"的"视域"和"立场"是属人的，而不是属神的，人至多只能模仿神，因为"人的精神"只能完全理解"人"的精神，至于"精神"的全貌，人只能从自身出发进行"合道理性"的推导。与此同时，"人的精神"不会停留于抽象的思维阶段，当思维意识到它自身是其世界的时候，它便成了真正的"精神"①，所以，精神是思维及其世界的统一，即"合道理"的思维具有转化为现实存在的能力。由此，"精神哲学"呈现为一种历程：一方面，"个人精神"从经验世界出发，不断地展开自身的规定、限度、差别和对立，同时又扬弃它们，将差别对立统摄于自身之中，向更高的统一性发展，直至进入最高的精神世界——"全体精神"；另一方面，"全体精神"必然会显示和展现自身，它使人和其他事物获得了本质规定，在人这里即"人的精神"和"个人精神"，由此，"全体精神"也得到了部分的现实呈现。

如果把"个人精神"等同于"全体精神""神之精神"——"绝对精神"，或者认为"绝对精神"在"个人精神"这里得到了完整无误的呈现，此即"绝对精神哲学"模式，它将面临两大诘难。其一，绝对精神等不等同于全体？绝对精神之"绝对"是精神领域内的"绝对"，还是全体意义上的"绝对"？其症结在于："绝对精神"能否"无中生有"地创造出物质性的存在，如肉体、物体、自然、能量？如果能，那么"绝对精神"可以等同于"全体"或神；如果不能，那么"绝对精神"只是在

---

① ［德］黑格尔：《精神现象学》下卷，贺麟、王玖兴译，商务印书馆 1979 年版，第 1 页。

精神化、概念化"全体"或神，以自己对"全体"或神的理解（"名"）
来将自身提升为全体或神（"实"）。其二，"绝对精神"的自我展开和现
实化是其自身内在的普遍必然推导，还是以某个人及其"个人精神"对
"绝对精神"的理解和反思为依据？作为"个人"的某人如何可能合理地
推出，他所理解和反思的"绝对精神"即思维本身所理解和反思到的
"绝对精神"？换言之，"个人精神"对"绝对精神"的理解和反思是否
等同于"绝对精神"自身及其自我反思？上述诘难的逻辑顺序为："个
人"是否等同于"个人精神"？"个人精神"是否等同于人的精神？人的
精神是否等同于"绝对精神"？"绝对精神"是否等同于"全体"或神？
要应对此种诘难，必须将这一逻辑秩序颠倒过来，直接在"绝对精神"
与"全体"或神之间画上等号，这才是"绝对精神"意义上哲学之开端、
展开和结束的本质。然而，这个"等号"直到精神发展的最高、最后阶
段才能被确证，更为致命的是，此"等号"永远只是"约等号"，因为
"精神"的自我超越之路永远处于未完成状态。因此，"绝对精神哲学"
同样以某个人及其"个人精神"对"绝对精神"的理解和反思过程为基
础，每个人无法真正地摈弃其自身的"个人精神"。至于这个精神能够提
升到多大的普遍必然性，取决于"个人精神"对"全体"、神、"绝对精
神"的理解和反思程度，但"个人精神"能否与"之"等同则是不可知
的，或者正是因为达不到，"个人精神"的存在和劳作才是有意义的。

　　因此，"精神哲学"不等同于"绝对精神哲学"。因为后者的真正出
发点是"绝对精神"，而前者的出发点是"个人精神"，承认每个人都有
建立"精神哲学"的潜在能力，把"精神哲学"的建构权力交给每个人
的"个人精神"。而且这里的"个人"是真实的、有生命的、有生活的每
一个人，即把"每一个人"当作"每一个人"而不是当作"抽象的人"
看待。当然，更重要的是，不停留于"个人精神"之中，而是以此为起
点，进行合道理性的推廓，以全体的否定性限定——人的精神、生命体的
精神、精神自身、全体精神——为对象，不断反思，最终走向全体，或者
通过对"个人"与形上本原和神之间关系的精神性反思形成"精神哲学
体系"。"精神是超乎宇宙为至上为不可思议又在宇宙内为最基本而可证
会的一存在。研究这主题之学，方称精神哲学"[1]，精神超越宇宙才能把

----

① 徐梵澄：《陆王学述——一系精神哲学》，上海远东出版社 1994 年版，第 13 页。

握宇宙，精神在宇宙之内才可以被思议。精神之所以不可被思议，是因为它必须思议处于未完成状态的"全体"，同时精神思议"全体"的方式并非完全超出精神之外，也就是说，精神只能采用对自身而言清楚明白的方式去理解全体。因此，精神又是可以被思议或体证的，"精神所统辖者如此宏大，故此哲学亦广阔无边，正不宜精细界划，中间存有充分发展的余地，留给将来。人类的心智永是进步的"①。

精神哲学的纯逻辑环节是：全体——全体精神——精神——生命体的精神——人的精神——个人精神——合道理性进程——人的精神——生命体的精神——精神——全体精神——全体。所以，精神哲学的"视域"是基于个人精神、人的精神、精神、全体精神的立场，在个人精神的普遍化过程中展现自身。由于"个人精神"无法直接等同于"全体"，它们始终处于辩证的联结状态，因此，"精神哲学"的方法必然是"辩证法"，包含如下内涵：“精神”与"非精神"的辩证关系，个人精神、人的精神、生命体的精神、精神、全体精神之间的辩证转化关系，"精神"与个人、全体的辩证关系，其内在动力是实现个人精神的合道理性进程。

二　精神哲学的"历史"演进

（一）"全体阶段"

精神哲学的"全体阶段"遵循"精神"之"自我演绎"的逻辑秩序。在原始或原初的哲学思考中，"全体""全体精神"如形上本原、始基、努斯、梵、太一、大全、道、天、神占据着最为重要的地位。人类的先民认为自己及自身的精神力量极为弱小，整个宇宙、自然无比强大，人必须毫无保留地敬畏、敬拜它们，完全匍匐在其脚下，无条件或无须发挥自身的自我意识和主观能动性。正因如此，如果世界、自然的本原能"启示"和"启发"人类，其实质是人对其有所认识和领悟，那么人类将获得最简洁的哲学智慧和哲学思考模型；因为抓住了最高、最普遍、最全能的存在者，就能"演绎"出整个宇宙、自然、世界和万有。

在文明的历史演进过程中，产生了两大"演绎模式"：一个是神或具有神性的存在者直接"创造"万有；另一个为形上本原"创生"万有。第一种模式的要点是人格化的神、诸神及其绝对的创造能力。在此历史阶

---

① 徐梵澄：《陆王学述——一系精神哲学》，上海远东出版社 1994 年版，第 21 页。

段，人格化的神不是指神的人格化，而是神依照自己的肖像或意愿创造了人，人是神的作品，因此，作为受造物的人类必须无条件地崇拜和信仰神。"创造"的含义为"无中生有"，这不是指思维意义上的"有—无"辩证关系，而是从"绝对的无"创造出"实在的有"，不是部分的"有"，而是全部的"有"。这不仅仅超越了人的所有能力，甚至超出了人的全部思维范畴。因为即使人类可以想象和思考"神"的"无中生有"能力，但"无中生有"的具体过程只能被猜测，因此，神之创造活动是不可思议的。所以，面对强大到无从思议的神或神性存在者，面对其强大到不可思议的创造能力，人类除了满怀虔诚地信仰，就只能等待被启示、被拯救和被审判；也正因如此，"全体""全体精神"完全笼罩了人类的先民及其精神世界。

在第二种模式中，形上本原的"创生性质"决定其自身不是从"绝对的无"创造出"实在的有"，毋宁是从自身"生长"出"实在的有"。"形上本原"为本、源、根，"实在的有"为末、流、枝干，因此，万有与"形上本原"是一体的，它们位于同一个"生命有机体"中，只是所处的地位和位置不同。同时，"形上本原"无须将自身过度神格化或人格化，其遵循自然而然的生化原则和流程，人类可以从直接的观察中认识和见证到"形上本原"的力量。由此，人类的精神从眼前的事物出发，不断寻求事物得以发生和存在的原因，继而追寻天地万物得以存在的原因，最后的"原因"一定是终极性的、最普遍的、最有解释力的；其直接的表象为最强大的"生命力"，人类在此生命力面前既认识到自身的渺小和软弱，也认识到自己的来源、本质和归宿。

这是精神哲学的原初阶段，神作为"全体"创造万有，形上本原作为"全体"创生万有，人类直接接受和认同此类"全体"及其力量，于是宇宙、人生获得了有力的根据，人类的精神生命得以安顿下来。然而，这种安顿只是暂时性的，因为虽然人类认同"全体"，然而对"全体""全体之启示"的精神性理解和把握却不是统一的，甚至出现了冲突和矛盾。针对这些不一致，一方面必须回溯至"全体本身"，另一方面则要追究到"对全体的理解"，而"对全体的理解"进行理解的主体是单个"个人"，准确地说是个人的精神。所以，"全体"为了呈现自身，需要被"个人精神"理解，否则，"个人精神"将绝对地外于"全体"。由此，"精神哲学"的运行轨迹从全体、全体精神向个人、个人精神过渡，全体、全体精神需要在个人、个人精神这里确证自身。

（二）"个人阶段"

当"精神"成为"个人精神"时，遇到的难题为："个人精神"能否认识到其自身属于"精神"，而不单单属于"个人"？因为纯粹的个人或强意义上的个人作为完全孤立的个体，是一种绝对抽象，无法被称为"人"，唯有体现了人类共同共通的性质才可能被冠以"人"的称谓。由此，"个人精神"不是"个人"的精神，而是共同共通的"精神"对"个人"的理解和把握而生成的。同时，"个人精神"不直接等同于"精神"，其载体是"我"。

在"精神"的历史运行中，"我"的确立宣告了"全体"的分裂和原初之绝对价值的消解，人类失去了神圣性的本原。每一个人要么想重估一切价值，重建价值体系，要么对任何价值都漠不关心，只关注自己当下的经验生活、心理满足和利益诉求，此即现代性的"个人精神"。由此，"我"成为"精神哲学"的逻辑起点，认为万有的存在和意义以"我"为前提，万有的存在以"我"的"主观感知"为根据，万有的意义以"我"的"精神"判断为标准。其极端形态是绝对的个人主观主义，不仅固守"我"的"个人"立场，而且只相信和认同"我"的"主观感受"。其纯逻辑的表述为："我"消失了，"非我"也就消失了；"我"呈现了，"非我"才得以呈现。这里的"我"不是一个"普遍之我"，而只是一个个孤立的"我"，这一个个的"我"都以自身为绝对存在和绝对价值，由此导致彼此之间不可调和的冲突和对立。任由其发展下去的最终结果便是"我"的消亡，因为"我"与另一个"我"之间处于"竞争状态"，遵循"谁有力谁便存在"的暴力法则，因此，最后存活下来的那个"我"一定是最有力量的。然而，当"我"成为唯一的"我"时，只会得到一个僵死的、没有生机的世界图景，因为其他的"我"已经死亡了。

同时，"我"有能力意识到自身的"有限性"："我"只能思和改变"非我""全体"，而不能创造"非我"和"全体"。思维意义上的创造与绝对意义上的创造是不同的，前者始终是从"有"中生"有"，而后者则能够从"无"中生出"有"。思维可以创造"思想模型"，但在现实世界中，此模型只是"改变"了事物的存在样态，而不是从无到有地创造出了"事物"。所以，当"精神"只是主观的"我的精神"、绝对孤立的"个人精神"时，并不意味着"我"的强大，恰恰相反，只说明了"我"

的无知、暴力和弱小。因对"全体"无知，所以，无法精准地进行自我定位，要么过分地高估自己，认为万有必须以"我"为中心，并臣服于"我"，要么生活在不确定性中，惴惴不安。因此，"我"不能只将自身作为"整全"的中心，还必须对"全体"进行不断的理解和把握，也就是说，将"我"和全体层级的"存在者"视为两个焦点，不断调整"我"的精神轨迹，使其朝更合道理性的方向发展。

（三）"合道理性阶段"

"精神哲学"的"全体阶段"与"个人阶段"是冲突的：前者认为自己是全部真理和最终真理，没有"全体""全体精神"及其"演绎之路"，"个人""个人精神"便没有终极根据；后者认为自己是真理的逻辑起点，没有"我"的反思和精神作用，"全体""全体精神"便只是潜在的，如果"我思""个人精神"消亡了，那么，"全体""全体精神"相对于"我"的存在和意义便也一并消亡了。这两个阶段各执一端，它们从各自的逻辑基点推出包罗万象的哲学体系，在其自身之内是自洽的，然而一旦超出它们自身的体系，它们都会沦为一种"深刻的偏见"。

就"全体""全体精神"而言，无法保证"个人"能完全理解和领悟它们，因为它们对于"个人"来说是无限的、无规定的，由此，"个人"对它们的理解和领悟只是一种暂时的限定，而非绝对的把握。所以，在精神哲学的"全体阶段"，"全体""全体精神"不但没有压制"个人""个人精神"，反而高估了它们的能力，认为它们可以达到"全体"的高度，或者"全体"能通过自己的力量使它们达到这一高度。与此不同，对"我""我思"来说，真实的事物是"我"感受、感知和体认到的事物，这个"我"是一个个独立的"我"，而不是具有普遍性诉求的"我"，因此，"我""我思"带着自身全部的局限性在理解事物，由此，绝对肯定自身价值的"我""我思"变得越发狭隘和封闭，彻底沦为"自我中心主义"的囚徒而不自知。所以，"全体"与"个人"、"全体精神"与"我思"之间需要相互过渡，而其过渡的主体便是"个人"。

无论是"精神哲学"的"全体阶段"还是"个人阶段"，其真实的落脚点都为"个人"。因为"精神哲学"是"精神"的哲学建构过程，这一过程的执行者是一个个"个人"，也就是说，"精神哲学"是"个人"在自己的精神中建立的哲学体系，否则"精神哲学"就只能是悬浮在半空中的玄想。同时，"个人"的精神哲学建构不能是任意的和个别的，需要整全的哲学思考和筹划，要将"精神"的"演绎之路"（"道"）和"超越之路"（"理"）及其文化生命（"神性""圣性"）统摄于自身之中，这就是"精神"的"合道理性进程"，"理一分殊"和"天人合一"揭示了此一"进程"。

三　精神哲学的时代危机

（一）无精神的个人

"精神的文化生命"为精神哲学提供了"质料"和"内容"："神性"和"圣性"；"精神的演绎之路和超越之路"展示了精神哲学的逻辑"形式"和"理路"：全体——个人精神——合道理性——"全体"。因此，精神哲学的根本内涵是：以"个人精神"为出发点，将"全体"作为反思对象，通过"合道理性"的力量，建立具有"神—圣"性的个体与全体。

尽管现代社会及其精神以个人为本位，然而这里的"个人"不能理解为抽象的个人，否则"个人"就只会像"人"一样沦为空洞的概念，所以，"个人"要落实为每个活生生的、有血有肉的人，包含其独特的生命感受和生存境遇。"个人"是一个真实的人，是一个活泼泼的"世界"，并且是独一无二且不可替代的，他的痛苦与欢乐不能只从概念上去认同，更需要亲历相同的痛苦与欢乐。对此，个人的感受和理解如何在场？刺激机体可能会也可能不会引起意识的反映，反过来亦是如此，机体与意识并非处于简单的一一对应状态，由此，个人面临的抉择为：让哪一种刺激成为自身的主导？这取决于哪种刺激具有更大的包容性。无论如何，对机体的刺激是有形的、具有实质内容的，有形存在的前提是其自身必须占据一定的时空，因此，它无法被无限制地拓展。而对意识的刺激却可以是无形的，尽管产生意识的器官是有形的大脑，无形虽然不等同于无限，但无形具有通向无限的可能性或潜能，也就是说，它具有展开自身的自由能力。因此，在每个人这里，他只能通过意识去接近无限者，继而思考全体。又由于意识是精神的一种形态，精神不仅仅在"思考"全体，而且希望通过真实的行动即合道理性的进程来展示全体。所以，"个人精神"才是"人"进行思考与行动的真实出发点。

从"个人精神"出发如何建立"合道理性"？答案是基于个人精神对全体的不断反思。这里的个人精神不是一个单独的个人精神，而是每个人的个人精神。"合道理性"要建立在每个"个人精神"对"全体"的反思，以及诸反思之间的对话、宽容和妥协上，而不是建立于被扬弃的个人与个人之间、个人精神与个人精神之间。因此，没有个人精神对全体的思考和理解，"合道理性"便是不可能的。

然而，"个人精神对全体的反思"并不等同于"全体对自身的思考"，而是一种基于纯逻辑推导的抽象理解，因此，个人精神不能离开自己得以产生的文化基地，孤立地思考全体。人类文化将"全体"理解为两种主要形态，一是神，另一个为形上本原。由此，个人精神凭借对神或形上本原进行合道理性的思考，以此来建构自身的"神性"和"圣性"。所以，精神哲学的主旨是，个人精神基于对全体的反思和理解，在合道理性的进程中建立"神圣性"。

然而，精神哲学在当今时代衰落了。其根本原因在于，原子式的"自我"将精神之活动范围顽固地限定在自身之中，由此导致人之精神能力主要为个人的非精神领域服务。这种"个人精神"只关心个人的自然欲求、个人的生命价值和意义，这一状况违背了精神的自由本性——追求整全，因此，它没有资格被称作精神，它也不是精神的真正开端，而是必须克服的对象。

（二）神圣性的去魅

在这个由自然科学技术主导的时代，精神哲学面临的最大危机是精神被去魅了。精神之"魅"不在于其不可知性、神秘性、迷惑性、非科学性，而在于其"神性"和"圣性"。自然科学及其方法在破除迷信、神秘性、魔力的同时，一并把精神的"神圣性"维度"中性化"甚至消解了。精神的中性化是指将精神还原为物质和能量运动，准确地说是人的大脑和神经系统的（脉冲）活动，用物质和能量的变化来解释人的种种精神"事件"，每一个生理活动的"量"严格地对应着精神现象。借助于强大的计算机技术，逐一地将人的精神活动进行还原，这种还原相比于思想理论层面（原子论、物质论）的还原更具实在性，因为它可以进行具体测量，给出相应的科学数据和指标，因而是一种"客观的"、严格的呈现。

但是，基于科学技术的"精神"研究必然会走向一个极端，通过科技来控制人的"精神"，其本质是改变物质的量和刺激神经系统来左右人的精神意识。在此意义上，人的自由意志被科技改变甚至终结了，个人的人格同一性也被科技否定，这类终结和否定比思想文化层面的"还原"

更具真实的效力。因此，把人的精神单向度地还原为物理事件、自然生理
事件、物质（能量）活动，必将导致灾难性的后果——"人"自身的消
解。因为人的精神不仅仅会依附于人的肉体，遵循人体的基本生理规律，
更重要的是，人的精神存在着自由的向度，具有超出"自然因果性"并
为自身建构"意义世界"的能力。如果科技只是在描述而不是妄图操纵
人的精神活动——不去作恶，那么科技便无法消解人的精神对于神圣维度
的追求，即使它能测量"人的精神在建构意义世界"时的神经生理状况，
也就是说，走向"神圣性"始终是精神的一种基于自由的选择或倾向。

当现代自然科学技术的观念、方法和实践转化为一种思想范型时，人
的精神世界将变成价值中立的，或者说人的精神将沦为一种"工具理
性"，"有用性"和"效力"成为其评判事物的核心指标。单纯的自然科
学技术只是在描述和认识精神的生理机制，它并没有过多地介入和干扰人
的精神对意义世界的建构，因此，它对人之精神世界的改变较小。但是，
当现代自然科学技术的理论成为一种"世界观""人生观""价值观"
（价值中立）和"方法论"时，它将成为内在于人的精神世界中的否定
者，因为它只能用自然科学的"中性眼光"重新审视人的意义世界及其
神圣性，不断追究其生理性的起源，不断地将"意义"还原为"功能"，
从而在精神世界的内部完成致命性的"去魅"。

现代人因为神圣性被去魅了，个人成了唯一的主体，他将自身视作认
识和价值评判的中心。由于"神圣性"最深的关切是个人的价值世界，
因此，在最普遍无私的神圣价值失落之后，个人只能以自身的现实生活需
求来重建价值系统。对精神哲学而言，非中国传统文化主要奉献的智慧是
"神性"，中国传统文化主要贡献的智慧是"圣性"，现代人对"神性"
和"圣性"的解构，使其无法通过自己的个人精神再建"神—圣—性"，
这是现代人的精神困境，由此导致了人生意义的缺失。

与其说现代人在"科学精神""工具理性"的左右下对神性、圣性进
行了去魅，不如说现代的个人精神主动在放弃建构神圣性的能力和智慧。
因此，精神之"神圣性"丧失的根本原因不在于个人精神的去魅能力，
而在于个人精神能否重建"神圣性"，实际上，经历了去魅的"神圣性"
才是真正的神圣性。"去魅"只是精神哲学必然遭遇的危机和挑战，或者
是其内在的一个环节，因此，它无法终结精神哲学。

第四节　"同一性""幸福"和"道德"的
精神哲学诠释

一　同一性即同于"一"性

从"同一性"概念的内在组成结构看来①，它包含两大核心部分："同"和"一"。"同"具有两种基本词性和词义，一是作为形容词——"相同的"，另一种是作为动词的"同于"。前者要么是指单一事物的自身等同，即 a = a，要么为诸事物的名称虽然不同，但其实质是相同的，即 a 的本质是 c，b 的本质也是 c，那么 a = b，依此可类推三个及三个以上事物之间的等同关系。后者实际上强调事物之间的包含关系，若 a 的外延大于 b，那么 a 能够把 b 统一于自身之中，反之亦成立。但是，如果诸事物之间不存在包含关系或没有任何联系，那么，它们只能同于这种"事物"——其外延等于或大于诸事物的外延之和。显然，随着事物的不断增多，"事物"的外延之和趋向极大值，由此不断逼向一个最大的"事物"——"全体"。反言之，任一事物无论它是最大的还是最小的都在全体之中，并且任何事物之间的关系亦在全体里，因此，"同于"的内涵即"同于全体的整个过程"。

从逻辑角度讲，"一"的外延既可以是最小的，又可以是最大的。当"一"无法被进一步分解或减少时，"一"即原子式的"一"，是一个事物最低限度的规定性，由此，每一事物都是一个"一"，抽象地说，"一"即"一个"。由于每一个"一"都有属于其自身的规定性，因此，一个"一"的存在既无法被替代，又无法完全保障另一个"一"的存在，所以，它们是共存的。当所有的"一个"在一起时，它们构成了一个无法再增加一个"一"的整体，即作为全体的"一"，因此，全体是一个整全的"一"，"一"则是无法再增加一丝一毫内容的全体。所以，最小的"一"是每一个独立自存的事物——"一个"，最大的"一"是至大无外的"全体"。既然"全体之为全体"是无所不包的，那么，所有的"一个"必然都在作为全体的"一"之中。

在精神哲学中，同于"一个"是具体的和有限的，由于"全体"是

---

① 参见任春强、刘秦闰《论基于"一"的伦理认同》，《云南社会科学》2014 年第 3 期。

无所不包的、整全的"一",故而,同于"全体"是超越(全部的"一个"及其所形成的整体)的和无限的,"凡有限之物最终是以无所不包的全体即'绝对'为'根据'"①。对作为全体之"一"的理解反映出人的有限性:因为全体将人包含在自身之中,但是人却不等同于全体,所以人通过自身的精神对全体的理解不等同于全体本身,人只能基于自己的"视野"去认识全体。如果全体对自身进行认识,那么,人对全体的认识不可能超出全体的自我认识,否则人可以直接等同于全体。由于人不是全体,人对全体的认识和理解也在全体的自我认识和理解之内,而且人对全体的认知不是整全的和完备的,所以,人对全体的认识和理解始终处于未完成状态。以精神哲学的本性为根据,人对全体的认识介于绝对之知与绝对无知之间,这说明人虽然是有限的,却不停留在自身的有限性之中。并且"一个"必然不在"全体"之外,对"一个"的认识是对全体进行认识的一个环节。"同一(oneness),就是与其全体(the whole)同一。少了任何一点,就不是同一"②,所以,同于全体之"一"是一个无限的过程。

当人的精神对"一个"进行思考时,其所使用的表达形式是"一个什么"。如果这个"什么"存在于经验世界中,那么,它要么呈现为一个经验性的具体存在者,要么是由经验性的存在者组成的一个"集合体"。而在人的精神思考"全体"之时,将会发现全体无法完备地被规定,因为全体才是最终的规定者或者规定的终极给出者,人和其他所有事物的规定性均以全体为最大前提。由于人不等同于全体,因此,人只能从人自身出发来认识全体,即从被理解了的"全体"来认识全体,而无法从全体本身来理解全体。虽然人的精神无法完全认识全体,但是其自由本性决定它绝不会放弃自己对全体的认识,在不断的认识推导中,必然会呈现出"不可以清楚明白地思考"和"可以清楚明白地思考"两种状况,或者说存在着"不可思议"和"可思议"两种情形。此处的"不可思议"是绝对的不可思议,它超越了属人的一切思议与不可思议,属人的不可思议产生于人对全体进行思议所产生的无限悖论。虽然这类悖论本身指向对全体

①　张世英主编:《黑格尔辞典》,吉林人民出版社 1991 年版,第 599 页。
②　冯友兰:《三松堂全集》第 6 卷,河南人民出版社 2001 年版,第 212 页;Fung Yu-Lan, *A Short History of Chinese Philosophy*, New York: The Macmillan Publishing Company, 1948, p. 250。

进行思议的不可能性，但是它们本身能够被人——属人的思维、语言、文字、数字、符号、图形甚至神秘体验等——清楚明白地表达出来；也就是说，人能够清楚明白地表达不可被思议之 X 的不可思议性，因此，清楚明白的不可思议不是无条件的不可思议。真正的"不可思议"指向一种绝对界限，全体之"一"即绝对之"一"，在此"一"面前，人的精神必须是有限的，有限的精神企图完全把握绝对之"一"即一种僭越，批判绝对之"一"是罪恶的。"可思议"的含义为，人的精神可以有理有据地对作为全体的"一"进行认识推论，这个"一"容许被不断地反思、批判、修正，乃至于被否定。在人类的精神生活中，前者成为完全超越经验世界的、作为信仰对象而非认识对象的神，后者则转化成作为经验世界基础的先验理念。

因此，在经验世界中，"一"要么指称原子式的个体（atomic individual）——"一个 x"，要么是由原子式的个体集合而成的"一个共同体"（community），此为经验的"一"（empirical one）。当"一"指向彼岸世界的唯一存在者——神（God），"祂"就完全超出了经验世界的范围，即为超验的"一"（transcendent one）或"真一"。[1] 若"一"既不是经验世界中的某"一个"存在者，亦非绝对的神，而是作为经验世界的唯一始基——形上本原（metaphysical arche）[2]，它在逻辑秩序上先于经验事实，却不与经验世界分离和隔绝，更是经验世界得以可能的最根本前提之一，甚至是经验世界之所以能够存在的"唯一"前提，则此是先验的"一"（transcendental one）。[3] 由于"一"是事物之间获得同一性的决定性

---

[1]　被誉为"第一位阿拉伯哲学家"的 Al-Kindi（铿迪）认为，"真一"是绝对的"一""第一"，是"单一"、本体之"一"、一切自我属性、运动和创造的原因，是创造者、大能者、作用者、掌控者。参见［阿拉伯］铿迪《第一哲学》，载《阿拉伯哲学名著译介》，丁士仁译，中国社会科学出版社 2014 年版。

[2]　参见韦政通主编《中国哲学辞典大全》，世界图书出版公司 1989 年版。

[3]　参见陈嘉映等译《西方大观念》，华夏出版社 2008 年版。提请注意的是：神作为"先验的一"不单单是一个宗教或宗教学范畴，更是一个绝对信仰范畴。因为宗教信仰的终极对象不一定是神、诸神或神性事物，也存在着非神性或不信仰神的宗教（如佛教、耆那教、斯宾诺莎的"神"、爱因斯坦的"宇宙宗教感情"），它们是以人及其完善性、世界之普遍必然的因果联系或秩序等为中心的宗教或宗教感。如果其信仰过程可以清楚明白地被论证，那么，它们的论证模式依然可以划归到先验领域里。因此，神人平等的宗教不同于绝对信仰神的宗教，不能将其直接划入超验领域。又，神性事物、众神可以被看作一个更大"神性统一体"的内在属性和不同侧面之展开，由此拜物教、多神教等容易被一神教消解掉。

前提，据此，"同一性"也相应地分为经验的、超验的和先验的三个层次。①

二　幸福即认识上的"好"

个人从个人精神出发，他首先要去认识和认知自己身处于其中的这个世界，包括自身、他人、自身之外的事物、世界整体，因为若对他们没有一定程度的知，那么个人的思和行将具有极大的盲目性，盲目性很可能导向混乱状态，继而产生破坏性，所以，个人精神的认知作用是先行的。对于个人自身、他人、其他事物、世界整体的认识和理解，个人精神并不能断定自身完全洞悉了他们，因为他们并不是个人精神单方面的"创造品"，如果没有他们背后的"x"刺激和激发个人精神的运作，那么个人精神连说出"个人自身""他人""其他事物"和"世界整体"等名称都是一种自我独断，更不消说个人精神所建构的"知识系统"。因此，个人精神对其他存在的认识不是单向度的，不是个人精神在自身之内进行的"思维游戏"。个人精神想努力揭示"x"的本真状态，但是它的本真状态只在其自身之中，个人精神无法完全摆脱自身能力的主观性；除非个人精

---

①　为了形象地说明"经验""超验"与"先验"三者之间的区别和联系，笔者提出了"登塔境界"说。此中包含"人""塔"和"塔外之景"三大基本元素："人"即是一个日常之人；"塔"是人利用自然物造就的人造物，即人的经验世界；"塔外之景"必须以塔之经验性实存为"可见"前提，但它却不属于塔本身，同时若塔上无人，则"塔外之景"处于寂灭状态，因此，人与"塔外之x"共同作用形成了"塔外之景"，即人的超经验世界；而"塔外之景"随着塔之高度变化而改变，无论如何，塔之高度是有极限的，那么"塔外之景"亦是有限度的，这是人所能明见的最大范围，此即人的先验世界；由于塔高之限，人并不能断言"塔外之景"终结于人之所明见，反而可以推知，若塔能继续升高，则"塔外之景"又将不断地扩大，没有穷尽，至此，需要一位无限存在者来理解和创造全部"景象"，而无限存在者所见之全景，即超验世界。概言之，人以塔本身为经验世界，他沿着"经验之塔"登高，每登一层，便能开阔自己的视域，此视域不断向全景（全体）推进，其本质是人从经验世界向超经验世界过渡；因为在塔基处，人只能见到实在的塔之身、塔之顶，而无法见到塔外的全境，直到登上塔顶，方可见到极远极大之景；人每登一阶，便越是远离经验世界，而越能明见超经验的世界及其所包含的事物；在塔顶所见之极致范围，即先验世界；在先验世界之外，而无可见者，即为超验世界。为了进一步说明经验、超验与先验之间的区别，笔者尝试提出"星空假说"。如果将人类的精神能力类比为星空中的自发光源，那么"光"所及的整个范围是整个"经验世界"，"光源"本身即"先验世界"，而"经验世界"和"光源"本身之外的可能世界是"超验世界"。正是由于超验世界绝对地外在于"光源"，即其具有不可认知性和不可思议性，由此保留了其存在的可能性。人类的精神能力不停地构建"系统"，就像以光源为核心所形成的"恒星系统"一样，不同的认知系统（如文化体系、哲学体系）给出了不同的、有强有弱的"光源"——形上本原，此"光源"所照及的范围即形上本原所建构的"世界"。因此，不同的形上本原形成了不同的认知系统，如同星空中不同的光照系统一样，同时它们在星空中交相辉映，不同的认知系统共同构成人类精神能力所能达及的整个范围。

神停止思维，让"x"自己呈现自身；可是思维一旦停止，个人精神便寂灭了。所以，个人精神之认识活动的有效性在于：它与作为"x"的事物自身发生交互作用，并在此交互作用中，它需要清楚明白且有秩序、有规律地呈现自身和作为对象的事物。由此，"清楚明白""秩序""规律"将成为个人精神进行认识的基本原则。同时，个人精神的认识活动从自身到他人、其他事物、世界整体，它会不断地超过给定的界限，直到把包含一切的 X 作为自己的认识对象，即它最终要面对"全体"——囊括一切的"X"；唯有达到如是至极的思维层级，个人精神的认识才具有彻底性。因为若能认识和领悟作为全体的"X"，从"全体"之知就能够推演出其他一切知，那么个人精神的认识系统将呈现为一个有秩序、有规律的"演绎体系"，没有一个认识系统比这个体系更普遍、更完备、更有解释力，因而它是最好的。因此，最好的"好"来自对全体的认识和理解。

　　幸福是一种"好"①，其本质结构为"well + being"②。其中，well 是

---

　　①　"好"字在甲骨文中"从女从子"，且"女"大"子"小，其字形为"女性（母亲）跪坐怀抱或背负婴孩（子）之侧面像"，其字义是指"妇女能生养众多儿女""母子关系美满"，推廓为人与人之间的"亲爱"或"互爱"；此外，"好"的异体字形式有"从每从子"（《妇好瓿》）和"从母从子"（《六书精蕴》），"每"即"母"，也说明"好"字中的"女"为"子"之母亲；在后来的演化中，"子"逐渐变得与"女"一样大，"女"与"子"之间的长幼关系变成了平等的男女关系，与此同时，母子关系的亲密性和美好性在男女关系中得到了保存；"好"也可以理解为"女""子"之"美"（《说文解字·女部》），因其色美、貌美而给人带来"美"的感受。因此，"好"字的含义可引申为：一个人在熟识和亲密的氛围中感受着安全、舒适、温暖和美好。参见左民安《汉字例话》，中国青年出版社 1984 年版；刘胜有《释"好"》，《东北师大学报》（哲学社会科学版）1986 年第 3 期；刘兴隆《新编甲骨文字典》，国际文化出版公司 1993 年版；刘志基《汉字与古代人生风俗》，华东师范大学出版社 1995 年版；谢光辉主编《汉语字源字典》（图解本），北京大学出版社 2000 年版；李圃主编《古文字诂林》，上海教育出版社 2004 年版，第 9 册；陈济编著《甲骨文字形字典》，长征出版社 2004 年版；郑若葵《解字说文：中国文字的起源》，四川人民出版社 2003 年版；吴东平《汉字的故事》，新世界出版社 2006 年版；暴希明《从甲骨文"后"、"好"、"祖"等字的构形看古代的生殖崇拜》，《甘肃社会科学》2009 年第 4 期；钱宗武《今文〈尚书〉词汇研究》，河南大学出版社 2012 年版。另一类观点认为，甲骨文中的"好"主要用于姓氏和人名，在商代，"好"为"女姓"，它是"子姓"之本字，其读音为"子"。参见张亚初《对妇好之好与称谓之司的剖析》，《考古》1985 年第 12 期；徐中舒主编《甲骨文字典》，四川辞书出版社 1989 年版；于省吾主编《甲骨文字诂林》，中华书局 1996 年版，第 1 册；四川大学汉语史研究所编《汉语史研究集刊》（第二辑），巴蜀书社 2000 年版。

　　②　在古希腊文化和哲学中，eudaimonia（幸福）的核心内涵为一个人对其整个一生（one's whole life）的满意状态（state of satisfaction），即一生都过得好（a single life to go well）。因此，整体性或全体性的 well-being 比一时一地的 happiness 更符合"幸福"的原初或本真含义。参见[英]尼古拉斯·布宁、余纪元编著《西方哲学英汉对照辞典》，人民出版社 2001 年版；关于幸福、福祉与 happiness、well-being 在历史上的对译过程，参见杨玉荣《中国近代伦理学核心术语的生成研究》，武汉大学出版社 2013 年版。

副词——"好好地",它具有"用一种满意的方式、丰富地、大量地、真正地、确信地、具有好的理由、密切地、在极大程度上"和"[去]希望、意愿、决意"两层意思①,所以,"幸福"是动态的,其含义为"满意地存在着""丰富地存在着""希望存在着""决意存在着"等,概言之,幸福就是"好好地存在着"。因此,well-being 的根本内核即"好"(good/well),其内在结构为"对 x(某一存在者自身或某一主体自身)而言是好的"②。如果 x 具有感受和认知能力,那么"好"将使 x 产生一种满足感和满意感,这个"好"既可以指向各个层面——身体、心理、精神、行动等,也可以涉及各个领域——个人、社会、国家、世界等。然而,什么样的"好"才是最大的幸福?或者说,哪一种幸福具有最大的普遍性?这取决于"好"之载体的普遍性,从个人的好到事物的好再到世界整体的好,它们最终都源于"全体"对个人精神而言是好的,因为个人、事物和世界内在于全体之中,它们是全体呈现自身之"好"的内在环节。而对"好"的理解,以个人精神对其自身与全体之间的交互作用之认识为依据,因此,最大的幸福是个人精神对全体进行认识意义上的"好"——well-being。由此,幸福是基于认识的、描述性的"好",它以个人精神对全体的认识和描述——认识态度——为基础。在此阶段,个人精神的价值诉求处于潜隐状态,幸福首先只是描述性的"好",它与"坏"(bad)而不直接与"恶"(evil)相对立,因此,幸福是位于"好—坏"关系中的"好"。

根据个人精神对全体之"好"的认识进程,人的幸福也呈现为相应的状态:个人的幸福、组织的幸福、社会的幸福、国家的幸福、世界的幸福等,以及日常生活中的幸福、形上世界里的幸福、宗教信仰中的神圣幸福等。由于个人精神只能认识作为"x"意义上的全体和事物,因此,它无法断定全体和事物在其自身之中的幸福状态,反言之,全体和事物对其

①　第一层意义上的 well 源于原日耳曼语词根 welo -,同根词有:古英语 wel、古撒克逊语 wela、古挪威语 vel、古弗利然语 wel、荷兰语 wel、古高地德语 wela、德语 wohl、哥特语 waila。第二层意义上的 well 源自词根 wel -,同根词有:梵文 prati varam(at will)、古教会斯拉夫语 velo(well)、威尔士语 gwell(better)、拉丁语 velle(to wish, will)、古英语 willan(to wish)。参见 Douglas Harper ed. , "Well-being", *online etymology dictionary*, http: //www. etymonline. com/index. php? allowed_ in_ frame =0&search = well-being, 2020 – 01 – 05。

②　Roger Crisp, "Well-Being", *The Stanford Encyclopedia of Philosophy*(Fall 2017 Edition), Edward N. Zalta ed. , http: //plato. stanford. edu/archives/sum2015/entries/well – being/ > .

自身而言可能存在着幸福诉求。对此，幸福不仅仅是人的能力和权利，而且必须设定其他物种（species）、其他存在者（beings）也拥有幸福的资格，并有权利去追求自身的、更好的存在样态（well-being）。这要求人类将自身重新置于"生态系统"中，顺应生态系统的基本运行规律，在此基础上，促进生态系统的整体和谐，给自然环境的美化、其他物种的良性生存创造条件。所以，幸福不单单是人的幸福，更是"全体"、天地万物处于 well-being 状态。

幸福在非中国文化中大致包含如下含义：[wealth 财富、health 健康、fortune 好运、luck 运气①、pleasure 快乐、happiness 高兴、felicity 十分快乐、living well 活得好、doing well 做得好、welfare 福利、prosperity 兴旺、human flourishing 人的繁荣、"极限完美"②、excellent 卓越、well-being 好的存在状态、bliss 极乐、eudaimonia 在神（性）的照顾下人的最好状态、blessing 神的祝福、beatitude 神的至福。] 在中国文化中，幸福在物质生活方面的表现是富、福，在社会生活领域的表达为康、庆、幸、祺、喜、好、乐、愉、欢、欣、吉，在宗教范围里的表述是祯、臧、祥、祚。③ 由此可见，幸福既指向好的物质生活、此岸生活、现实生活，又指向好的精神生活、彼岸生活、超越生活。

---

① 印欧语系中的 happiness 总是与 luck 相关。在中古英语和古斯堪的纳维亚语里，happiness 来源于 chance 和 fortune；中古高地德语 Glück 的含义为 happiness 和 luck；古法语 heur（luck 和 chance）是 bonheur（happiness）和 heureux（happy）的根源；葡萄牙语 felicidade、西班牙语 felicidad 和意大利语 felicità 都源自拉丁语 felix（luck 和 fate）。参见 Darrin McMahon，"From the happiness of virtue to the virtue of happiness：400 BC-AD 1780"，*Daedalus*，Vol. 133，No. 2，2004。

② 法拉比（Alfarab）说道："凡存在的，之所以能够存在，是为了达到它所属的存在中就它的级别能够达到的极限完美。人所拥有的这一完美，就是名副其实的终极幸福。"人和事物唯有在自身的完美状态中，其存在才是有保障的。参见［突厥斯坦］法拉比《幸福之路》，载《阿拉伯哲学名著译介》，丁士仁译，中国社会科学出版社 2014 年版。

③ 甲骨文中的"福"字，其形为"用'酉'（酒器）灌酒于神祖之前"或"面向神祖之牌位且双手高举酒器"，"酒象征生活之丰富完备"，其义为"感谢或祈求神祖之保佑"；"幸"字在甲骨文中"象刑具手梏、手铐或手械之形"，其原义为"拘执俘虏、罪隶"，反向引申为"帝王特赦罪犯、死囚"。所以，在甲骨文中，"福"乃上帝、神、祖先所赐之富足安康，"幸"是罪犯因帝王之赦免而脱离凶境。参见徐中舒主编《甲骨文字典》，四川辞书出版社 1989 年版；刘兴隆《新编甲骨文字典》，国际文化出版公司 1993 年版；李圃主编《古文字诂林》，上海教育出版社 1999 年版，第 1 册；刘志基等主编《古文字考释提要总览》，上海人民出版社 2008 年版，第 1 册；［德］鲍吾刚《中国人的幸福观》，严蓓雯、韩雪临、吴德祖译，江苏人民出版社 2009 年版；史建桥、乔永、徐从权编《〈辞源〉修订参考资料》，商务印书馆 2011 年版。

三　道德即价值上的"善"

当个人精神用"认识态度"与全体发生联系时，它实际上是在描述全体的"事实状态"。全体是一种否定性力量，它既统摄"一切"却又不是或停留于"一切"中的任意"一个"；个人精神只能从认识"一个"出发，不断推廓自己的认识范围，但全体总是能将个人精神的认识收摄到自身中，否则全体只是与个人相对意义上的有限全体，因此，个人精神对全体的认识是一个无止境的过程。既然全体的无限性在于迫使个人精神不断推进自身的认识，那么个人精神一定要尽力保证自己认识的每一步都是正确的，努力去呈现一个"好"的认知秩序，否则，个人精神将陷入混乱之中。幸福的内涵为描述某"x"是好的，特别是"x"对人来说是好的；又由于"x"的最大范围是全体，因此，最大的幸福来自个人精神对全体之好的认识和描述。

然而，幸福的基本结构——"对……是好的"——决定不仅仅只有人在追求自身的幸福，其他事物也可能在寻求自身的"幸福"或"好的存在状态"（well-being），或者说，任何事物都享有追求自身幸福的"权利"，不论它们是否主动地意识到这项权利。既然每一事物特别是有生命、有意识的生命体都将自己"好的存在状态"放在首位，那么它们将有意或无意地以自身的"好处"（如利益、兴趣）为中心，尤其是人类，为了自身的幸福，不惜破坏其他事物（动物、植物、生态系统）的存在状态，即使在努力保存其他事物，其最终目的依然是满足人类自身的好处。再到人类内部，每一个人都享有追求自身幸福的权利，同时也具有放弃自身幸福的自由；单从人类具有求生的本能而言，生比死"好"，大多数人必然会追求自己的"好生活"，因此，"求取幸福"几乎是每一个人的生活目的，最大化自身的幸福是其最大的生活目的。然而，在人类的现实追求中，幸福从"好"转变为"好处"，"好"无法被度量，"好处"却可以在现实生活找到相应的等价物，由此，幸福通过具体的等价物显现为确定的"总量"，并且每个人在追求自己的幸福时，都欲求在幸福的总量中获得最大的份额。假设 x 是具有幸福属性的东西，在一定的条件下，其总量是确定的，若 a 完全占有 x，对 a 来说是最好的，这件事对 b 却是坏的，因为对 b 而言，完全拥有 x 也是最好的，由此导致了幸福悖论：若要实现一个人的最大幸福，那么其他人的幸福将会受到减损；而如果要达成最大多数人的最大幸福，那么每个人必须预先牺牲自己的幸福，即把自己正享有的幸福贡献给全体中的每一个人，而最终的结果并不能保证，奉献最大幸福值的人一定能获得幸福或最大幸福。问题在于，没有人甘愿牺牲自己所享有的幸福，反而还要不断地提高自己的幸福水平。从个人推廓到人类，从人类拓展至非人类，最终达及整个全体，个人、人类对自身幸福状态的贪婪追求，不但给其他存在者带来了不幸，反过来也使自己遭受了不幸，最终使全体的幸福蒙受损失，这是由于其行动超出了合道理性的界限而变得不正当。因此，必须合理地节制人的求福行为。

与幸福一样，道德也是一种"好"（good）①。其目的同样是使个人与自身、他人、其他事物、整个世界，直至与全体处于好的状态。然而，与幸福呈现和追求众多的"好"或"好处"不同，道德追求的是最具普遍性的"好"，它使每一种"好"均处于各自"好的状态"中，其本质是全体本身及全体的每一部分都处于好的状态。由于全体是最普遍的，因此，全体之"好"是一切"好"的最终保障，即它是一切"好"论证自身之正当性的最终根据，它成了"好"的终极标准，这意味着全体之"好"必定是最好的"好"，所以，道德以最好的"好"为根源。也就是说，对道德本质的揭示，需要以最好的"好"（the best good）为根据来重新审视认识意义上的"好"（well-being）。如果幸福的基本结构为"什么对 a 来说是好的"，那么道德的本质规定就是"好"之评判标准，其作用在于使不同的"好"和谐共存，其根本结构为"什么对 a 来说是至当的"。由此可见，最好的"好"恰恰不在于实现了全体的幸福，而在于确立了全体的至当性，即全体必须经受住最严厉的价值审判，换言之，最好的"好"即最高价值。"凡曰善者，固是好。然方是好事，未是极好处。必到极处，便是道理十分尽头，无一毫不尽，故曰至善……至善是极好处……至善是个最好处……善，须是至善始得……至善……事理

---

① "道"字从"首"从"彳"（行），"首"代指人，"行"的字形为四达之通衢或十字路口，因此，"道"是指"人所通行的道路"；"德"字或者从"彳"从"十"从"目"，"象目视悬以取直之形"，其义为"循行察视"，或者从"彳"从"直"从"心"，意指"得于心则行于外"；"得"字从"彳"从"贝"（即"货币"）从"寸"或"又"（即"手"），由此"得"的字形含义为用"手"持"贝"或在市井（"彳"）中进行交易活动。参见李圃主编《古文字诂林》，上海教育出版社 2000 年版，第 2 册。道德与 moral 或 morality、伦理与 ethics、善与 good 在历史上的对译过程，参见杨玉荣《中国近代伦理学核心术语的生成研究》，武汉大学出版社 2013 年版。

当然之极也"（《朱子语类》卷十四）①，因此，最好的"好"即至善，也唯有至善才能作为最高价值。所以，"道德"不是认识、事实意义上的"好"——幸福，而是价值意义上的"好"，是基于最高价值的判断和行动，是位于"善—恶"关系中的"善"②。当个人精神对全体采取价值态度时，全体向它显现为价值性的存在状态，此即道德的场域。

"德性"或"美德"的古希腊词为"arête"，意为"卓越"（excellence），指事物在其本质性功能上的优异，在人身上，则指人的卓越和道德德性；基本的德性有正义、勇敢、节制、智慧和虔敬，以及人运用其理性功能方面的卓越。③"道德"的古希腊词是"ēthos"，强调个体的品质（character），意指人能控制自身行为的好坏（good or bad）对错（right or wrong），因而人能自我负责。④"道德心意之价值（道德的主观价值）又导源于有道德意义或道德价值的对象；道德行为即以此对象为目标，并由它而决定其类别（道德行为的客观价值）。一个人深具敬意地投身于摆在他面前的价值世界，亦即投身于善，他就是伦理意义的善人。"⑤康德（Kant）将道德（moral/morality）的纯粹性和先天性提升到了前所未有的高度，道德成了人的最根本（自由）规定，而德性是一种（意志）道德力量，对抗着违背义务的感性冲动和偏好。中国文化中的"道德"由"道"和"德"合成。儒家的"道"侧重伦理和政治的规范意义，其所

---

①　朱杰人、严佐之、刘永翔主编：《朱子全书》，上海古籍出版社、安徽教育出版社 2002 年版，第 14 册，第 441—442 页。

②　甲骨文中的"善"字包括三种基本写法和含义：其一为"从羊从口"，"羊"上"口"下，而"口""言"可互通［参见党相魁《甲骨文释丛（续）》，载王宇信、宋镇豪、徐义华主编《纪念王懿荣发现甲骨文 110 周年国际学术研讨会论文集（2009 中国福山）》，社会科学文献出版社 2009 年版］；其二是"从羊从詰"，"蕭即膳食之膳之初文，盖殷人以羊为美味，故蕭有吉美之义"（徐中舒主编：《甲骨文字典》，四川辞书出版社 1989 年版，第 225—226 页，陈济编著：《甲骨文字形字典》，长征出版社 2004 年版，第 140—141 页），或谓人与人之间"言语温和"；其三为"从羊从目"，表示"眼神安详"。因此，"善"指称美好的事物（"羊""祥"），它发生于人际关系之中，以人与人之间友好的眼神、言语交流为基础（参见李圃主编《古文字诂林》，上海教育出版社 2000 年版，第 3 册；关子尹《语默无常——寻找定向中的哲学反思》，北京大学出版社 2009 年版）。

③　参见［英］尼古拉斯·布宁、余纪元编著《西方哲学英汉对照辞典》，人民出版社 2001 年版。

④　参见［英］尼古拉斯·布宁、余纪元编著《西方哲学英汉对照辞典》，人民出版社 2001 年版。

⑤　［德］布鲁格编著：《西洋哲学辞典》，项退结编译，台北：先知出版社 1976 年版，第 222 页。

构造的是一个"价值系统"，道德以仁义为前提（韩愈），以理释道（程朱），以理、良知言道（陆王）。道家的"道"侧重于形上学的描述意义，道指形上实体和客观普遍的规律，道德是仁义、伦理和政治的模范。① 佛教的"道"为"道谛"，其含义为断灭和超脱"苦""集"的因果关系而证得涅槃的修行方法。② 德者，尊道、得道也。"博爱之谓仁，行而宜之之谓义，由是而之焉之谓道，足乎己而无待于外之谓德。仁与义为定名，道与德为虚位"（韩愈《原道》）③，"仁"是爱之无限推廓状态，由差等之爱拓展至泛爱天地万物，"义"为行为举措处于适宜状态，因此，仁义将最普遍的情感与最恰当的行动结合起来，由此成就了人的善行和道德实践。在有神论信仰中，道德是神之意志的产物，信仰神、服从神之诫命才是人的最根本德性。所以，与幸福概念类似，道德的含义也具有层级性：日常生活中的一般德性，价值领域里的卓越、至善，信仰世界中的神圣戒律。

四　德福同一性的精神哲学内涵

要简明且完整地探讨道德与幸福之间的关系，依从纯逻辑的进路是最佳的方案。如果用 a 和 b 分别代表道德和幸福，那么两者的逻辑关系如下：若 a 的外延与 b 的外延完全等同，那么 a 与 b 之间是全同关系，即 a = b 且 b = a；若 a 的外延包括 b 的全部外延，且 a 的外延大于 b 的外延，那么 b 属于 a，反之，a 属于 b，两者之间是包含关系；若 a 的外延与 b 的外延部分重合，那么 a 与 b 之间是交叉关系；若 a 的外延与 b 的外延完全对立，且两者外延之和等于其属概念的外延，那么 a 与 b 之间是矛盾关系；若 a 与 b 之间既不是全同关系、包含关系、交叉关系，又非矛盾关系，即两者的外延之间没有任何重合的部分，并且两者的外延之和小于其属概念的外延，那么 a 与 b 之间是反对关系。

然后，把道德和幸福代入上述纯逻辑关系中，它们之间的关系将相应地呈现为：道德等同于幸福或幸福等同于道德；道德属于幸福或幸福属于道德；道德与幸福之间具有部分同一性；道德与幸福之间完全是负向相关

---

① 参见韦政通主编《中国哲学辞典大全》，世界图书出版公司 1989 年版。
② 参见慈怡主编《佛光大辞典》，高雄：佛光出版社 1988 年版。
③ （唐）韩愈撰，（宋）魏仲举集注：《五百家注韩昌黎集》，郝润华、王东峰整理，中华书局 2019 年版，第 673—674 页。

的，即道德值越高，幸福值越低，反之亦然；道德与幸福之间没有任何交集，彼此不发生任何作用和联系，道德领域与幸福领域之间完全不搭界。无论道德与幸福之间的关系具有多少种类型，甚至二者之间没有任何联系，都必须以一个外延更大的"属概念"作为探讨的前提，否则，所有的关系都不成立。对于一个概念系统来说，属概念就是其"全体"：当道德与幸福彼此完全同一时，它们各自以自身为全体，要么道德世界即幸福世界，要么幸福世界即道德世界；若道德包含了全部的幸福，那么道德是全体，幸福位于道德世界中，反之，幸福是全体，道德处于幸福世界里；如若幸福的部分内容与道德的部分内容是相同的，那么它们的其余外延必定占据一个"全体"的不同部分；如果道德与幸福完全是负向相关的，那么它们必须在一个"全体"中才互为矛盾对立面；假如道德与幸福各自拥有自己的领地，且不发生任何关联，那么它们必须分别占据一个"全体"的不同部分。因此，无论是道德与幸福的相交关系、矛盾关系，还是反对关系，都以能够包含二者的某个"全体"概念为其存在前提。所以，只有全体概念的确立，才能完整地论述道德与幸福之间的关系；又由于道德与幸福各自包含具体的内涵，因此，它们不能被彻底抽象化为纯逻辑符号，它们之间也不是纯逻辑性的关系。

幸福和道德的基本内涵都是"好"：前者是以认识为基础的"描述性的好"，后者是以价值为基准的"评判性的好"；幸福关心的是"事实"的好坏，道德关切的是价值的善恶。更重要的是，这两种"好"都以个人精神对全体的理解和反思为根源：一方面，如果个人不以个人精神为出发点，或者不经过个人精神的亲自思考，那么全体、幸福、道德对"这个人"来说便不是自觉的意识对象，他也就不能自觉地做出好的、善的活动和行动来，继而他很难对自己、其他存在者乃至全体产生切己的责任意识；另一方面，个人精神思考和理解的范围一定要推进到全体层面，即便它是一个无法被完全认识的"X"，正是由于全体或全体概念的激发，才迫使个人精神对幸福和道德的理解不断推向更大的普遍性。因此，全体意义上的幸福和道德才是其最完整、最普遍的规定性，两者的区别只在于个人精神在全体的刺激下对全体采取了不同的态度：幸福来自对全体的认识态度，道德来自对全体的价值态度；幸福在描述全体的好，道德在评判全体的善。

由此，"道德与幸福的同一性问题"转变为了"善与好"而非"好与善"的一致性难题：前者是指一定的善心、善行能否享有相应的好的精神生活和物质生活；后者的含义为主体享有一定的好的生活状态，是因为其拥有了相应的善性，实现了相应的善行，幸福的主体即道德的主体。换言之，德福的同一性难题为：价值上的"善"及其活动如何与认识上的事实之"好"及其活动一致？此处的困难在于：认识描述意义上的"好"包含了价值中立的"好"，幸福的外延似乎大于道德的外延，因此，比较容易将道德纳入幸福的范畴，使道德成为幸福的一个"子集"。然而，道德和幸福的最普遍定义都位于全体层面，它们是全体给个人精神呈现的两种状态，因此，两者的外延是一样大的。道德和幸福都是为了呈现和实现全体之好，只是二者的路径不同，幸福以"为我"为动力，道德以"为他"为动力，因此，幸福的生成逻辑是"每一个'我'好了，全体才是好的"，道德的生成逻辑则为"全体好了，每一个'我'之好才有保障且是正当的"。如果每一个"我"都只是"为我"追求幸福，那么全体之幸福将会被撕裂，最终每一个"我"的幸福亦会落空；因此，单纯追求幸福是无法获得幸福的，需要"我"具有一种"为他"之"好"进行奉献的精神，以全体之善为最终根据，评判每一个"我"之幸福的正当性。然而，在非全体层面，幸福可以包含道德（正价值）领域和非道德（价值中立）领域，甚至不道德（负价值）领域，因此，对于一个具体的存在者而言，道德、非道德、不道德都能成为其获取幸福的因子。反过来，当某个存在者的道德与不道德、非道德发生冲突时，特别是如果由道德带来的幸福远小于不道德、非道德引发的幸福，则道德将成为此存在者获取更大幸福的阻碍，由此，道德反而在削弱幸福。虽然一个道德行为在其自身是自足的，但是对于道德行动的主体而言，因其道德性而享有了相应的幸福，才是更圆满的。

第二章　道德与幸福的同一性难题

如果用道德和幸福中的一方去诠释另一方，则要么道德在自身便具有自足的幸福权利和幸福感——道德即幸福，要么享有幸福即表明德性处于完满和完善状态——幸福即道德。若将道德和幸福作为两个独立的概念，那么从逻辑上讲，两者具有正向相关、负向相关、混合相关及不相关四种类型。显然在两者不相关的意义上无法论证其同一性。由于德福之间具有多重逻辑关系，再加之可以从人自身能力的有限性、事实与价值、现实与理想、世俗与神圣等诸多维度综合地考察此问题，由此形成了不同甚至相互冲突的"德福观"，最终导致德福的同一性问题变得异常复杂且难解。

依据精神哲学的立场，结合现实生活中的德福情况和历史上的经典德福理论，发现二者的同一性之所以成为难题，存在着四大根本原因：第一，没有从精神角度理解全体或者说个人的精神没有提升到全体层级，继而没有在精神与全体的关系中不断地规定道德概念和幸福概念，并建立两者之间最具普遍性的关联；第二，对超验世界和先验世界进行去魅，导致神性、圣性、神圣性的隐退和失落；第三，价值与事实的分离导致善与好的分裂，造成"价值之善"不等于"事实之好"；第四，没有完成从基于科学事实的生态世界观向生态价值观的过渡，仍然坚持以人类为绝对中心，无论在思想方面还是行动方面都将人类的福祉作为最终目的。对此，精神哲学给出的方案为：在经验共同体中寻求现实且有限的同一；凭借对神的绝对信仰在彼岸世界里获得终极的同一；对形上本原进行价值性反思，形成最高的价值理念或善恶因果法则，以道德活动和行动为根本，不断地实现真实且无限的同一。当此"三大同一性"融合成一个具有生命力的整体时，就生成了德福同一性的"精神哲学形态"。

第一节　德福关系的时代现状

一　作为幸福指数的道德

截至 2020 年 1 月，World Database of Happiness（世界幸福数据库）共收集了与 "the subjective appreciation of life-as-a-whole"（生命整体的主观评价）相关的出版物 15000 份，设立分类主题大约 450 种。[①] 世界幸福数据库指出，幸福在现代社会中的地位变得越来越突出，现代人的关注点逐渐从道德、心理保健领域转向了生活艺术方面，因此，需要大量有关幸福和生活艺术的可靠信息。由此，幸福被定义为一种可以进行操作的概念，"一个人对自己生活总体质量的满意程度，换言之，一个人对其所过生活的喜爱程度"，以便能够对其进行经验性的测量、统计和抽样调查，即量化幸福。其中，个人道德是个人幸福的参数之一。通过"幸福测量"公式计算：1973 年抽样调查的美国人认为道德品质（值得信赖和负有责任感、真诚和诚实、宽宏大量和友善等）与幸福的相关度是 37%，1978 年澳大利亚的数据是 39%；1989 年抽样调查的中国大学生认为个人（深情、知足、友好、钟情、欢喜、乐意）的［道德］特质与幸福的相关度为 41% ……通过不同国家、不同时代、不同人群的统计分析可见，在现实的经验生活中道德与幸福的正向关联性是比较高的。

在国家层面，世界幸福数据库统计了各国幸福感的分布调查情况，时间跨度为 1945 年至 2019 年，涉及 173 个国家。其中，分析了 1980 年欧共体十国道德与幸福、幸福的道德指数与幸福水平之间的关系，其主要特点为：第一，在这十个国家中，E 国的道德指数最高，但其幸福水平却排名倒数第三；第二，道德指数最低的 I 国，其幸福水平也是最低的；第三，幸福水平最高的 IRL 国，其道德指数居中；第四，以 IRL 国为参照标准，呈现两种大致趋势，一种是"道德指数越高的国家，其幸福水平越低"，另一种是"道德指数越低的国家，其幸福水平

---

① 参见 Ruut Veenhoven，"World Database of Happiness"，Erasmus University Rotterdam，The Netherlands，Assessed on（date）at：https：//worlddatabaseofhappiness. eur. nl/，2021 - 06 - 29。本小节的数据均来自"世界幸福数据库"。

越低"。

由此可以推知，在现实生活中：一方面，道德与幸福会在某个"函数点"上达到二者最佳的一致性，但是随着道德诉求的增长，幸福指数反而会随之下降；另一方面道德水准的下降，一定伴随着幸福指数的降低。这是因为在日常生活中，人们所理解的幸福概念比道德概念更宽泛，它几乎囊括了人生、社会、思想等各个方面的"好"及其带来的满足感，它将所有的"好"和满足感集合在自身之中。而道德只是通达幸福的一条路径或一种"好"而已。日常道德是一种是非、价值判断，其运用范围相对狭窄，并且具有严肃性和紧张感，它在一定程度上会限制人们追求那些非道德的愉悦和满足，由此反过来导致人们在从事某些活动的时候，规避甚至反对道德的要求。但是，如果人们在应该和必须遵循道德法则的时候却与之相悖，那么幸福生活的一个基本前提便失去了，由此导致幸福生活的失落，以及人们幸福感的降低。所以，在经验生活中，道德与幸福不是一致的，在特定阶段甚至存在悖论关系。

二　利益化的幸福

在中国，道德与幸福的现实状况如何？2012 年的《中国伦理道德报告》显示："49.9% 的人认为总体上道德与幸福能够一致，能惩恶扬善；32.8% 的人认为有道德讲伦理的人大都吃亏，不守道德的人更能讨便宜；16.6% 的人认为道德与幸福没有关系，能挣钱有发展，无论怎样行动都行。"① 简言之，一半的人认为道德与幸福处于正相关状态，三分之一的人认为道德与幸福（利益）是负相关的，五分之一的人认为道德与幸福之间没有关系。

此德福关系的分布状况与《报告》中另一个问题的回答情况基本一致，"看到社会上有时不讲道德的人讨便宜，守道德的人吃亏，您的反应是：相信善有善报，恶有恶报，终将会善恶报应，占 48.3%；不动心，按自己的准则和方式行事，占 32.3%；一般不这样做，但在重要时刻效仿，以争取自己利益的最大化，占 12.5%；一切由自己的利益决定，这

_____

① 樊浩等：《中国伦理道德报告》，中国社会科学出版社 2012 年版，第 380 页。

是一种明智之举，占3.6%"[1]。同样，近一半的人相信道德与幸福是一致的；三分之一的人坚守自身的道德，不让道德成为追求利益（幸福的一种形式）的手段；十分之一的人在特殊时刻追求不道德的利益；最后，极少数的人奉行利益至上的行动原则。

从以上两组问题的调查结果可以看出：在道德与幸福的关系中，道德占据着主导地位；在信念层面，大多数人相信道德的人享有相应的幸福，相信道德与幸福是一致的；在现实生活中，大多数人更注重自身的道德行动，至于能不能得到相应的幸福，并非自己可以单独地决定，而且自己也不希望将道德作为手段去追求利益。然而，大多数人对道德的看重恰恰说明"德"与"福"处于不相称的状态，因为他们需要借助信念的力量才认为德福是一致的，而不是真的以为在现实生活里德福已经实现了同一，所以，人们更多是在做出配享幸福的道德行动。在现实生活中，那些认为道德与幸福不相关的人，会呈现出两种截然相反的取向：要么将道德置于优先位置，甚至可能只为道德、不为幸福而行动；要么以幸福（自身利益）为目的，完全忽视行为的道德性。而认为道德与幸福是背道而驰的人，如果他追求道德，那么他必须忍受无法享受幸福的痛苦，而若他追求幸福，那么他必须败坏自己的德性并做违德之事。

之所以出现上述种种悖谬，除了"德福的同一性"是一个永恒难题外，一个时代性的原因是当代中国人往往通过利益的获取来确证幸福，认为没有利益便没有幸福，由此，"道德与幸福的同一性"转变成"道德与利益的同一性"。这是一个坏的转变，一方面逼迫人们不敢公开地追求"幸福"，因为这是一种追求自我利益的自私行为，它不符合道德的要求；另一方面，道德与"幸福"的同一变得越发困难，因为非道德（规避道德）或不道德的手段更容易让人获得利益。因此，道德与作为利益的幸福非但无法走向同一，反而会越发陷入互相反对的困境里。

第二节　德福同一性的基本哲学路径

从逻辑角度讲，a与b要完成统一，要么用其中一个去统摄另一

---

[1]　樊浩等：《中国伦理道德报告》，中国社会科学出版社2012年版，第390页。

个，要么引入比两者更普遍的第三者 c。德福同一性的基本路径亦是如此①：若以道德为基准，形成"道德世界观"，则要把幸福道德化，使其成为"道德幸福"，两者统一于"道德行动"中。② 如果以幸福为本根，形成"幸福世界观"，则要将道德幸福化，使道德成为获取幸福的因子之一，两者在对幸福的追求和满足中得以统一。③ 由于道德和幸福是两个平等的概念，它们之间没有隶属关系，"观"只是人的一种主观努力，所以，要完成两者的真正统一，需要引进一个更普遍的概念；根据此概念

---

① 参见陈根法、吴仁杰《幸福论》，上海人民出版社 1988 年版；［波兰］瓦·塔塔尔克威茨《道德与幸福关系理论的历史考察》，漆玲译，《道德与文明》1991 年第 3 期；樊浩《中国伦理精神的历史建构》，江苏人民出版社 1992 年版；樊和平《中国伦理的精神》，台北：五南图书出版有限公司 1995 年版；樊浩《中国伦理精神的现代建构》，江苏人民出版社 1997 年版；樊浩《伦理精神的价值生态》，中国社会科学出版社 2001 年版；杨国荣《作为伦理问题的幸福》，《南通师范学院学报》（哲学社会科学版）2002 年第 1 期；牟宗三《牟宗三先生全集》第 22 卷，台北：联经出版事业股份有限公司 2003 年版；［德］鲍吾刚《中国人的幸福观》，严蓓雯、韩雪临、吴德祖译，江苏人民出版社 2009 年版；樊浩《道德形而上学体系的精神哲学基础》，中国社会科学出版社 2006 年版；蔺熙民《隋唐时期儒释道的冲突与融合》，博士学位论文，陕西师范大学，2011 年；唐圣《圆觉主体的自由：牟宗三美学思想的核心问题》，博士学位论文，陕西师范大学，2011 年；张国立《纪昀伦理思想研究》，博士学位论文，中南大学，2011 年；莫楠《〈淮南子〉德福思想探析》，《青海社会科学》2012 年第 6 期；楼梁《网络文化背景下的发展伦理学探究》，人民日报出版社 2013 年版；陈明海《李贽儒道佛三教思想研究》，博士学位论文，安徽大学，2013 年；张俊《德福配享与信仰》，商务印书馆 2015 年版；唐代兴《道德与幸福的生成论思考》，《阴山学刊》2017 年第 2 期；王鲁宁《〈道德经〉"祸福相倚"幸福观与老子本体论哲学》，《理论界》2019 年第 2 期；蔡家和《牟宗三心学式解决德福一致问题之反思》，《贵阳学院学报》（社会科学版）2021 年第 1 期；蓝法典《论"德福一致"的内在危险与实践指向》，《人文杂志》2021 年第 4 期。

② 参见顾智明《道德是使人获得幸福的源泉》，《南京政治学院学报》1996 年第 2 期；黄明理《论道德与个人幸福的内在统一性》，《南京政治学院学报》2003 年第 6 期；［新加坡］龚道运《道德形上学与人文精神》，上海人民出版社 2009 年版；江畅《德性论》，人民出版社 2011 年版；黄瑞英《道德世界的幸福何以可能》，《南京师大学报》（社会科学版）2012 年第 5 期；李建华《道德幸福·何种幸福》，《天津社会科学》2021 年第 2 期。

③ 参见江畅《幸福之路：伦理学启示录》，湖北人民出版社 1999 年版；江畅《关于道德与幸福问题的思考》，《湖北大学学报》（哲学社会科学版）1999 年第 3 期；孙英《论幸福的实现》，《学习与探索》2003 年第 3 期；孙英《幸福论》，人民出版社 2004 年版；赵汀阳《论可能生活》，中国人民大学出版社 2010 年第 2 版；［美］尼古拉斯·怀特《幸福简史》，杨百朋、郭之恩译，杨百揆校，中央编译出版社 2011 年版；李娜《当代美德伦理论域下"幸福"概念之诠释》，《求索》2011 年第 1 期；黎良华《美德与幸福：有益、阻碍抑或同一》，《齐鲁学刊》2011 年第 3 期；肖平《道德是幸福的文化元素》，《道德与文明》2012 年第 2 期；张俊《德福配享作为一种道德信仰——兼评王海明先生的德福观》，《道德与文明》2012 年第 3 期；李超《幸福生活的伦理思考——作为幸福指标的财富与道德》，《华中科技大学学报》（社会科学版）2013 年第 1 期。

的不同形态，便会产生不同的德福同一性理路，如至善论、正义论、公设和谐论①，或者基于现实的社会政治、法律、经济、科技、心理等"中间力量"，促进德福之间真实的正相关性②。显然，上述观点是以人及其行

---

① 参见程秀波《道德与幸福》，《中州学刊》1992 年第 1 期；高恒天《道德与人的幸福》，博士学位论文，复旦大学，2003 年；陈科华《"好人"如何一生平安？——走出"德福悖论"的怪圈》，《伦理学研究》2005 年第 5 期；沈晓阳《正义：通向德福统一的基本路径》，《杭州师范学院学报》（社会科学版）2007 年第 3 期；王海明《宪政民主：提高国民总体品德的主要方法》，《山西师大学报》（社会科学版）2007 年第 5 期；宋增伟《制度公正与德福统一》，《伦理学研究》2008 年第 3 期；刘东锋《德福一致——社会转型期道德建设路径的必然选择》，《学术论坛》2009 年第 11 期；［美］麦马翁《幸福的历史》，施忠连、徐志跃译，上海三联书店 2011 年版；易小明《德福一致的内在通道及其文化扩展》，《道德与文明》2012 年第 4 期；沈晓阳《通向德福统一的伦理学路径》，《道德与文明》2013 年第 1 期；戴茂堂、朱运海《幸福与德性的二律背反——以西方伦理学为视角》，《道德与文明》2013 年第 3 期；王堃《幸福与德性：启蒙传统的现代价值意涵》，《哲学研究》2014 年第 2 期；韩跃红《道德与幸福关系的历史与现实》，《思想战线》2014 年第 3 期；田海平《如何看待道德与幸福的一致性》，《道德与文明》2014 年第 3 期；Julia Annas, *The Morality of Happiness*, New York：Oxford University Press, 1993；Joachim Schummer ed., *Glück und Ethik*, Würzburg：Königshausen & Neumann Verlag, 1998。

② 参见［日］丸山敏雄《实验伦理学大系》，丘成等译，社会科学文献出版社 1991 年版；［日］丸山敏雄《纯粹伦理原论》，王英、刘李胜译，社会科学文献出版社 1992 年版；冯俊科《西方幸福论》，吉林人民出版社 1992 年版；潘建漳《现代化与人性的困厄——论梁漱溟的文化难题》，《浙江大学学报》（人文社会科学版）1993 年第 1 期；陈瑛主编《人生幸福论》，中国青年出版社 1996 年版；郑雪等著《幸福心理学》，暨南大学出版社 2004 年版；邢占军《测量幸福——主观幸福感测量研究》，人民出版社 2005 年版；［以色列］泰勒·本 - 沙哈尔《幸福的方法》，汪冰、刘骏杰译，当代中国出版社 2007 年版；张军《社会保障制度的福利文化解析》，博士学位论文，西南财经大学，2010 年；张威《"德福一致"：政治合法性的道德基础》，《深圳大学学报》（人文社会科学版）2010 年第 4 期；［美］提摩太·夏纳罕、罗宾·王编著《理性与洞识——东方与西方求索道德智慧的视角》，王新生等译，黄颂杰审校，复旦大学出版社 2012 年版；刘富胜《后形而上学视野里的"德福观"》，《道德与文明》2012 年第 2 期；王强《在幸福的途中：道德何为？道德何以为？》，《道德与文明》2012 年第 2 期；冯秀军编《社会变革时期中国大学生道德价值观调查》，教育科学出版社 2013 年版；李文珍《从德福关系看当代中国道德问题的症结及消解》，《湖南社会科学》2013 年第 3 期；彭文会、黄希庭《美德幸福观：一个古老而充满活力的话题》，《西南大学学报》（社会科学版）2013 年第 4 期；李文珍《从德福关系看当代中国道德问题的症结及消解》，《湖南社会科学》2013 年第 3 期；喻丰、彭凯平等《美德是幸福的前提吗？》，《心理科学》2014 第 6 期；朱晓稳、姚朝宗、闫春平等《大学生一般自我效能感和道德行为与幸福感的关系》，《新乡医学院学报》2014 年第 9 期；Martin Seligman, *Authentic Happiness：Using the New Positive Psychology to Realize Your Potential for Lasting Fulfillment*, New York：Simon and Schuster, 2002；Alonso Contavalli, *An overarching defense of Kant's idea of the highest good*, Chicago：Loyola University Chicago, 2010；Kleio Akrivou and Alejo José Sison, eds., *The challenges of capitalism for virtue ethics and the common good：Interdisciplinary perspectives*, Cheltenham：Edward Elgar Publishing, 2016；Otfried Höffe ed., *Immanuel Kant：metaphysische Anfangsgründe der Tugendlehre*, Vol. 58, Berlin：Walter de Gruyter Gmb H & Co KG, 2019。

为为中心，基于人的角度来论述德福的同一性。与此相对，亦可以从"非人"的角度论证德福的一致性：如果神是必然存在的，那么人必须绝对地信仰神、遵循启示经典上的教义及接受神之末日审判，由此，德福的终极同一性由神来决断。① 如若承认一种德福必然一致的法则，如善恶报应、因果报应、善恶因果律，认同它不仅仅适用于作为道德主体的人，而且适用于任何其他道德主体，那么只需遵循客观的善恶因果法则，道德主体的德福同一性便能获得根本性的保障。② 现代自然科学的生态系统观点给人类现实生活的启发是，人类并非天然地是天地万物的中心、最高价值

---

① 参见陈荣富《比较宗教学》，世界知识出版社 1993 年版；努尔曼·马贤、伊卜拉欣·马效智《伊斯兰伦理学》，宗教文化出版社 2005 年版；尚九玉《宗教人生哲学思想研究》，北京师范大学出版社 2000 年版；刘月琴《伊斯兰报应理论与中国文化的相通性》，《西亚非洲》2009 年第 8 期；［美］凯利·克拉克主编《幸福的奥秘：在比较和练习中指向上帝的至善》，郑志勇译，世界知识出版社 2010 年版；季芳桐《论王岱舆对回儒佛三教报应思想的探讨》，《西北民族研究》2012 年第 4 期；［英］龙爱仁（Aaron Kalman）《〈希伯来圣经〉与〈太平经〉的思想比较》，博士学位论文，浙江大学，2014 年。

② 参见王月清《中国佛教善恶报应论初探》，《南京大学学报》（哲学·人文科学·社会科学版）1998 年第 1 期；王月清《中国佛教伦理研究》，南京大学出版社 1999 年版；樊和平《善恶因果律与伦理合理性》，《上海社会科学院学术季刊》1999 年第 3 期；方立天《中国佛教哲学要义》，中国人民大学出版社 2002 年版；刘道超《中国善恶报应习俗》，陕西人民出版社 2004 年版；陈筱芳《中国传统报应观与佛教果报观的差异及文化根源》，《社会科学研究》2004 年第 3 期；陈筱芳《中国传统报应观的源头：春秋善恶报应观》，《求索》2004 年第 4 期；陈林《从"无我轮回"说到"神不灭"论——印度佛教业报轮回说与中国六朝时期佛教因果报应论的问题意识》，《学海》2004 年第 5 期；王锋、田海平《善恶因果律的现代重构》，《河北学刊》2004 年第 5 期；释因果《业力如影随形，报应好比声响》，《佛教文化》2005 年第 4 期；张文俊《重塑德福一致的伦理信仰》，《东南大学学报》（哲学社会科学版）2006 年第 6 期；黄明理《善恶因果律的现代转换——道德信仰构建的关键概念》，《华东师范大学学报》（哲学社会科学版）2008 年第 2 期；戴峰《宋元善恶报应信仰之发展及其对戏曲的影响》，《船山学刊》2008 年第 3 期；陈京伟《〈易传〉善恶报应思想探析》，《周易研究》2008 年第 4 期；郭淑新《慧远的"因果报应"论新诠》，《安徽师范大学学报》（人文社会科学版）2010 年第 5 期；杨先明《中印佛教轮回报应学说与异质话语对话中新话语的创生》，《贵州社会科学》2010 年第 9 期；乔根锁、徐东明《关于藏汉佛教因果报应论的比较研究》，《中国藏学》2011 年第 4 期；傅映兰《佛教善恶思想研究》，博士学位论文，湖南师范大学，2013 年；樊浩《德福因果律的"理性形态"与"精神形态"》，《学术月刊》2013 年第 1 期；［泰国］李毓贤（Kewalee Petcharatip）《中泰佛教慈善思想比较研究》，博士学位论文，南京大学，2014 年；张忠《论中国善恶报应观的形成及其当代启示意义》，《中州学刊》2014 年第 9 期；孙长虹《〈管子〉中善恶报应的实现及其意义》，《江南大学学报》（人文社会科学版）2016 年第 1 期；曲宁宁、陈晨捷《论先秦善恶报应理论及其衍变》，《周易研究》2016 年第 5 期；陈坚《"善有善报"与"善不受报"——佛教善恶"因果"观辨析》，《湖南大学学报》（社会科学版）2016 年第 5 期；方圆《善恶报应与善本当行——从功过格看晚明清初士人劝善理念之差异》，《道德与文明》2018 年第 3 期；陈立胜《宋明理学如何谈论"因果报应"》，《中国文化》2020 年第 1 期。

和最终目的，相反，人类原本只是生态系统和自然环境演化中的一个因子，人类凭借自然科学技术的力量过分地凸显了自身的作用，极大地破坏了生态系统和其他物种的存在状态，因此，人类必须反向思考和行动，尊重生态系统和其他物种的存在价值——"德性"，尽可能地维护其"好的存在状态"（well-being）。与此同时，道德与幸福之间的悖论状态①和道德与幸福之间的无关状态②，亦是探究德福同一性的重要背景和参照系。

一　以"人"为中心的德福同一性理路

（一）"道德—幸福"论

道德幸福以儒家为终极代表③，因为其他任何学说体系都没有像儒家那般，将人的道德置于最高、最根本和最重要的地位。儒家始终以道德和价值的眼光打量和衡判天地万物乃至"全体"，认为道德判断和价值判断优先于价值中立的事实判断；以道德、价值即善性为人之为人的

---

① 参见戴兆国《道德悖论视阈中的德福悖论》，《道德与文明》2008 年第 6 期。

② 参见张雷《道德中间状态对德福关系的证伪》，《江西社会科学》2010 年第 9 期；龙运杰《幸福论》，湖南大学出版社 2014 年版；Christine Vitrano, *The structure of happiness*, New York：City University of New York，2006。

③ 参见［新加坡］龚道运《孔孟的道德和幸福观》，载中国孔子基金会、新加坡东亚哲学研究所编《儒学国际学术讨论会论文集》，齐鲁书社 1989 年版；萧登福《道家道教与中土佛教初期经义发展》，上海古籍出版社 2003 年版；夏辉《孟子对传统天命报应论的创造性转化——兼论性善论的价值合理性》，《现代哲学》2003 年第 1 期；周广友《王船山的德福关系论——以〈周易外传·困〉为中心》，《中国哲学史》2009 年第 1 期；张方玉《追寻幸福：先秦儒家幸福观研究》，博士学位论文，上海师范大学，2009 年；杨泽波《孟子性善论研究》（修订版），中国人民大学出版社 2010 年版；杨泽波《从德福关系看儒家的人文特质》，《中国社会科学》2010 年第 4 期；刘美红《先秦儒学对"怨"的诊断与治疗》，中山大学出版社 2010 年版；林佩儒《先秦德福观研究》，新北：花木兰文化出版社 2012 年版；高小强《天道与人道——以儒家为衡准的康德道德哲学研究》，华夏出版社 2013 年版；张俊《儒家自然理性主义传统中的德福思想》，《浙江大学学报》（人文社会科学版）2013 年第 1 期；魏冰娥《戴震论自然与必然及其德福一致》，《理论与现代化》2013 年第 2 期；张方玉《道德理想主义·生活儒学·德性幸福》，《天府新论》2013 年第 2 期；史怀刚《鬼神、道德、幸福——孔子、老子、墨子三家幸福观试较》，《孔子研究》2014 年第 2 期；杨泽波《孟子道德之乐生成机理探微——牟宗三以存有论解说道德幸福质疑》，《国学学刊》2014 年第 3 期；何益鑫《孔子与亚里士多德：德福一致的两种范式及其当代意义》，《道德与文明》2014 年第 3 期；王中江《孔子的生活体验、德福观及道德自律——从郭店简〈穷达以时〉及其相关文献来考察》，《江汉论坛》2014 年第 10 期；张方玉《"孔颜之乐"与罗素"幸福之路"比较——现代德性幸福的大众化何以可能》，《理论探索》2015 年第 1 期；张方玉《"孔颜之乐"的"接着讲"：冯友兰德性幸福论的三种图景》，《中南大学学报》（社会科学版）2021 年第 2 期；Lloyd Sciban，*Wang Yangming on moral decision*，Toronto：University of Toronto，1994。

本原，以此为根本立足点，将自身全部的智慧、心力和实践工夫都放在了道德上，由此给人类贡献了一个最深刻、最崇高且最丰富多彩的"道德世界"。

人的道德性是人之为人的最可贵处，当人完全践行和成就自身最可贵的品性时，将会获得最大的愉悦和满足，也即最大的幸福——根本幸福；如果一个人不践行自身的道德品性，即便他享有了种种非道德的幸福，那么他的幸福也是偶然的和微弱的，甚至不具有基本的正当性。所以，与其说儒家不关注幸福，不如说现实的人生往往面临"非此即彼"式的决断，在道德与幸福的抉择之间，儒家决绝地选择、坚守和捍卫人的道德性——杀身成仁、舍生取义，对幸福没有一丝一毫的留念；恰恰是在与幸福的诀别中，人的幸福感达到了最大的强度，因为最纯粹的道德带给人的幸福感亦是最纯粹和最纯净的。

儒家的道德哲学体系以天道、仁、天理为其终极根据，以"仁—义—礼—智—信"为其义理系统——道德主干，以经验世界为其义理之展开和确证。天道讲"天命之谓性"（《中庸》）[1]，它是道德性的终极实体；仁谓"人能弘道"（《论语·卫灵公》）[2]，仁心不断推动人成为自觉自由的道德主体；天理则是天道与仁心的贯通，"理一分殊之下贯过程"同"道德主体尽心知性知天之奋进历程"一体流通。道德主体以仁为"安宅"，以义为"正路"，以礼为"正门"，智足以知仁义礼乃人之本根而不可须臾离弃也，由是形成笃定的道德信念。道德主体在经验的特殊性中不断推廓、普遍化和确证自身的道德性，格物、致知、诚意、正心、修身、齐家、治国、平天下，亲亲仁民、仁民爱物、民胞物与，从个人的道德内修（克己）到在伦理共同体中安伦尽分（复礼），再到与天地万物形成一个和谐的"生命共同体"，终至与天道、天理相畅通，同天地合德，德化万物，此即人的最高道德本质。由最高、最普遍道德本质的达成而获得了道德生命的圆满自足，由此圆满自足性而生发出的乐是道德之至乐，此乐乃与天地同德之乐。在现代道德哲学看来，它是一种"道德幸福"。对儒家而言，如果幸福只是一种道德幸福，那么它与道德的同一性便不是两种根本不同的事物之间的一致性：二者是道德生命体修身之"一体两

---

① （宋）朱熹：《四书章句集注》，中华书局1983年版，第17页。
② （宋）朱熹：《四书章句集注》，中华书局1983年版，第167页。

面"，两者在根本处是相通的。

然而，儒家也认为"死生有命，富贵在天"（《论语·颜渊》）①，因而道德主体应"存其心，养其性，所以事天也。夭寿不贰，修身以俟之，所以立命也"（《孟子·尽心上》）②。除去道德主体对生死富贵的主观体认不同外，生死富贵还具有客观面向，这是道德主体的道德世界和道德行动无法完全化解的，或者说"不幸"在现实世界中始终存在着。道德主体能完全主动地成就的是道德与道德幸福的同一，虽然对生、富、贵、寿等幸福的追求必须通过道德的原则和方式——"不义而富且贵，于我如浮云"（《论语·述而》）③，但能否真正实现此类幸福则取决于"命"。儒家由对"命"的道德性阐释而促成道德主体更加积极地修身，去追求道德幸福，只要在道义上具有正当性，虽执鞭之事，自己也泰然为之。由是观之，儒家对幸福有两种理解：要么幸福直接是道德幸福，要么虽然不直接是道德幸福，但是必须通过具有道德合理性的方式去求取。

（二）"幸福—道德"论

在哲学和伦理学说史上，亚里士多德对幸福（eudaimonia）做出了最为经典的哲学阐述。④ 其基本观点为：幸福是表现和合乎德性的灵魂运动，而且幸福必须是自始至终的，经过完整的一生才能断言，人唯有通过终身合乎理性的德性才能享有幸福，然而这只是第二等的幸福；理性的纯粹运用——沉思或思辨（contemplation）——才是最大的幸福，它是一种神圣性的"活动"；同时，感官快乐、财富、运气等对一个人的幸福而言亦是不可或缺的。由此，亚里士多德使幸福概念在古典伦理学中占据了中心位置，幸福变成伦理学的首要关切对象，也成了人的终极欲望和最终

---

① （宋）朱熹：《四书章句集注》，中华书局 1983 年版，第 134 页。

② （宋）朱熹：《四书章句集注》，中华书局 1983 年版，第 349 页。

③ （宋）朱熹：《四书章句集注》，中华书局 1983 年版，第 97 页。

④ 参见胡建《追求"至善"——幸福与道德的匹配一致》，《复旦学报》（社会科学版）1998 年第 2 期；[古希腊]亚里士多德《亚里士多德选集（伦理学卷）》，苗力田编，中国人民大学出版社 1999 年版；何怀宏《伦理学是什么》，北京大学出版社 2002 年版；余纪元《亚里士多德论幸福：在柏拉图的〈国家篇〉之后》，朱清华译，《世界哲学》2003 年第 3 期；赖辉亮《德与福的争论——晚期古希腊哲学的伦理学特征》，《中国青年政治学院学报》2004 年第 4 期；陶涛《亚里士多德论功能、幸福与美德》，《伦理学研究》2013 年第 6 期；汪立夏、刘波《至善、至德与至福：亚里士多德的幸福观》，《江西社会科学》2015 年第 6 期。

追求。

幸福是一种活动，它因其自身而不是它之外的事物而值得欲求，它自身即目的。德性自身是善的（good）而值得追求，同其他活动相比，与德性相符合的活动更持久、更稳定，它是成就幸福的原因，而不是运气或命运，所以，"幸福是灵魂的一种合于完满德性的实现活动"①。于此德性幸福层面，亚里士多德给出了什么样的人才是幸福的人，他"在一生中都合乎完满的德性地活动着，并且充分地享有外在善……一定要这样地生活下去，直至这样地死去"②。所以，亚里士多德实际上通过"幸福"概念揭示和回答了德福的同一性难题。

作为能思的、神性的、高贵的事物或自身即神性的沉思或思辨——努斯的活动，它是最高等、最强大、最高贵、最具持续性、最智慧、最令人愉悦、最能自我满足（无待于外物）的活动，同时它是唯一只因自身之故而被喜欢的活动，而且它还将闲暇包含于自身之中，所以，在沉思或思辨活动中，人可以获得人生的全部满足，因而人在其中便拥有完善的、整全的幸福。虽然纯粹思辨的生活属于神的生活，只有神才能过，人不是神，人无法过神的生活，然而努斯并不在人之外，它毋宁为人之最高贵、最好的主宰，因而人应当凭借努斯的活动超越自己的混合本性，而去追求最好的生活；由此，亚里士多德揭示"合于努斯的生活对于人是最好、最愉悦的，因为努斯最属于人。所以说，这种生活也是最幸福的……合于其他德性的生活只是第二好的"③。与其他德性一致的生活是出于人之混合性（道德、明智、情感、肉体等）而非人之神性的活动相比，如果道德德性是人的德性中最高的德性，那么思辨比道德德性还高，因为道德德性及其他德性是有待于外在的事物，而人的单纯思辨活

---

① ［古希腊］亚里士多德：《尼各马可伦理学》，廖申白译注，商务印书馆 2003 年版，第 32 页；参见［古希腊］亚里士多德《尼各马科伦理学》，苗力田主编，中国人民大学出版社 1994 年版；Aristotle, *Nicomachean Ethics*, trans., Roger Crisp, Cambridge：Cambridge University Press, 2000。

② ［古希腊］亚里士多德：《尼各马可伦理学》，廖申白译注，商务印书馆 2003 年版，第 29 页。

③ ［古希腊］亚里士多德：《尼各马可伦理学》，廖申白译注，商务印书馆 2003 年版，第 308 页。

动则不需要外在事物来促成。总而言之，"幸福与沉思同在。越能够沉思的存在就越是幸福，不是因偶性，而是因沉思本身的性质。因为，沉思本身就是荣耀的。所以，幸福就在于某种沉思"①；而对人来说，若人能越纯粹地运用、关照努斯——人自身中的神性，使之处于最好状态，那么他便是最智慧的人，与神最接近的人，因而能得到神的赐福，沉思和神的赐福使一个人成为最幸福的人。

由于亚里士多德将理性幸福或思辨幸福或神性幸福作为终极目的而置于最高的地位，因此，道德、德性成为达致完整幸福的一个环节或者因子，德福的同一性唯有以思辨幸福为目的才能够被理解和达成。同样是以幸福为终极追求，与亚里士多德把幸福奠基于理性沉思上不同，效益论（Utilitarianism）将幸福建立在另一个极端——知觉的快乐和痛苦——之上，道德也一样被转化为相应的快乐值和痛苦值，由此可以从增加快乐和减少痛苦的角度来思考和促成德福的同一性。②虽然效益论以测量个人的幸福为出发点，但其行动原则却是追求"最大多数人的最大幸福"，由此可能出现这类悖论：越是关注个人幸福的最大化，越是与最大多数人（某一共同体）的最大幸福相背离；反过来，越是以最大多数人的最大幸福为行动原则，越要克制个人自身幸福的最大化；正是在这种意义上可以说，效益论最终追求的是"公益"，它力图使最大多数人的德福达到同一。

在效益论的奠基者边沁（Jeremy Bentham）看来，大自然使人类的全部活动（思考、言语、行动等）受快乐（pleasure）和痛苦（pain）两大兴趣知觉（interesting perceptions）支配。如果一个东西能给某个个人（individual）或者某个共同体（community）带来 benefit、advantage、pleasure、good、happiness，概言之"快乐"，或者它能防止他们遭受 mischief、pain、evil、unhappiness，简言之"痛苦"，那么它对这个人或这个共同体而言便是具有效益（utility）的，它能带给他们快乐或使其免遭不

---

①　［古希腊］亚里士多德：《尼各马可伦理学》，廖申白译注，商务印书馆 2003 年版，第310 页。

②　参见田海平《人为何要"以福论德"而不"以德论福"——论功利主义的"福—德"趋向问题》，《学术研究》2014 年第 11 期。

幸，"享受快乐，免受痛苦"① 即是幸福。因此，效益论的第一原理是"按照看来势必增大或者减小利益有关者之幸福的倾向，亦即促进或妨碍此种幸福的倾向，来赞成或非难任何一项行动"②，可公式化为"最大多数人的最大幸福是正确与错误的衡量标准"（"It is the greatest happiness of the greatest number that is the measure of right and wrong"）③，不但个人的行动以此为唯一标准，而且共同体的行动也以此为唯一原则。由此可见，效益论始终立足于"快乐/痛苦"概念来思考和推导"利益（interest）—幸福"概念，追求快乐和幸福总量的最大化，并尽可能减少痛苦和不幸的总量。

快乐和痛苦出自自然、政治、道德（moral）和宗教四大可以辨识的来源：前三者只对人的今生具有约束力，而宗教还对人的来世产生影响；道德的约束力和政治的约束力都基于人的意志和意向，区别在于前者来自个人的道德自发性和道德品质，后者来自国家权力的分配；自然的约束力和宗教的约束力均不受人的意志和意向的干扰，不同之处在于，前者来自现世事物的、没有神介入的自然生发过程，后者则是神的意志和力量的体现。虽然这四种约束力具有不同的性质，但是它们在给一个人带来快乐和痛苦的意义上并无根本不同，它们都可以通过快乐和痛苦的程度被估量。无论对于个人还是共同体，用所有快乐的值（values）减去所有痛苦的值，将会形成一个差额（balance）。如果它是一个正数，则说明个人和共同体及其行动具有好的或善的（good）倾向，否则这种倾向便是坏的（bad）或恶的（evil），因为"快乐本身便是善（good），撇开免却痛苦不谈，甚至是唯一的善（good）。痛苦本身便是恶（evil），而且确实毫无例外，是唯一的恶（evil）"④，这个总倾向由其对欢乐和痛苦产生正负影响的实质性后果（material consequences）来评判。

---

① ［英］边沁：《道德与立法原理导论》，时殷弘译，商务印书馆 2000 年版，第 122 页；Jeremy Bentham, An Introduction to the Principles of Morals and Legislation, New York：Oxford University Press, 2005, p. 70。

② ［英］边沁：《道德与立法原理导论》，时殷弘译，商务印书馆 2000 年版，第 58 页。

③ ［英］边沁：《政府片论》，沈叔平等译，商务印书馆 1995 年版，第 92 页；Jeremy Bentham, A Fragment on Government, Oxford：The Clarendon Press, 1891, p. 93。

④ ［英］边沁：《道德与立法原理导论》，时殷弘译，商务印书馆 2000 年版，第 151—152 页。

（三）至善论

将至善（das höchste Gut/the supreme good）① 作为道德与幸福完全同一的理念，康德的道德哲学是一种基本范型。② 使一个人幸福（基于感官、情感偏好或好感）与使他成为一个好（gut/good）人（过有德性的生

---

① 康德在《道德形而上学的奠基》（*Grundlegung zur Metaphysik der Sitten*）第一章中指出，der gute Wille "zwar nicht das einzige und das ganze，aber er muß doch das höchste Gut，und zu allem übrigen，selbst allem Verlangen nach Glückseligkeit，die Bedingung sein"，即 "善的意志虽然不是唯一的善和完全（全体）的善，但它必定是至善，是其余所有东西的条件，甚至要求幸福的条件"。虽然康德在此处用了 "至善" 来说明善的意志，但其本义为强调善的意志或道德是 "最高的善"。在《实践理性批判》"纯粹理性在规定至善概念时的辩证论" 部分，康德对最高善与至善作了区别，因为德性（Tugend）是谋求幸福的最高（oberste）条件，所以，它是最高的善（das oberste Gut）、无上的善、至上的善、绝对的善——"纯粹的善" 或 "纯善"（参见尤西林《圆善与时间——康德伦理—宗教学的现代性》，《哲学与文化》2001 年第 6 期），但它还不是完全的（ganze）和完满的（vollendete）善，即道德和幸福精确结合的理念——至善（das höchste Gut），因此，"最高善" 是道德自身的最高状态，与 "最高善" 相比，"至善" 是更完全的善。更进一步的细微区分，可参见牟宗三先生将 "das höchste Gut"（至善）译为 "圆善" 的理由（参见牟宗三《圆善论》，《牟宗三先生全集》第 22 卷，联经出版事业股份有限公司 2003 年版）。

② 参见张志伟《康德的道德世界观》，中国人民大学出版社 1995 年版；［加］克劳德·皮杉《幸福在道德领域中的位置——对康德道德哲学的研究》，张国华译，《湖南大学学报》（社会科学版）1998 年第 1 期；尤西林《圆善与时间——康德伦理—宗教学的现代性》，《哲学与文化》2001 年第 6 期；戴景平《幸福、道德与至善——康德关于幸福与道德的二律背反》，《赤峰学院学报》（汉文哲学社会科学版）2008 年第 3 期；尹怀斌《论康德的德福一致结构》，《道德与文明》2010 年第 4 期；沈国琴《论赫费道德哲学与亚里士多德幸福论及康德自律论之关系》，《浙江大学学报》（人文社会科学版）2011 年版第 2 期；张传有《对康德德福一致至善论的反思》，《道德与文明》2012 年第 3 期；曹峰《我可以希望什么？——康德希望问题研究》，博士学位论文，湖南师范大学，2012 年；杨伟涛《康德实践理性视域中的德性幸福观》，《学术论坛》2013 年第 1 期；［瑞士］梯洛·威舍《道德与幸福——康德与阿多诺论 "希望"》，张继云、曾哲译，《东吴学术》2013 年第 2 期；姚云《论幸福与道德的一致——康德幸福观》，《苏州大学学报》（哲学社会科学版）2014 年第 3 期；杨祖汉《比较康德的德福一致论与孔子的天命观》，《深圳大学学报》（人文社会科学版）2014 年第 6 期；［美］托马斯·希尔、周治华《道德与人的尊严、幸福、卓越——与托马斯·希尔教授谈康德道德哲学研究》，《道德与文明》2014 年第 6 期；［日］菅沢龍文《ヨブの幸福とカント：最高善概念を手がかりに》，载《法政大学文学部紀要 = Bulletin of Faculty of Letters》，Hosei University，2014 年；Maximilian Forschner，"Moralität und Glückseligkeit in Kants Reflexionen"，*Zeitschrift Für Philosophische Forschung*，Bd. 42，H. 3，Jul. – Sep. 1988；Annette Disselkamp，"Georg Simmel，une interprétation critique de la notion kantienne du Bonheur"，*Methodos*，Savoirs et textes 4，2004；Christopher McTavish，*An experiential approach to Kant's moral philosophy A reply to dogmatism，formalism and rigorism*，Chicago：Loyola University Chicago，2010；John Garcia，*Humanity in the Balance：The Relationship Between the Moral Law and the Promotion of the Moral World in Kant's Ethics*，Loyola University Chicago，2010；Jennifer Wilson Mulnix and Michael Joshua Mulnix，*Happy Lives，Good Lives：A Philosophical Examination*，Peterborough：Broadview Press，2015。

活）完全是两回事，今生的义务是配享幸福，道德与幸福在至善理念中获得精确的一致性，但需要"意志自由"（道德以此为前提）、"神存在"和"灵魂不死"三大公设来提供保证。

基于"自然与自由的二律背反"① 可推知，自然指向人的幸福，自由成为道德的前提。若没有自由理念，那么人的意志便不具备绝对的自发性，人就不能绝对开始一个行动的因果序列，而只能服从自然的因果序列。在自然的因果序列中，人只是一个被动的存在者，他的所有行动都仅仅只能服从自然法则，如是便不存在道德法则和人的道德性，而只有人的自然性。

没有先验自由（自由的可能性）就不可能有道德法则，或者说道德只是他律的（这是自相矛盾的）。"自由当然是道德法则的存在根据（ratio essendi），但道德法则却是自由的认识根据（ratio cognoscendi）"②，因为道德法则无论在人的心灵、良心中还是在人的行动中都已经被确证了，或者说道德法则对任何一个人而言已经是一个不争的事实，其客观有效性同样也是一个已然的事实。而人对道德法则（自由法则）的服从不同于人对自然法则（自然必然性）的服从，因为人是对感性、感官条件保持独立性而服从道德法则的；也正是在这种对道德法则的服从中，人获得了一种不同于现象界的因果性，因而人成了自己行动的绝对规定者，即人成为其行动的绝对的自发性开端；所以，人在服从道德法则的时候把自己视为一个自由的存在者，因而自由理念的实在性可以被人的道德法则显示出来；由此，通过完全服从道德法则，人对自由获得了一种非认识论意义上的"认识"，没有已然存在的诸道德法则，人便不可能设想到要从自然必然性的强制中解放出来，从而把自己视为自由的存在者（理知的存在者），这类存在者只能在一切道德行动中见证自己的自由。

可以看出，道德的基石不是对神的信仰和对其戒律的遵循，而是自由理念，因为宗教的道德对人而言是一种他律道德，是一种外在的强力和强制，它不是从人的理性中自由地生发出来的；而道德法则是人的纯粹理性（意志）自我所立之法，也就是说，以自由为前提，人的意志才能自律。

---

① ［德］康德：《康德著作全集》第 3 卷，李秋零主编，中国人民大学出版社 2004 年版，第 300—306 页。

② ［德］康德：《康德著作全集》第 5 卷，李秋零主编，中国人民大学出版社 2007 年版，第 5 页。

然而，人的幸福却不能被理性准确规定，因为它是一个不确定的概念，或者说每个人的幸福概念都是不一样的，因为它以感性、情感为基础。而人唯一能完全自我作主的是道德自律，道德自身是完满自足的，所以，就道德自身而言，它与幸福无关，道德不是让人如何使自己获得幸福，而是一个人应当如何行动才能配享幸福。尽管如此，人们仍然期望道德与幸福之间能够实现精确的一致，并由此设想出将道德与幸福结合在自身之中的概念——"至善理念"，它意味着德福的圆满同一性。但是，如上所述，道德自身无法保证自己与幸福必然一致，因此，必须引入"神"来联结至善的两大元素，即公设神存在；又由于道德与幸福的完全一致是一个无限的进程，它超出了人的今生今世，因此，为了至善在实践中实现出来，必须公设人的存在能够无限绵延下去，即人之灵魂不死。最终说来，每个人在追求道德与幸福的同一性过程中，不断完善自身的道德和做出道德行为才是最根本的，否则，神存在和灵魂不死这两大公设就会变得无足轻重。

（四）正义论

在一个"整体"中思考道德与幸福，并通过整体的正义安排和个人之正义行动实现德福之同一性，对此，柏拉图（Plato）作出了最为经典的说明。[①] 柏拉图认为，一个正义的国家不是以达成某个阶级的特殊幸福（happy）为目标，而是为了实现全体公民的最大幸福，因此，这样的国家必须是"整体的幸福国家"。然而，并非通过整体中每一部分的幸福最大化便能实现整体的最大幸福，毋宁是每一有机组成部分必须各归其位、各尽其能，对一个国家而言，则是其成员或公民认识到自己在国家中的位置和位分——自我限定、限制甚至牺牲，从而各司其职、恪尽职守——正己之"义"，促成国家整体的幸福和谐；与此同时，国家的每一名成员在这个和谐团结的整体中获得自己应享受的幸福。这样，柏拉图通过"正义之途"实现了公民之职责与其幸福的统一。

虽然哲学家在追求和热爱智慧的历程中，对于他人的疯狂、非法和恶

---

① 参见孙经国《从理想性到现实性：柏拉图政治哲学研究》，天津社会科学院出版社 2012 年版；Christopher Bobonich, *The moral and political philosophy of Plat's Laws*, University of California, Berkeley, 1990；Dimitrios Dentsoras, *Virtue, Knowledge, and Happiness: Stoic moral theory and its Socratic and Platonic antecedents*, Princeton University, 2006；Gerald Cantu, *Plato's Moral and Political Philosophy: Individual and Polis in the Republic*, University of California, Irvine, 2010。

行等都保持沉默，只关心自己的心灵和事物，"求自己得能终生不沾上不正义和罪恶，最后怀着善良的愿望和美好的期待而逝世，也就心满意足了"①，这种满足的状态即哲学家个人的内在幸福。但是，每个人只有在国家这个整体幸福的前提下，才能成就与自身相符合的幸福，哲学家也不例外——虽然他的幸福因爱智而是自足的，但是"只有在一个合适的国家里，哲学家本人才能得到充分的成长，进而能保卫自己的和公共的利益"②。与此同时，哲学家不是被动适应现实国家的要求和规定，而是按照国家的"神圣理念"来主动地治理国家的，他"找到一种比统治国家更善的生活时……才可能有一个管理得好的国家"③。在考察了王者型（哲人王）、贪图名誉者型、寡头型、民主型、僭主型人物的心灵和生命状态后，柏拉图总结道："最善者和最正义者是最幸福的人……最恶者和最不正义者是最不幸的人。"④

最后，柏拉图设想了一个人死之后，其灵魂接受神之公正审判的理论模式：正义、有德和崇敬神的灵魂将受到十倍及以上的报酬，反之，则有十倍及以上的惩罚施加于不正义、无德和作恶的灵魂身上，并且由于选择善的还是恶的生活由人的灵魂自己决定，因而人必须自我负责。所以，"灵魂不死及其转世""神"和"灵魂的理性选择"成为解决正义（道德）与幸福同一性的三大理论基础。而生活在现实里的人，灵魂不死和神只能作为一种信念，也就是说，"灵魂死与不死"和"神存不存在"不是其所能改变的；由此，在他身上正义与幸福的不一致状况，只能通过其理性的选择来转变，"使灵魂的本性更正义的生活名为较善的生活"⑤，"要得到幸福的人必须具有正义"⑥；因此，对现实的人而言，决定他的生活是善的和幸福的原因在于：其自身理性地选择过正义的生活。

（五）公设和谐论

一方面，由于现实生活中存在着德福不一致的现象，因此，无法断言德福之间具有必然的一致性；另一方面，现实生活中也存在着德福一致的情况，

---

① ［古希腊］柏拉图：《理想国》，郭斌和、张竹明译，商务印书馆1986年版，第248页。
② ［古希腊］柏拉图：《理想国》，郭斌和、张竹明译，商务印书馆1986年版，第248页。
③ ［古希腊］柏拉图：《理想国》，郭斌和、张竹明译，商务印书馆1986年版，第281页。
④ ［古希腊］柏拉图：《理想国》，郭斌和、张竹明译，商务印书馆1986年版，第366页。
⑤ ［古希腊］柏拉图：《理想国》，郭斌和、张竹明译，商务印书馆1986年版，第423页。
⑥ ［古希腊］柏拉图：《理想国》，郭斌和、张竹明译，商务印书馆1986年版，第144页。

对此，不能断定德福之间完全没有同一性。如果肯定德福之间是不一致的，那么二者将彻底分离，由此导致的恶果是：道德成为一种彻底的牺牲活动，即道德不允许获得相应的幸福；而幸福却可以完全不顾及道德的要求和约束，甚至通过不道德、反道德的方式也能攫取幸福。所以，为了公正地对待道德行为和使幸福具有正当性，必须预设德福之间存在着普遍且必然的同一性，由于此"预设"具有普遍性和必然性，因而它是一种"公设"。①

黑格尔在"道德世界观"中探讨了义务与现实或道德与幸福之间被公设的和谐，它包含三大和谐：道德与幸福（客观自然）之间的和谐；道德与感性（主观自然）之间的和谐；前两大和谐之间的和谐。第一大和谐的辩证历程经过三个环节。首先，在"一般道德意识"（道德意识自身的无条件统一性）这里，它既意识到义务与自然的分离，又知道到这种分离不是究极的，同时自然又无法实现二者的统一，因而唯一可以完成统一的只可能是一般道德意识，它能将二者统一于自身中并将它们联结起来，它自在地包含着二者原初抽象的和解，否则，二者的和谐就无法被公设或要求。其次，义务是自我意识的唯一本质，而自然自身没有自我意识，而且道德自我意识只能出于纯粹义务的动因而行动——为义务而义务，因而只能获得纯粹义务的对象——道德，但无法由此必然在现实经验中得到相应的幸福和享受，所以，义务与自然之间是分离的。最后，道德自我意识"决不能把幸福这个环节从它的绝对目的（纯粹义务——引者注）中排除掉"②，必须去践行配享幸福的行动，道德或道德自我意识绝不会停止于意向阶段，即为了保持自身抽象的纯粹性而不行动，道德自我

---

① 以中国传统的道德哲学和黑格尔的精神哲学为根本的学术资源，樊浩教授力图从"精神哲学"出发为"道德形而上学体系"奠定一种基础，道德与幸福的同一性问题在此建构过程中被理解、阐释和解答。"精神"概念的最核心本质是自由，它具有四大基本规定：第一，精神的对立物是自然，它将人从其客观自然（生物本性）和主观自然（个别性）中解放出来；第二，理性与其客观化（实现）自身所形成的世界统一起来才是精神；第三，精神在自身中即意识与意志、观念与行动、理性及其实践的统一体，它并非由它们结合而成，而是它自己将自身显现为这些形态；第四，精神呈现为自我运动、发展和复归的辩证运动过程。由于"精神的本性是辩证运动，哲学的本性是辩证运动的体系"，因此，道德形而上学体系得以建立的精神哲学形态包含：（1）逻辑或概念形态，它是由"精神"本身所形成的"自由意识—自由意志"结构以及二者之同一所形成的概念体系；（2）历史形态或民族形态，它是逻辑形态与民族精神和文化传统结合所形成的"伦—理—道—德—得"之概念运动体系；（3）哲学形态或体系形态，它是"精神现象学—法哲学—历史哲学"之统一所形成的辩证体系。参见樊浩《道德形而上学体系的精神哲学基础》，中国社会科学出版社 2006 年版。

② ［德］黑格尔：《精神现象学》下卷，贺麟、王玖兴译，商务印书馆 1979 年版，第 127 页。

意识的本质是要将道德实现出来，达到义务与现实的统一；在现实生活中，当道德自我意识经验到了自身与幸福的统一时，幸福就成了意识的对象，即在道德的完全实现中道德自我意识要求相应的幸福，既然在道德的实现中包含着幸福，那么幸福必然要存在于道德意向中，否则无法说明现实中存在着的德福一致。

第二大和谐的辩证历程也包含三个环节。首先，道德自我意识自在地位于纯粹思维中，同时纯粹思维与感性是同一个意识，因而这个意识实际上指"一般道德意识"，它是义务与感性得以统一的条件，由此可以推出，一般道德意识自在地包含着道德自我意识与感性的原初统一，所以，在此环节感性与道德自我意识是自在统一的。其次，感性作为感性是自我意识的非纯粹性部分，也即自我意识的经验部分，而义务作为自我意识的绝对本质是纯粹的，因而感性与纯粹自我意识是相对立的，同时感性有着自己的个别目的，它与道德自我意识的纯粹目的相对立，所以，义务或道德之所以有绝对价值就在于其纯粹性，纯粹意识为义务而义务，义务停留于纯粹意识内部，而感性因其多样性和多变性，使自身限制在各个具体的目的上而没有统一性，因而感性的东西不能作为义务的根据，否则就是"自然世界观"，因而在此阶段，感性与道德自我意识和义务是不一致的，它们甚至处在否定性的关系中，是对立分离的。最后，自我意识不能停留于纯粹意识与感性的分立状态，因为自我意识自身是一个统一的意识，它无法忍受自身的绝对分离，若以道德世界观为根据来实现自我意识的统一，则纯粹意识是自我意识的唯一的绝对本质，而感性是自我意识的他在或否定物，所以，纯粹意识与感性分离对立后的统一只能由纯粹意识来实现；而且，感性与道德自我意识之间的和谐统一是行动着的道德自我意识所必然追求的，换言之，道德自我意识通过道德行动来实现和完成这种和谐。所以，道德自我意识既要公设道德（义务）与感性（主观自然）是和谐的——它对此"和谐"有坚定的信念，同时它又要付诸不懈的道德行动来促成这个和谐。

第三大和谐的辩证历程呈现为：道德与自然"在现实里，不同方面都于真正的意识中呈现出来，每一方面都呈现为对方的对方"而"相互成为对象"。① 也就是说，道德与自然的统一不是在承认道德之本质性和

---

① ［德］黑格尔：《精神现象学》下卷，贺麟、王玖兴译，商务印书馆 1979 年版，第 130 页。

自然之无自我性的基础上，否则这种统一便只是无矛盾的、抽象的、原初的自身等同，毋宁二者彼此承认对方的自由独立性，把对方作为自己真正的对象，各自展开自身的可能性——实现自身，并向彼此过渡，扬弃对方，在对立分离基础上的"新的统一"才是道德与自然的自在自为存在着的和谐，这个统一的根据在于道德和自然是在同一个意识中才得以确定自身的，亦即道德和自然在此意识中显现自身，而且这个意识是一个行动着的意识，由于它对自身环节（道德和自然）的展开而有意识，即对它自身有意识，因此，它是一种"自我意识"。在道德世界观中，这种自我意识就是一般道德意识，它一方面以义务为本质并履行义务，因而是道德自我意识；另一方面又设定自然是自由的，而义务与自然的统一由行动着的道德自我意识来达成，但这是一个永远完成不了的任务，因为道德的完成（完全实现）即道德的消失。

概言之，道德世界观视域下被公设的德福同一性具有如下两大特点：其一，强调义务与现实之间和谐的实现是一个辩证过程，否定（扬弃）为道德而道德，否定道德的实现就是幸福的获得和感性欲望的满足，更否定幸福和感性欲望（自然人性）为道德的基础，而认为义务与现实经过［反复的］对立分离而在道德自我意识中获得和谐统一；其二，强调和谐的实现一定要凭借道德自我意识的无限行动，如果道德自我意识只停留为一个好的意图或动机，那么它就是固守于自身之中的美好意识，这种美好的意识无视现实而自我欣赏，即它只是在自我认同和自我同一，因而没有客观的标准，所以，道德自我意识要投身于现实中，在现实中行动、实现自身，反复地与现实"分离—对立—缠斗—相互过渡"，最后达到真正的和谐统一。

二　非以"人"为中心的德福同一性理路

（一）一神论之德福观

信神宗教的德福同一性以如下四大条件为前提：绝对地信仰神，遵循神的启示命令，经受终极审判，灵魂不死。就宗教信仰系统的义理完整性而言，基督教最具代表性，因此，研究基督教的德福观，有助于比较简明地了解一神教信仰中的德福同一性。

基督教将德福的同一性建立在对神（God）的绝对信仰之上。即使一个人在其一生中都在做尘世中所谓的"善事"，但如果他不信仰神，那么他也不一定会被赐福（blessed），因为义本于信，"义人必因信得生"（《新约·罗马人书》）①；善恶必须由作为最高者的神来规定，人没有权力去定义善恶和判定自身及其行为的善恶；与此相反，"罪人（sinner）虽然作恶（evil）百次，倒享长久的年日。然而我准知道，敬畏（fear）神的，就是在祂面前敬畏的人，终久必得福乐（well）"（《旧约·传道书》）②，一个人对自身罪恶的悔改和救赎，无法完全由自己来完成，而必须绝对地信奉和敬畏神，所以，当神在对他进行惩罚时，恰恰不是在否定他，而是从另一个角度赐福于他，因此，完全遵照神的诫命、律令、律法行事，弃恶从善才是有意义的，并最终能得到神所赐的永恒幸福和喜乐。所以，在基督教看来，道德自身的合理性及其与幸福是否必然相匹配，均是以完全信仰神和无条件遵从神的戒律来保证的，"神的神能已将一切关乎生命和虔敬的事赐给我们……有了信心（faith），又要加上德行（virtue——德性）……必叫你们丰丰富富地得以进入我们主救主耶稣基督永远的国"（《新约·彼得后书》）③。

　　进一步，《圣经》通过"末日审判"这个终极性的事件，使道德与幸福的一致性得以完全实现。一方面，有一个全能且公正的神存在，"祂"能洞察人内心最隐秘的动机，看透人的肺腑心肠，因而使人的"伪善"无可逃遁，且神能完全按照人自身的行为（works）进行审判（judge）；另一方面，人的自然生命（此岸）的终结并不是人的完全消失，人的灵魂必须在神面前接受最终的审判，"死了的人都凭着……案卷所记载的，照他们所行的受审判"（《新约·启示录》）④。因此，对神的绝对信仰和人自身的灵魂对赏罚的承受是德福同一性的终极性要素，而人的灵魂最终还是由神赋予的，即便人具有自由意志，然而"赏罚在我（God），要照各人所行的报应他"（《新约·启示录》）⑤。

　　（二）善恶因果律

　　与信仰一个至上存在者来保证德福的终极同一性不同，还存在着另一种"同一方式"，相信事物之间存在着必然的因果联系，有因必有果，有

　　①　中国基督教协会：《新旧约全书》，中国基督教协会1989年版，第168页。
　　②　中国基督教协会：《新旧约全书》，中国基督教协会1989年版，第625页。
　　③　中国基督教协会：《新旧约全书》，中国基督教协会1989年版，第270页。
　　④　中国基督教协会：《新旧约全书》，中国基督教协会1989年版，第297页。
　　⑤　中国基督教协会：《新旧约全书》，中国基督教协会1989年版，第299页。

果必有因，有此因必有此果，有此果必有此因，因果之间存在着丝毫不爽的一一对应关系，此即因果规律或者因果法则。一旦把价值上的善恶带入因果链条，就能形成普遍必然的善恶因果律，善因必定产生善果，恶因必定产生恶果。当然，进一步的追问是：因果规律本身的必然性从何而来？一是仍然回到对终极存在者的信仰，但这种路径与一神论的德福观并无本质区别。另一种为对因果规律本身抱有最大的信念，坚信善恶因果规律内在的力量一定能将道德与幸福同一起来。

善恶因果律根据承受结果的不同方式，可以分为两大类：一是独自承受；一为连带承担。前者强调善恶行动完全由自身作主，同样，善恶之结果也只由此行动主体独立承担。例如若将佛教的"无我"改造成具有同一性特质的神识或灵魂——"我"或"自我"，由是形成了善恶业报的"三世二重因果"说，善恶报应通过"三世"来达成而具有了永恒的现实性，只是报应的快慢和轻重不同罢了，善业恶业完全"自"造，苦果乐果完全"自"受；同时，也唯有自己能改变自身的善恶苦乐状况，多造善业，形成善的业力，凭此无限地扩大乐果，而恶业因苦果的呈现得以消解，两方面的共同作用，将使"自我"享有无量无边的福报，超出轮回，进入常乐我净的涅槃境界，反之，将在无间地狱中遭受最大的痛苦。而如果遵从佛教"无我"的原始教义，那么世间的每一分恶都与当下的"自己"相关，因为"恶""苦"并不依附于某一特定不变的主体，而是无始以来已经成为每一个有情众生的"先天属性"，对此，每一有情都有责任通过自身的善行，来化解整个有情世间无量无边的烦恼苦海，使一切众生皆离苦得乐，即生发菩提心、修习菩提心，最终使每一有情成佛，让浊世转变成纯善无恶的天堂。

后者强调，善因恶因将在自己和与自己亲近的人尤其是亲人身上造成好的或坏的结果。[1]　"积善之家，必有余庆，积不善之家，必有余殃"（《周易·坤卦·文言》）[2]，家庭、家族累积的行善和作恶活动"必"会决定其荣辱兴衰；虽然家庭和家族是作为行动的整体代表，但行动的实施者和执行者是每一个人，因此，家庭和家族的道德属性是由每一个成员的善恶行动来确证或造成的，反言之，每一个人的善恶活动不仅与他自身必

---

① 参见沈亦军《试论〈阴骘文〉的德福观》，《中华文化论坛》1996 年第 2 期。
② （清）李道平撰：《周易集解纂疏》，潘雨廷点校，中华书局 1994 年版，第 87 页。

然相关，而且必然与他所处的家庭、家族相连，由此他和他的整个家庭和家族都要承受善报或恶报；进一步的推廓为，在一个共同体中，任何一个共同体成员的道德行动与此共同体的德性和福祉都处于必然性的联结中，由此要求共同体本身也需要具有相应的道德性质，否则没有人会自愿成为其成员。对此，道教的"承负"说作了更进一步的推论，此说以天人感应论为基础，此中的"天"或"道"具有"人格性"，"将'道'这一无所不在、支配并维护世界秩序的控制力发展为一种具有道德约束力量的、有意志的人格神"[1]：从范围的广度上讲，个人的善恶活动不但与人类社会的好坏相连，而且还与生物、大自然、天地的祥瑞与灾异必然相连，"天地生凡物，无德而伤之，天下云乱，家贫不足，老弱饥寒，县官无收，仓库更空。此过乃本在地伤物，而人反承负之"（《太平经》卷三十七《五事解承负法》）[2]；从时间序列上讲，一个人的子孙后代也要承受其善恶活动的结果，"力行善反得恶者，是承负先人之过，流灾前后积来害此人也。其行恶反得善者，是先人深有积蓄大功，来流及此人也。能行大功万万倍之，先人虽有余殃，不能及此人也"（《太平经》卷十八至卷三十四《解承负诀》）[3]，后世子孙唯有行巨大之功德，才能消除其先人所作之恶对自身的作用；而"欲解承负之责，莫如守一。守一久，天将怜之。一者，天之纪纲，万物之本也。思其本，流及其末"（《太平经》卷三十七《五事解承负法》）[4]，只有执守住天地万物之大本才能从承负链条中解放出来。

（三）生态德福观

与宗教的德福观相同，生态德福观的视角从"人"转向了"非人"，"人"不再是唯一的认识中心和价值中心，人之德福同一性的实现不单单是人自身的思维、意志和行动的结果，不同的是：宗教凭借神的力量来审判人，并完成德福的终极同一性；而生态系统的观点首先要克服人类中心主义，将现实世界中的人还原到生态系统的连续环节中，不特别把人及其价值过分抬高，尽量将天地万物的作用和价值与人的作用和价值平等观之，也就是说，人既要关注自身的德福同一性，也要审视自身在生态系统

---

① 吕锡琛：《道家、道教与中国古代政治》，湖南出版社 2002 年版，第 127 页。
② 王明编：《太平经合校》，中华书局 1960 年版，第 58 页。
③ 王明编：《太平经合校》，中华书局 1960 年版，第 22 页。
④ 王明编：《太平经合校》，中华书局 1960 年版，第 60 页。

里的德福同一性，更要促成其他物种、事物在生态系统中的存在价值。

"生态系统"首先是一个认识性观点，它以现代自然科学的视角和实验为基础。现代自然科学发现，世间万物（无机物、有机物、植物、微生物、动物、人等）的基本构成元素（物质和能量）都是相同或相通的：如果对其进行化学、物理学的还原，那么它们将遵循基本的元素周期变化规律和基本粒子的排列结构；在生物学层面，生物与非生物环境始终处于密切的相互作用状态——物质、能量之交换和转化，生物与生物之间是以满足生存为根本需求的竞争（食物链）和合作（共生）关系，因此，〔至少地球上〕所有的生命存在者和非生命存在者都处于相互影响的普遍联系中，人也不能例外。

在工业革命之前，人类的力量极其弱小，人对大自然的影响极其微弱，人与生态环境基本上处于原生的"自然状态"和"自然联系"中，地球生态系统中的各种因子保持着自然的生灭过程，它们的生存权益服从自然法则的调配。但是工业革命以来，人类的力量借助自然科学及其技术的突破性进展而变得异常强大，它通过改变基本粒子的结构创造出新的元素及其人工产品，通过能量的强化和转化直接侵入自然生态系统，人类的活动已经扩张到破坏了生态系统的整体平衡，由此导致了一系列连锁式的灾难。很难断言自然科学技术是中性的，因为当它强大到一定程度时，人类无法再左右它，除非引入一种新的自然科学技术力量，但这种新的力量依然可以异化为破坏生态系统的力量。更为致命的是，人类天然地将自身视为天地万物的中心，把自己视为（至少是现实世界里的）最高价值，为了实现人类自身的利益和目的，万物和其他物种皆可为工具，由此，人类变得极其贪婪和残酷，人类若依照这种发展模式继续下去，甚至其"发展惯性"，都足以让地球的生态系统崩溃，最终人类将生活在一个"死亡星球"上。

正是看到人类中心主义在自然科学技术的助力下，已经出现了各种灾难性的事件及毁灭性结果的前兆，因此，生态中心主义重新审视人类在天地万物之中的位置和本分，力求树立一种在生态系统中"万物平等"且"任一存在者不可〔轻易〕被替代"的价值观，既满足人类的福祉，更要以生态系统的福祉为旨归。如果将"道德"理解为"德性"，即每一存在者自身都具有无可替代的卓越作用和价值，而且每一存在者在生态系统中发挥着自身的"德性"，那么它应该且必须在此生态系统中享有相应的幸福（好的存在状态）。无可置疑的是，人类将在维护生态系统的稳定及其价值方面占据主导地位：一方面是因为现在生态系统之破坏由人类一手造成，他必须承担自身的罪责；另一方面人类要自觉地回归到生态系统中去，真诚地理解和照看天地万物。

第三节　德福的同一性症结

一　人的有限性

为什么道德与幸福不是直接同一的？假设存在一个世界，一个人的道德与幸福在其中是完全一致的，其一分道德、德性、德行享有一分幸福、福利、福祉，反过来，其所享有的一切幸福精确地显示着他的道德水准，从其道德推断其幸福，或者从其幸福反推其道德，均是完全对等的，也就是说，每一分德性都得到了公正的对待。然而，这个世界并非解决了德福的同一性难题，而是不存在此问题，因为道德与幸福在这个世界中的实质是相同的，二者只具有称谓上的区别。

德福的同一性之所以成为一个难题，其原因恰恰在于人及其"人化物"（思想、行动、语言、文化、技术等）是有限的。在人身上最具有"普遍性"的东西是人的思维——精神力量，如果能够证明人的思维是有限的，那么就能判定为人的思维所把握的其他人化物也是有限的。

如何能够阐明人的思维是有限的？思维通过概念、观念去理解自身以及外在对象，然而"理解"不等同于"创造"，虽然可以将人化物理解为思维的创造物，但思维自身却不是由自己创造的，也就是说，思维不是绝对的创造者，它不具有绝对的创造能力。什么是创造？创造的本质属性是从"无"首创出"有"，从"虚无"中第一次创造出思维、物质和能量等，所以，绝对意义上的创造是第一次创造。从宇宙（作为全体的阶段性形态）的生成演化而言，人是其特定阶段的一种产物，人无法推断出是其自身创造了宇宙，所以，人的出现是后在的，虽然宇宙需要人的思维才能呈现自身，或者说如果没有人及其思维的出现，宇宙将停留在一片"漆黑"（潜在状态）之中；当然，在这个意义上也可以说人的思维确证了宇宙及其规律的存在，思维就像一道光投向了黑暗的宇宙中，由此，人及其思维"创造"了一个可被认识的宇宙；然而，这层意义上的创造是第二次创造，它并不是无所依凭地在进行创造，因此，人的思维只具有次生的创造力，而不具备原初的、无前提的、无条件的创造力。

正因为人及其思维不具有绝对的创造力，由此，德福的同一性难题才会产生。假若人拥有了绝对的创造力，那么他便能做到"一思即善"，无须任何反思，其思想和行动自然地与道德要求相符合，他天然地便是善的，同样，他也能实现"一思即福"，他可以创造出与道德完全对应的幸福，其实质为一个人无须任何的道德努力和行动便能享受幸福，因为他先天地具有完满完全的德性，因此，拥有绝对创造力的人其德福是完全同一的。然而，人不等同于全体，全体是逻辑在先的，人只能思维全体的概念——作为 X 的全体，而无法创造出全体来，毋宁说全体才具有完全的资格，把绝对的创造力作为自身的一种属性。既然德福的完全同一性只能在全体层面才能得到完全的解决，那么对于有限的人特别是个人而言，德福的同一性便是一项永远有待完成的终极性任务；退而言之，即便人们可以从思维层面设想二者的同一性，比如建立各种学说体系——解释系统，但是理论层面的自洽并不能保证其在实践中能够完满地达成。然而，正是在永远不向自己的有限性妥协的意义上，人方能挺立起自己的高贵人格，人类推进德福同一性的思考和行动才显得尤为珍贵，换言之，没有人的有限性，德福的同一性对于人而言便不具有丝毫意义。

二 事实与价值的分离

通过本章第一、二节的考察可以看出，在道德与幸福的关系中，人们要么将道德视作更普遍的概念或理念，要么把幸福作为更普遍的概念或理念。在现代人的日常生活中，人们对幸福的追求强于对道德的追求，因为遵循道德可以带来幸福感，然而非道德的事物同样可以引发人的幸福感受，所以，道德是可以幸福的原因之一，但不是唯一原因；如果将道德视为唯一原因，反倒会使人感到约束、严肃，从而降低人的幸福感。

"道德—幸福"论把道德作为世间万物的最根本规定，认为成就自身的道德性是行动主体的最高职责所在，行动主体的幸福也必须通过主体的德性来衡量，如果幸福是符合道义的，那么行动主体可以去追求，否则要断然拒之，所以，道德是本是体，幸福是末是用，"对于幸福而言德性自身就足够了"①，"德性自身对于幸福本就是充足的"②。幸福论将幸福视作整个人生的终极目的，幸福论者将幸福诠释为个人或共同体的繁荣或好的存在状态，它既包含财富、运气、感性上的愉悦等，又指向理性上的沉思，而道德的价值不仅仅在其自身之内，更在于它能促成人之幸福的实现，因此，道德是通向幸福的路径之一，更为极端的表达是"快乐是幸福生活的开端和终点……快乐是首要的和天生的善"。"为了快乐才选择德性，而不是为了德性本身……不能与快乐相分离的东西，只有德性。""一个人不可能快乐地生活，除非他明智、美好而正义地生活着；一个人也不可能〈明智、美好而正义地生活〉，除非他快乐地生活着。"③ 至善论的前设是将道德与幸福完全分离，因为道德以自由概念为基石，而幸福则来自人的自然性，由于人唯有在道德领域才拥有完全的自主性，幸福位于感官世界中，人必须服从自然的因果律才能享有幸福，因此，道德只与配享幸福相关，而至善的达成还需要"神存在"和"灵魂不死"来保证。正义论的本质是强调整体正义的优先性，每个人只有在正义的"整体"中尽职尽责——道德行动，才能获得与自身之正义行为相称的幸福。公设和谐论着重指出道德与幸福处于必然的辩证联系中，针对现实生活中的德福状况，无论是断言二者一致还是二者不一致，都是不成立的，因为在此阶段，道德活动本身处于未完成状态，因此，需要严格地对待道德行为，没有真实的道德行动，谈论与之相应的幸福是没有意义的，同样，如果没有德福一致的信念，那么道德行动将失去根本的动力。宗教信仰下的德福观以对神的绝对信仰为全部前提，认为道德是神的戒律，幸福来自神的福佑，人唯有完全遵循神的启示经典、戒律行事才是道德的义人，也唯有如此，才能在终极审判中得到永恒的神圣幸福。善恶因果律能够发生普遍作用的前提是人们广泛地认同其效力，即人们对它抱有巨大的信念，认为它是客观的、普遍有效的法则，具有不可抗拒的力量，其基本的运行逻辑依然为：有

---

① ［古希腊］拉尔修：《名哲言行录》，徐开来、溥林译，广西师范大学出版社 2010 年版，第 354 页。

② ［古希腊］拉尔修：《名哲言行录》，徐开来、溥林译，广西师范大学出版社 2010 年版，第 383 页。

③ ［古希腊］拉尔修：《名哲言行录》，徐开来、溥林译，广西师范大学出版社 2010 年版，第 535、538—539、536 页。

德者才配享有幸福，有德者才是幸福的。至于生态系统的德福观，它是自然科学技术发展到一定阶段后的产物。人类借助自然科学技术的力量开始真实地理解和改变现实世界中的种种存在者，由此诞生了一种新的觉醒和觉悟，人和万物都处在一个共享的生态系统中，没有这个系统的稳定和平衡，人和万物都将面临灾难性的后果；因此，人类不能仅仅关注自身的福祉，更要关照整个生态系统及其每一因子的"好的存在状态"，这是人类的一种新德性，因为生态系统中的每一因子都具有独立的价值，这是其德性，所以，人类帮助其处于好的状态便是在促进它们的德福一致性。

通过上述分析可以发现：为什么以往的德福同一性理论，要么侧重于道德一端，要么偏重于幸福一端？为什么道德与幸福总是不相称？甚至于为了强调其中的一方而弱化另一方？根本原因在于，道德概念和幸福概念都没有达到自身的最大外延，即它们没有获得最大的普遍性和最大的完备性。解决问题的关键在于，它们必须与最普遍的、最完备的概念——全体——联结起来。如果在全体的层面来探讨道德和幸福的规定，那么就二者的普遍性而言它们是一样的，不存在"谁的范围更大、谁的范围更小"的问题，因为对人而言它们都是无穷大的。在研究道德与幸福的关系时，必然会碰到非道德的因素也能给人带来幸福感这种情况。怎么理解这种状况？因为道德是就全体而言的"价值上的好"——善，幸福是就全体而言的"事实上的好"；非道德的因素之所以能给人带来幸福感，其原因在于它是一种"事实上的好"，它在一定层面和程度上呈现了全体的"好的事实状态"，所以，非道德因素引发幸福感的实质是一种幸福诱发了另一种幸福。"'道德'是以善恶评价为标准……'幸福'既是对生活的客观条件和所处状态的一种事实判断，又是对于生活的主观意义和满足程度的一种价值判断"[①]，"幸福是属于存在的事……是实然方面的事"[②]，准确地说，道德是价值层面的好——善，幸福是事实层面的好，经过价值判断的幸福状态已然进入了道德领域。由此，道德与幸福的同一性难题转变为价值与事实、善与好在全体层面的同一性难题。

---

① 唐永进、肖平、陈学明主编：《道德与幸福》，西南交通大学出版社 2012 年版，前言。

② ［新加坡］龚道运：《孔孟的道德和幸福观》，载中国孔子基金会、新加坡东亚哲学研究所编《儒学国际学术讨论会论文集》，齐鲁书社 1989 年版，第 707—708 页。

三　神圣性的隐退

现代社会的基本精神是个人的世俗精神，人们把自己的目光投注在当下的经验生活中，希望过好的人生和生活。在西方（欧洲），这种精神肇始于文艺复兴时期，将人的自然性从宗教神性中解放出来，确立于启蒙运动，高举人的理性、知性精神，发展为今天的市场经济力量和科学技术力量，导致人之精神的异化和去魅。在中国，于明末清初开始提升人之自然血气（气质之性）的地位和作用，反省天理（天地之性）对人之自然性（本能欲望）的压制；从鸦片战争到五四运动时期，西方的先进技术、科学和民主成为自然人性的解放工具，国人继而反对和否定传统的价值核心——天理；从改革开放至今，市场、市场经济成为自然人性释放乃至放纵的舞台，无约束的权力不断去满足自然人性的无限贪婪，最终也使自然人性变得糜烂不堪。时至今日，中西方社会面临的共同现状是以满足人的自然人性为出发点的思维模式和行为方式，人们对神、圣、神圣性、自由、道德、德性、幸福、福祉等核心概念的探讨，都必须以"此"为默认的前设；也就是说，那些在原初经典文化中具有奠基作用的普遍概念，它们必须经过以人之自然性为基础的思维方式的审视，然而不幸的是，在审视之后，往往很难再重建起超越自然人性的理论系统。再加上科学技术的效力，使原本由人的精神建构的意义世界很可能沦为非科学的虚构存在，但是人的精神世界必须经受住科学实证的冲击——去魅过程，否则，人的一切精神活动都将被科学技术还原为单纯的生理活动和基本粒子运动。

道德与幸福在这个世俗且去魅的时代也将面临上述基本问题。以市场为基础的社会，把道德和幸福的基本内涵限定在一个极小的范围内，更为致命的是道德和幸福都将被工具化，沦为获取利益的工具。为什么要遵循道德？为什么要有道德？因为这样行动有助于"买卖"的达成。怎样保证自身幸福的实现？通过利益的获得，没有利益，幸福只会变成空想。在市场中，道德被贬低为获取利益的手段，利益成为幸福的根本规定，所以，德福在市场中的同一性体现为二者通过利益获得一致性。由此可见，在神圣性隐退之后，人们只能在利益层面理解道德和幸福及其同一性。

而科学技术带给人们的是世界观的转变，虽然科学没有达到最终真理，但无疑在一定的范围内，它拥有最清楚明白、最细致入微的解释力，并能将解释的理论通过仪器工具（技术）客体化出来，由此，它具有最强的客观效力，也就是说，在一定的经验生活中，科学具有最大的正确性。所以，在经验世界中，很难驳倒科学对神圣性的去魅，道德、幸福的心理和行为都将被科学及其技术量化研究，道德意识将还原为物质运动、化学变化和生理反应等，幸福亦是如此，由此可以推论的极端状况为，人的道德意识和幸福心理能够通过科学技术（药剂、特殊仪器等）被人为地控制。科学层面的德福同一性，将会量化道德和幸福的各种"指标"，然后通过抽样调查，给出二者同一性的具体的、具有参考价值的"数字关系"。然而，关键的问题是：道德和幸福能否被完全量化？

第四节　德福同一性的精神哲学方案

从分析德福关系的现实情形得出，道德成为获取幸福的某种指标，而幸福则与利益的追逐最为相关。综述德福同一性的基本哲学理路发现，它们或者没有严格地区分道德概念与幸福概念，或者将两大概念绝对地对立起来，或者认为二者之间没有普遍必然的关联性，或者没有从最普遍或全体的意义上理解这两大概念。结合德福关系的现实状况和基本的哲学思考路径，推论出德福同一性之所以难以达成，其主要原因为人的有限性（绝对限度）、事实世界与价值世界之间的分裂，以及神圣的超验和先验维度之弱化。基于上述现实、历史和逻辑方面的分析，运用精神哲学的视角，将同一性、道德和幸福分别诠释为同于"一"性、全体之善和全体之好，便可以从精神哲学的本性出发，重新理解德福的同一性难题，并为两者的一致性提供一种新的解决方案，即德福同一性的精神哲学形态。①

精神哲学的精髓在于：如何精神地理解"一"或"全体"。此中的精神是一个真实个人的个人精神，而不是抽象的普遍精神，因为个人才是自己精神的出发点，个人不会关注脱离了个人的"精神"，也就是说，精神必须通过每一个人的亲自运用才成为真实的精神；精神之所以必须从个人

---

①　参看本书第 232 页。

精神出发，更重要的原因在于，个人不是全体，个人精神无法直接占有全体，任何宣称全然占据了全体的个人、个人精神，必然带上了个人的限度，所以，精神只能且必须从个人精神开端。

但是，个人精神绝非以自我为全部对象或唯一中心的精神，因为存在着一个它永远无法完全达及的"全体"，个人精神越是反思全体，越会认识到自身的有限性；与此同时，个人精神认识到自身的限度便已突破了已有的界限，原来以为的"全体"不断地被更加普遍的"全体"包容和超越，正是在这种不懈的认识历程中，个人精神无限地逼近了全体；然而，个人精神无法完全把握全体，因为它会发现，全体本身不是完结的，否则全体被会另一个更普遍的东西包含，即全体是一个整体，但不是一个封闭的整体，它具有无穷无尽的"吞噬性"，因此，对个人精神而言，全体永远存在着新的、未知的领域；但是，这并不妨碍个人精神热切地希望将一切概念、一切问题的终极解决之道推进到全体层面，这是个人精神难以遏制的冲动，不到全体层级，个人精神的冲动将永不停歇。

在精神哲学看来，"同一性"中的"一"即全体，同一性的含义为在全体层面获得"统一性"，由于唯有精神才能迫近全体，因此，个人只有通过精神才能理解全体意义上的同一性。在不同的阶段，全体向个人精神显现为不同的"一"。由此形成不同层级的同一性：一方面，个人精神把经验生活中的"一"当作"全体"，个人与个人的结合体是人类及其社会组织，人类与生物的结合体为生命共同体，生命共同体与非生命共同体的结合体是生态共同体——最大的经验共同体；另一方面，个人精神将超越经验的"一"视为"全体"，如果此"一"具有人格性——真正的逻辑秩序为"人格来自神格"，那么"全体"即超验的神，如若此"一"是一切存在的唯一始基和源头，"全体"则为先验的形上本原。显然，上述对"一"的考察没有穷尽"全体"的全部领域，"全体"永远可以向个人精神呈现为其他新的形态，但是就人类基本的经验生活和思维范式而言，把"一"或"全体"分为三大层级是比较充足的。由此，依据不同层级的"一"，同一性亦可分为三大层次：经验的同一性、超验的同一性和先验的同一性。

道德和幸福的概念内涵都是"好"：道德是价值之好——善，幸福是事实之好；道德是"为他"之好，幸福是"为己"之好；幸福是

"好"的状态，道德是"好"的"正当性"。同样，在精神哲学的视域中，道德和幸福都要被精神地把握，从而将两者推廓到全体层面，最终呈现的状态为：道德是全体之善，幸福是全体之好。但是，对每一个人来说，精神哲学的道路是从个人精神推向全体，是个人精神的奋斗历程，而不是全体将一切赋予人，人成为被动的接受者，因此，道德与幸福的同一性依凭的是个人精神的不懈努力，而不是全体一劳永逸的安排；也正因如此，德福的同一性历程永恒地带上了人的有限性，个人精神永远面临着德福之间的不一致，通过个人精神的努力，二者之间能够达成阶段性的同一；与此同时，在"全体"的刺激下，二者在更大的范围内又将形成新的不一致，个人精神又要去克服它，如此不绝地延续下去，正是在此艰辛的历程中，个人精神将自己拓展成最接近普遍精神的精神，个人亦把全体的属性不断地收摄在自身之中，从而近乎成为最普遍的个体。

依据"一"和"同一性"的三大类型，推论出德福的同一性包含不同的结构、方式和终极性概念，由此生成了德福同一性的经验、超验和先验三大样态。德福的经验同一性是指在经验世界寻求二者的现实同一性，悬置或不承认超越维度，因而是一种有限的同一性，它是不彻底的，只具有现时的、相对的、局部的有效性和合理性，因此，同一性的概念本身要突破这种有限度的同一性，而要求自我提升和超越。但它会走向另一个极端，把同一的希望完全寄托于超验的存在者——无限的神，"祂"能将道德与幸福彻底地在彼岸世界统一起来，即从绝对信仰神之启示和恩宠的角度来解决德福背离，也正因如此，人失去了统一德福的自主能动性。而德福的先验同一性强调人的主动能力与非人格化的形上本原之间的结合，由有限的现实同一性不断向无限的同一性转化和提升，此同一的"进程"是无限的，而不是说"先验同一性"本身直接是无限的。最终说来，必须在个人精神中重建"神—圣—性"，使道德与幸福在经验、超验和先验领域都能趋近同一，使个人无论在何种人生、生活和精神困境中都能自主且自足地建构德福之同一性。

第三章　德福同一性的经验样态

随着个人精神的不断成长，经验世界不断地展开，道德概念和幸福概念在不同阶段形成了不同的内涵，它们在个人精神与各种"经验性全体"的交互作用中获得具体的规定性：经验性的"全体"即经验性的"一"，"同一性"即同于经验的"一"，个人精神在与此"全体"的联系中建构个人之德福的经验同一性。通过个人精神，经验性的全体显现为伦理共同体（家庭）、规则共同体（组织和国家）、生命共同体和生态共同体。在家庭环节，家庭成员的德福统一于家庭伦理之中；在组织里，组织成员之德福通过弱规则（规范）获得同一性；在国家中，公民根据强规则（法律）实现自身的德福一致；在生命共同体环节，通过敬畏生命和善待生命，使生物的福祉得以实现，使人的道德性拓展到人之外，换言之，促成生物的良好存在状态是在提升人的德性；在生态共同体环节，即在整个经验世界中，包含了上述四个环节的德福同一性，同时从最宏观的视野出发，理解和保护生态系统，遵循自然规律和文化规律，尊重生物和其他存在物，使生态系统处于最佳的平衡状态，既保障生物的福祉，又为人的德福同一性提供最完备的经验条件。

在个人拥有了独立的认识、思考和行动能力——精神和心灵觉悟——之后，他才能在"全体"——其暂时的、经验性的形态是诸"共同体"——之中确证自身的存在和价值。作为共同体的成员如果不违反共同体的规定和惯例，那么他将处于共同体的保护之下，在此稳定且安全的共同体氛围中，共同体成员天然地接受共同体的整体性安排，也就是说，作为共同体的"子嗣"，共同体的成员无须反思，便会天然地认为共同体是正当的、合理的，其思维的出发点是共同体，其目的是共同体的整体和谐，由此，每个人都从共同体那里获得了自己的普遍本质；此普遍本质即人的直接规定性，甚至无须人的认同，它便具有客观的强制力，促使个人按照共同体的要求去行动。但是，当某一共同体的成员与另一个共同体的成员发生冲突，或者共同体内部的成员违反共同体的普遍规范时，他将反思自己所处的共同体是否具有完全的正当性，也就是说，他将独立思考共同体及其运行机制，通过自己的独立精神重新与共同体建立肯定或否定的联系。

第一节　"伦理共同体"阶段

一　伦理共同体的发源地：家庭

当一个人从家庭中分裂出来之后，他开始成为一个"个人"，至少在思想和精神方面成为一个独立的、成熟的人，至此，家庭才能作为一个"对象"被个人的精神把握，个人也才能明白他自身与家庭之间的同一和差别；在天然的、自然的同一性中，个人与家庭浑然一体，只有家庭整体，没有个人；当家庭成员发现自己并不等同于家庭整体时，他将认识到自身与家庭整体之间的区别和联系，由此，个人通过其精神认识到，家庭是他的第一个"经验共同体"，因为它是时间序列上即个人之经验生活中最早出现的共同体，并且它为个人的生命和成长提供了最初的庇护所。与一般的经验共同体不同，家庭成员之间除了"精神""思想"方面的联系外，还具有"血缘""生理"方面的联结，"家庭是以婚姻关系为基础、以血缘关系为纽带的亲属团体"①，这是家庭成员无法逃脱的"必然性"，几乎无法被更改，或者说它是家庭成员的固有天性——nature，因此，家庭之于家庭成员更是一个自然（natural）共同体。

由于家庭是一个经验共同体，它必定呈现为现实世界里的特定经验活动，而经验活动以"时间"和"空间"为规定前提，因此，血缘的传承体现了家庭的"时间维度"，"一代一代之间的关系是根本性的，相连续的一代一代头尾相接，便构成子孙代代相传的纵线，家庭这一现实首先来自其时间上的延续性"，而不同家庭之间的联姻活动体现了家庭的"空间维度"，通婚"使生物性的家庭解体……与其他成分结成一体，形成新的家庭，这一运动成了横向联姻网……它是一切社会组

---

① 王利华：《中国家庭史：先秦至南北朝时期》，广东人民出版社 2007 年版，第 1 页。

织的基础，甚至由此产生一切社会组织"①。所以，纵向的"经线"保住了家庭的自然性、生理性和神圣性，横向的"纬线"使家庭保持开放性并向社会组织过渡，"人是自然的产物，更是社会的产物。自然赋予人机体，社会赋予人本质。历史上形成的家庭把人的两种属性结合在一起，完整全面地体现了人的生物性与社会性的有机统一。家庭成员之间的婚姻、血缘关系既是自然的两性关系和亲子关系，又是社会的夫妻关系、亲属关系。若两性间没有夫妻关系或夫妻间不是两性关系，家庭都不能成立，二者不可或缺。家庭不仅从微观上反映了社会的结构模式，而且在一切社会组织形式中，只有家庭才全面地反映了人的两种属性的统一"②。由此可见，家庭不但是一个"天然的共同体"，也是一种"历史社会形态"③，它一头通向人的自然性和生理性，另一头连接人的社会性和文化性，它是人从自然人走向精神人的第一步，因此，对人而言，家庭是第一个最重要的共同体。

与其他的经验共同体（如组织、国家）相比，家庭是一个伦理性绝对优先的共同体，因为家庭直接建立在伦常秩序之上。对于家庭而言，"伦"是其最根本的存在前提，没有客观存在着的"伦"，家庭便无法建立起来。从最极端的情况讲，家庭成员之间可以不存在血缘联系，甚至性别之区分，但他们之间的"伦次""伦辈"必须存在，否则，家庭成员之间的关系将趋向混乱，混乱将导致败坏，混乱且败坏的关系会破坏一个共同体的持续存在，由此，无"伦"的家庭共同体必然会走向解体。所以，"伦"之于家庭是其必要条件，没有"伦"便没有家庭共同体，因为"伦"是一种客观事实，任何家庭成员对它的主观拒绝都是无效的，或者说"伦"是每一家庭成员无法逃脱的"宿命"。

然而，"伦"却不是家庭得以建立的充分条件。即便家庭成员承认"伦"的必要性，也无法保证家庭成员必然会尊重和认同家庭共同体及其内部成员之间的关系，因为如果家庭成员不认同"伦"之"理"——情理与道理、爱与责任、权利与义务等，那么家庭也只是一副没有"真实

---

① ［法］安德烈·比尔基埃等主编：《家庭史（第 1 卷）：遥远的世界，古老的世界》，袁树仁等译，生活·读书·新知三联书店 1998 年版，第 5、6 页。

② 张怀承：《中国的家庭与伦理》，中国人民大学出版社 1993 年版，第 16—17 页。

③ ［奥］迈克尔·米特罗尔、雷达因哈德·西德尔：《欧洲家庭史》，赵世玲等译，华夏出版社 1987 年版，第 1 页。

内容"的空壳。所以，一个真正的家庭一定是"伦"与"理"的结合体，也即家庭必须是一个伦理共同体。

对于一个家庭而言，"伦"是一种无法被更改的客观事实，它是一种整体性，且每一位家庭成员在此"整体之伦"中都有自己的客观位置，即"伦"既是家庭的整体结构，又是家庭成员之位分的规定根据之一，由此将两方面结合起来，家庭成员才能在家庭中确定自身的"坐标参数"。虽然"伦"是一种客观事实，但是它仍然需要证明自身的合道理性，因为事实并不必然具有最终的、不言自明的正当性。由于合道理性的内涵是"好"，更是价值上的好——善，因此，"伦"必须让自身处于善的状态。然而，"伦"又是一种客观事实，它无法直接转化成善的存在状态，因此，唯有通过让每一伦常关系成为善的，才能使伦常之"整体"成为善的。每一伦常关系如何成为善的？它必须是正当且合理的，即每一伦常关系必须是符合道理的，由普遍的道理来保证伦常关系是善的，此即"伦"之"理"，它为家庭内部的伦常关系提供合道理性的说明和保障。所以，伦之客观秩序与理之普遍价值结合起来成了家庭成员的本质规定性。

二　家庭成员之德性：爱，责任

最简单的家庭结构由一对父母和一个孩子组成。从"伦"的角度讲，父母之间的关系是夫妇之伦，父母与孩子之间的关系是父子之伦和母子之伦。夫妇之伦、父子之伦和母子之伦是客观存在着的事实，然而它们是否是好的或善的，将直接影响甚至决定家庭成员的道德水准和幸福程度。

自由且独立的男人和女人出于爱情而自愿地结为夫妇，因此，夫妇关系并不是在家庭关系内部才开始建立起来的，而是以男女之间的陌生、独立、自由为基本前提。问题的关键在于：男女双方如何可能心甘情愿地克服彼此之间的陌生感、独立性甚至牺牲个人的自由？唯有在没有自我的爱情中，当一个人爱上另一个人的时候，爱人不是被爱的对象，而是一个最美好的"世界"，双方无比愉悦地、毫无保留地失去自我，彼此的"自我"已经完全消散在爱意之中。然而，从爱人过渡到夫妇，显然不是通过爱的加深就能达到的，因为作为爱人，男女只需相互确证和承认即可；但是，爱人要成为夫妇则必须经过"第三方"的见证，"第三方"可能是神、神性存在者、天、地、父母等，其本质是将彼此间的"承诺"客观化为"责任"，因为夫妇之间的责任根源于其爱的客观化表达，所以，婚姻是爱情与责任的结合体。

对家庭共同体而言，女人或女性甚至是其"守护神"或"灵魂"，因为"女人的最高品质表现在她与他人的关系上，这种关系以她的情感为纽带。她是大自然赐予全人类的保姆。她负责照看无助者，滋养并珍爱我们所爱的那些人。她是家庭的管理天才，在那里，她创造着适合最佳品格养成和生长的恬静而惬意的氛围。在体质上她非常富有同情心、温和、忍耐和自我牺牲精神。爱恋、希望、信任，她的眼睛在任何地方都散发着光亮。它照亮寒冷并使之温暖，照亮痛苦并使之缓解，照亮悲哀并使之欢愉……女人被称为'不幸者的天使'。她总是准备去帮助软弱者，扶起跌倒者，安慰痛苦者"①。可以看出，相比于男人，女人的总体特征更倾向于运用其情感与他人建立联系：通过其情感能力，为家庭成员的品格营造舒适安详的成长氛围；进一步，将自己的同情心、爱护心和自我牺牲等情感奉献给他人，使他人得到帮助、安慰，感受到慰藉、温暖。所以，女人不仅是家庭的主导者，还是不幸者的福音，因而能够呵护整个人类的成长。

拥有了子女的夫妇才会被称为"父母"，孩子因继承夫妇的血缘或被夫妇抚养才成为其"子女"，因此，父母和子女必须通过对方才能获得自身的规定性。在血缘关系中，父母是子女的生身父母，父母给予自己的孩子生命和身体；由于生命和身体是一个人得以生存的前提，因此，子女无法斩断其自身与父母的血肉联系，同样，子女作为父母生命和身体的延续，父母也无法断绝自身与子女的血脉联结；由此，父母与子女一起处于不可分离的生命、身体共同体中，任何一个家庭成员的身体遭到伤害甚或死亡，都将损害家庭共同体的完整性。但是，具有血缘关系，却不一定能建立真正的家庭关系，因为具有血缘关系的家庭只是一个潜在的家庭，它还没有将自身现实化为真实的"家庭生活"，因此可以说，血缘不是家庭之所以为家庭的必要条件。与此相对，没有血缘关系的长辈和晚辈之间，通过具体生活中的抚养行为——呵护晚辈的身体、生命和精神的健康成长，仍然可

---

① ［英］塞缪尔·斯迈尔斯：《品格的力量》，王正斌、秦传安译，中央编译出版社2007年版，第374页。依据英文原文，对引文略有改动。

以建立起亲密的父子关系和母子关系。由此可见，血缘并不是家庭得以建立的必要条件，因为与生理性的血缘关系相比，抚养关系在家庭关系中具有更为根本的作用。抚养关系通过抚养行为体现出来，但是抚养行为的真正动机和动力需要更进一步的考察。长辈如何会全心全意地养育晚辈？除了对血缘传承的保护——其实质是一种生物性的本能——之外，就只剩下对人之生命和人自身之价值的无限热爱，出于爱，以爱人为动力，才可能做出真正的抚养行为；但是，爱作为一种情感，缺乏稳定性，容易出现"过"（溺爱）或"不及"（冷漠），因此，为了使爱稳定且适当地释放，便需要客观的标准对其进行保障和限制，最直接的方法是将爱客观化为具体的责任，责任出于爱却能反过来约束爱，约束爱是为了保障爱的准确表达。所以，父母与子女之间的关系同样以爱和责任为本质规定性。

家庭之中的血缘、身体、生命等是与"伦"相关的客观存在，然而它们是否是好的且善的，则需要追溯"伦"之"理"，即"伦"之合道理性根据。男人与女人因爱情而结合成一体，长辈与晚辈因无限的关爱而生活在一起，同时承担起各自的责任，故而，"伦"之"理"包含非理性或高于理性的爱（情理）和客观化的责任（道理）。对家庭而言，"伦"是一种客观的自然秩序，"爱是秩序的一部分。秩序是早已被排定了的，爱只可以在秩序的范围内成长"①。所以，再次说明家庭是事实之"伦"与合情合理之"理"融合而成的伦理共同体。

承认"伦"之客观性和认同"伦"之"理"，成了家庭成员之德性的直接来源——把"伦序""爱"和"责任"内化为自己的生命本性。在此过程中，他们不会发动自己的反思能力，去思考和批判伦理共同体的正当性，因为在家庭之中，家庭成员无法跳出家庭，无法将自身从家庭整体中区分出来，无法把家庭视作自身之外的对象，其本性与家庭的伦理本质是同一的，其精神世界被伦理精神占据，或者说其个人精神与伦理精神是一致的，二者的关系为前者是后者的子集，因此，家庭成员的德性完全由家庭伦理精神确定。此处"道德"与否的评判标准在于：是否与伦理共同体的精神规定相一致？所以，在家庭之中，必须基于家庭整体的伦理关系来界定每一家庭成员的道德属性。

---

① ［德］伯特·海灵格：《爱的序位：家庭系统排列个案集》，霍宝莲译，世界图书出版公司 2005 年版，第 33 页。

对于家庭伦理关系的维持，培育家庭成员的内在德性只是初步的要求，更重要的是从德性引发出真实的道德行动，因为没有行动力的德性，仅仅只是一个善良的愿望，或者说不是真正的德行。只有家庭成员能够把爱和责任持续地展现出来，才表明这类德性已经成为其稳定的品质：作为父母，出于爱与责任将自己的孩子带到世上，必须照顾其身体，养护其心灵，培养其德性情操，通过以身示范去引导和培育孩子的道德品质；作为子女，必须在一言一行中敬爱自己的父母，感激他们，敬重其人格，出于爱和敬重去孝顺和赡养他们。所以，德性是道德概念和道德行为的统一体，家庭成员的德性只能通过具体的道德行动来确证自身。

由于道德的内涵是"全体"之善，因此，家庭作为全体的一个环节，其道德或德目在每个家庭成员之善与家庭共同体之善的联结中获得规定性。将家庭整体之善作为行动的动机和目的，是家庭成员成为道德存在者的最根本依据，因为家庭成员之善是在家庭的伦理氛围中被培育起来的。如果每一个家庭成员都以家庭共同体的善为其思想（动机）和活动（行动）的基础，并为家庭之善做出了真实的行动，同时家庭成员之间亦是以善相待，那么他们将获得自身的道德规定性和道德价值。"从有形上而言，家不只是让我们居住，延续我们的生命，维持我们的健康，最重要的是家庭中每一分子，应该共同护持家庭的需要，共同为家庭制造欢乐……营造居家品质；有幽默感，带给家庭欢乐的气氛。就无形上来说，家是由相互关爱、相互依赖所凝聚的。若要家庭幸福美满，成员相亲相爱，彼此之间，要有互相体贴、扶持，互相尊重、包容等良好的互动关系。"① 所以，在家庭伦理的培育、习染和熏陶中，家庭之"伦理精神"天然且自然地成为家庭成员的内在品质和行为习惯，也就是说，伦理内化为他们的德性，并通过其活动现实化为道德行动。

三　家庭成员之幸福

在家庭之中，若一个人成了道德性的存在者，即具有善性的存在者，能否判定他就是一个幸福的存在者？或者说，家庭成员的道德活动能否使其享有相应的幸福生活？家庭成员若承认"伦"的客观性，认同"伦"

---

① 佛光星云：《佛教谈家庭》，载《佛陀真言》（中），上海辞书出版社 2008 年版，第 85—86 页。

之"理"的正当性，并依照"伦"和"理"的本性而行动，那么他就是具有德性的存在者，故而，在家庭共同体之中，伦理与道德之间具有直接的同一性，服从伦理规定就是道德的，做出道德行为就是在体现伦理之要求，概言之，家庭共同体天然地建立在家庭成员之间的伦理规定性和道德规定性之上，因此，家庭直接是伦理的和道德的。伦理和道德存在的意义是让一个"全体"处于价值上好——善——的状态，因此，对每一个家庭成员来说，家庭首先将成为一个价值上善的"全体"，否定家庭共同体的伦理和道德，不但否定了家庭的善性，更否定了家庭得以存在的根基——没有"伦"和"伦"之"理"，家庭便不会出现，没有家庭成员的德性、德行，家庭必将分崩离析，也就是说，家庭之伦理和道德不但是其价值基础，而且是其存在基础。

由幸福是"全体"之"好"——认识、描述和事实之好——可以推知，家庭成员的幸福以家庭处于好的事实状态为前提，由于伦理和道德是家庭的存在根据，好的事实状态以善的存在状态为基础，因此，家庭成员的幸福以善的伦理和道德为事实性前提，每一家庭成员只能以自身的伦理本质和道德规定来追求幸福，由此才能获得圆满感。"当每一个属于家庭系统的人在你心中都有一个位置时，一种圆满的感觉便会涌现。这就是圆满或是完美的真正意义。只有当你感觉到完整时，你才能够自由地继续发展向前迈进。如果在你的系统中就算只是缺少一个人，你都不会感到圆满。"① 所以，在家庭里，当家庭成员是一个道德的存在者时，他同时就是一个幸福的存在者，道德与幸福在家庭的伦理性中获得了同一性。

然而，随着子女精神的成长，他/她的自我意识逐渐确立起来。在此之前，他/她只意识到家庭整体的"好""善"是其思考和行动的标准，只知道服从家长的意志，因为在他/她的精神世界中，还没有形成自我；由于没有自我，便没有自我与家庭共同体、父母相对立，家庭共同体的伦理精神直接就是其"自我意识"，这种意识无法将家庭作为反思对象；没有反思便没有批判，在此阶段，家庭不容许被批判，而且必须被认同，因此，对孩童时期的子女来说，家庭是一种神圣的存在物。子女之自我意识的出现，根源在于他/她发现了不同于家庭的共同体或存在物，这一事实

---

① ［德］伯特·海灵格：《爱的序位：家庭系统排列个案集》，霍宝莲译，世界图书出版公司 2005 年版，第 258—259 页。

促使他/她将家庭共同体作为对象来看待，家庭作为对象被确立之时，其"自我意识"便诞生了，继而其"自我"出现了，因为被意识到的自我才是真正的自我，"自我意识"在进行意识之时才意识到"自我"，因此，"自我意识"比"自我"更具优先性。

子女之自我意识的确立，意味着他/她拥有了与父母一样的思维能力，他/她将重估自身在家庭共同体中的位分，思考父母意志的合道理性，继而对家庭之善好提出自己的见解。至此，每个家庭成员都能将家庭作为对象来思考，并重新审视家庭的善和好即道德和幸福及其统一性。

四　家庭共同体的德福同一性历程

以家庭成员的意识是否成长为自我意识，以及家庭成员是否成为独立的自我为界，家庭之德福关系分为"每一家庭成员的德福同一性"与"家庭作为一个整体的德福同一性"两大类型，并经历原初同一、分裂对立和新的统一三大阶段。其总的特征为，"家庭是悲惨的地狱，或是欢乐的天堂；眷属是善人聚会，或是怨憎相会，端在我们一念之间……要让家庭幸福和乐，柔软、慈悲心是不二法门。眷属之间，多一些赞美的声音，多一些关怀的温情，多一些互助的行动，多一些忍耐的智能。彼此相互学习，常怀惭愧、感恩之心"①。

在最初阶段，家庭成员以家庭共同体的善好为意识和行动的唯一目的，因为家庭成员的意识由家庭整体的伦理精神规定，是否与家庭共同体的伦理要求符合，成为评判家庭成员之意识是否具有正当性的标准，或者说，家庭成员的意识将家庭思考为"全体"，此"全体"的善好决定了家庭成员的道德与幸福。家庭的事实基础是"伦"，其合道理性根据是"伦"之"理"，因此，家庭是一个天然的伦理共同体，又由于家庭成员的德性得自家庭伦理的培育、熏陶和内化，因此，在家庭里，伦理与道德具有完全的一致性，即家庭整体的善与家庭成员的善是一体的。另一方面，若家庭成员不以家庭整体的伦理要求为意识内容和行动目标，不去做出真实的道德行动，甚至损害家庭的伦理氛围，那么家庭整体和家庭成员都将变得不幸福，因为"伦"和"伦"之"理"不但是家庭的价值根据，而且是其存在

---

① 佛光星云：《佛教谈家庭》，载《佛陀真言》（中），上海辞书出版社 2008 年版，第113 页。

基础，没有"伦理"和家庭成员之道德，家庭不仅无法更善更好，更将面临自身的消亡。所以，在家庭成员和家庭整体的"自我意识"生成之前，家庭中的伦理就是其道德，伦理道德就是其幸福，三者是完全一致的。

随着家庭成员之自我意识的出现，每个人都将重新思考家庭内部的伦常关系和家庭整体的善好。在原初阶段，家庭成员的意识世界被家庭的伦理精神完全同化了，家庭的伦理安排直接是家庭成员的德性，善即合乎伦理的要求，家庭的幸福直接决定家庭成员的生活质量，而幸福的前提是依照伦常秩序而行动，因此，家庭整体的善好单向地决定家庭成员的道德、幸福及德福同一性。但是，一旦家庭成员形成了自我意识，他就会把自身视为一个自由独立的"自我"，自我的形成意味着家庭整体是一个相对于自我的对象，家庭的伦理精神需要经过自我意识的考察之后，才能进入家庭成员的自我意识中，继而成为其自我意识的规定性。至此，每个家庭成员只能从自己所理解的家庭整体之善好出发，由此形成了不同的伦理知识和伦理安排；此中的关键在于，"伦"作为客观事实，是一切思考的前提，无法被更改，然而对于"伦"之"理"却可能形成不同的阐释路径；作为长辈，由于长期的伦理熏陶，以及此伦理氛围把安全感和秩序性带给了他们，使他们会保护既有的伦理规范，要求晚辈服从传统的伦理习惯，由此，家庭中的长辈往往是家庭伦理精神的捍卫者；然而，作为具有自我意识的晚辈，他们会重新反思"伦"之"理"和自身的德性，并以此为根据，对长辈的伦理优越性或伦理权威提出质疑；由此，长辈与晚辈之间的伦理冲突，反映了"原初的伦理同一性"与"反思的伦理同一性"之间的不一致性。在家庭中，伦理道德之"善"即幸福之"好"，因此，伦理认同上的分裂必然导致不幸的发生，"家庭内部出现的悲剧，往往是因为后人违反原始的秩序，意思是他做了本应属于前人份内的事情"①。

家庭成员之所以能够反思家庭整体的伦理性，是因为家庭成员生活在家庭之中的同时，也生活在社会中，由此他获得了不同于家庭内部的视野，能够在社会中将家庭作为对象来打量。无论家庭的实际状况是好还是坏，家庭成员都无法置之不顾，行动上的不作为或拒斥，并不能消解对家庭之良好状态的期待，因为家庭是一个人生命和身体的来源，也是其原初

---

①　［德］伯特·海灵格：《爱的序位：家庭系统排列个案集》，霍宝莲译，世界图书出版公司2005年版，第35页。

的精神世界，否定家庭或家庭的瓦解，使他不但在现实生活中无家可归，其精神生命也难以得到安顿；而且只有家庭才能使其死亡具有最根本的伦理意义，"家庭不仅属于生者，同时也属于亡者。阴阳两隔，隔不断血浓于水的亲情，生者对死者在另一个世界的生活关怀"①，因此，家庭是现实生活的一个必要环节。与此同时，家庭不是经验生活的全部环节，它作为一个统一的整体，其德福同一性必须以社会生活为前提，正如"抚育一个孩子，需要整个部落的协助"（非洲古谚语）②，一个家庭要形成良好的状态必定离不开良序的社会生活；由此，家庭的伦理道德和幸福便具有双重性质，一方面具有在家庭内部的规定性，另一方面是社会伦理和法律规范对家庭的规定，也就是说，当家庭成为社会生活中的家庭，其伦理道德才有更大的普遍性和合道理性，其幸福才有保障。所以，在社会生活中，家庭的道德与幸福才能获得新的、更普遍的同一性。

第二节　"规则共同体"阶段

随着子女的成长、家庭成员之自我意识的生成，家庭的分裂将无法避免。在经验世界中，不只存在着一个家庭，家庭成员不仅要与家庭共同体本身、其余家庭成员发生联系，而且会遭遇其他家庭及其成员，除了联姻行为和友谊活动，任何两个家庭之间、任何两个人之间的关系都是陌生的；在陌生人之间，要么不发生交集，要么基于基本的尊重和社会规范对待对方，由于陌生人之间不存在以血缘为基础的、客观的"伦"，因此，这里的尊重和社会规范无法以"伦"、"伦"之"理"为前提，而是以对人自身或人格的尊重为根据。然而，这种尊重只是人心中的内在意识，不同于家庭中客观实在的"伦"，它具有主观性，也就是说，人也可能不尊重别人；"不尊重别人为人"的生活方式，只会造成人与人之间的冷漠甚至伤害，由此为了克服"尊重"的主观性，必须将内在的尊重意识客观化为社会的公共规则，而没有客观规则的社会生活和人际关系，终将导致社会的整体性败坏。

---

① 王利华：《中国家庭史：先秦至南北朝时期》，广东人民出版社2007年版，第500页。
② 转引自佛光星云《佛教谈家庭》，载《佛陀真言》（中），上海辞书出版社2008年版，第84页。

一　规则共同体的代表：组织和国家

当家庭成员独立地进入社会生活之时，其自我意识才真正地确立起来，家庭不再是其精神世界和生活世界的全部内容和唯一目的，家庭范围内的伦理精神也无法继续保障其在社会生活中的德福同一性，因为家庭只是众多共同体之一；从社会的整体结构来看，家庭固然是社会生活的重要一环，但其他共同体并不是由家庭直接演化而来的，它们具有不同于家庭的独特属性，它们不可能被家庭替代，因此，一个人在这些共同体中的道德、幸福及德福同一性不等同于其在家庭中的情况。从家庭成员过渡到独立的个人，个人意识到家庭曾经是自己身处的"全体"或最大的"一"，其道德和幸福在家庭成员与"全体"的伦理关系中获得了相应的规定，并且二者也在伦理性的"一"中实现了统一；然而，一个人不可能永远处于家庭的保护之中，他必须独自地面对和承担自己的生活，为此，整个社会生活逐渐地成为其意识活动和现实活动的"全体"。

当一个孤立的个人遭遇另一个孤立的个人时，他们首先必须为保持自身的存在而奋斗。消灭对方是其中的一种策略，此种方式将使任何一个人，哪怕是最强大的人也始终处于战斗状态，伤害和剥夺别人的生命已然是不道德的行为，身心一直处于极度紧张状态的人亦无幸福可言，既不道德，又缺乏幸福，何谈两者的同一性！而且力图消灭他人的个人，在否定他人生命的同时失去了获得别人承认的可能性，他永远只能自我肯定，或被他人否定。与此相对的方案为，个人与个人之间采取合作态度，包含鼓励善好和惩罚恶坏，由于个人与个人没有处于天然的伦理场中，无法通过"伦理默契"规范彼此的行为，所以，需要经过双方的交流、宽容和妥协来达成一定的"共识"，并将这些共识客观化，即呈现为客观的规则。

个人与个人通过承认客观规则的有效性而处于"规则共同体"中，与家庭中的伦理关系具有绝对的优先性不同，规则共同体在时间序列上后于规则的制定，但是如果不预先设定某个规则共同体的理念或目的，那么与此共同体相适应的规则将无法被思考、讨论和确定。在经验世界中，从"属人共同体"的范围讲，其极小值至少由两个"个人"组成，其极大值由全人类构成；就共同体之规则的强力程度而言，法律具有最大的现实约束力，它是一种强规则，是一种"必须"，而社会生活中的规范是一种弱规则，是一种"应该"，起着引导个人行为的作用；最大的规则共同体与最强约束力的规则结合在一起形成了"国家"，国家"是政治体中特别与维持法律、促进共同福利和公共秩序以及管理公共事务有关的那一部分。国家是专从事于整体利益的一个部分……它卓越地体现了理性……受法律和一个普遍条例体系约束的理性活动"①；其他建立在弱规则、规范基础上的共同体就是各种不同的"组织"②，这些组织同时要服从法律的规定，至少不能与法律相冲突。

　　社会之所以需要规则，原因在于社会生活中随时随地都会遭遇陌生人。虽然可以设想每个人都是真实的人，过着真实的生活，有自己的家庭，尊敬家里的长辈，爱护自己的晚辈，但是在此瞬息万变的世界中，一个人与另一个人更多的是擦肩而过，只留给对方一个模糊的影像，抑或什么也没有留下，此生再无交集，连初步的认识关系都达不到，何谈建立深度的伦理关系；即使一个人意愿尊重和热爱每一个人，然而没有对方的回应，他也只不过是在与一个没有任何具体规定的、抽象的人打交道；也就

---

　　①　[法] 马里旦：《人和国家》，沈宗灵译，中国法制出版社 2011 年版，第 11 页。

　　②　对组织的描述、理解和阐释，存在着三种基本路径。第一，组织是一个"理性系统"，"组织是有意图地寻求达成相对具体目标的集合体。在某种意义上，组织是'有意图的'，即是说参与者的活动和相互关系都被协调起来，用以达到特定目标。目标的具体性则表现在：目标是明确的、定义清晰的，而且为各种活动提供了明确的方向。组织是形式化程度较高的集合体。参与者间的协作是'有意识的'和'审慎的'；人与人之间的关系结构是清晰的，而且可以'有意图地被建构和重构起来'……组织结构的形式化程度表现在：其指导行为的规章被准确且明确地阐述出来，其角色和角色关系并不依赖于该结构的个人特质和个体间的关系"。这一理解模式强调人的理性对共同体之目的和规范、规则的设计能力，同时强调组织成员受组织目标的引导，其行为服从组织的规范和规则，即重视组织的规范结构。第二，组织是一个"自然系统"，它指出，组织的理性系统解释太过理想，因为在具体的行动中，"目的变得更为复杂、分散、不同和易于变化；参与者（组织成员——引者注）被看作是受其自身利益驱使，同时也企图将其加于组织之上……组织本身就是一笔巨大的资产和一项宝贵的资源。组织并非只是有助于完成其他目标的手段，组织的维护和加强也是其自身的发展目标。因此，非正式的和人际关系的结构比正式的结构更为重要，而正式结构常被看作是一种装饰性的华盖，掩饰了'真正'的议事日程和结构"。这种理解模式侧重于组织者真实的行动结构，即组织成员为了自身的利益诉求而将组织本身视作一种资源。第三，组织是一种"开放系统"，前两种观点"把组织看作是一个封闭的体系（将其与所处的环境割裂开来），且具有稳定的、容易认同的参与者。然而，组织并非是与环境割裂的封闭体系，而是开放的且依赖于外界的人员、资源和信息的开放系统。从开放系统的角度来看，环境影响、支持且渗入了组织。与'外界'要素的联系会比与'内部'要素的关联更关键"，也就是说，"组织是与参与者之间不断变化的关系相互联系、相互依赖的活动体系；该体系植根于其运行的环境之中，既依赖于与环境之间的交换，同时又由环境建构"。[美] W. 理查德·斯格特：《组织理论：理性、自然和开放系统》，黄洋等译，华夏出版社 2002 年版，第 23、24、25、26 页。

是说，与传统的伦理性社会、熟人社会不同，现代社会以原子式的个人、陌生的人际关系为事实前提。在传统社会里，大多数人一生都生活在相对固定的伦理场域中，其中的伦常秩序、伦理规范、伦理氛围和习俗，都已经自然而然地内化为每个人的道德品质和行为法则，如果有人违反了此场域中的伦理习惯，他将遭受相应的惩罚，因为伦理场域中的伦理规定具有强约束力，并且是客观的法则。因此，在熟人社会中，从家庭的伦理要求推演出某个区域的伦理规范，再将伦理规范提升为客观的公共法则，就形成了客观有效的约束力。

　　当一个人从家庭进入社会的时候，他便失去了由家庭共同体提供的伦理庇护，社会生活中的不确定因素向他扑面而来，尤其是比他更强大的个人、组织和国家的出现，使他处于弱势地位，如果这些异己的存在者或存在物作恶，那么他将很难通过自己的力量保障自身的安全，由此，需要在学理上论证每个人都具有不可剥夺的价值和尊严，以及每个人的"普遍人格"都平等地参与了组织和国家的整个建构过程。无论从逻辑推导的角度还是在现实生活中，个人相较于组织和国家都是弱小的，因此，在制定规则的时候，首要限制的是组织和国家的权力，以保障个人在这些"全体"的强力面前不受侵害；在个人与"全体"发生冲突的时候，如果双方的理由具有同等程度的正当性，那么，要优先维护个人的权益。①

---

　　①　对此，诺齐克（Robert Nozick）给出了一种经典的辩护立场和理由："对行为的边际约束（side constraints）反映了……康德式原则：个人是目的而不仅仅是手段；他们若非自愿，不能够被牺牲或被使用来达到其他的目的。个人是神圣不可侵犯的。""为什么一个人不可为了较大的社会利益而侵犯个人呢？……为什么不能同样坚持：某些人必须付出某种代价，以使其他人得到较大利益和带来普遍的社会利益呢？因为并不存在为它自己的利益而愿承担某种牺牲的有自身利益的社会实体。只有个别的人存在，只有各个不同的有他们自己的个人生命的个人存在。为了别人的利益而使用这些人中的一个，利用他去为别人谋利，不用更多，这里所发生的就是对他做某件事而目的却是为了别人。谈论一种全面社会利益就属于这种事情。[有意地？]以这种方式利用一个人，就意味着没有充分地尊重和理解他是一个单独的人，他的生命是他拥有的唯一生命的事实。他不能从他的牺牲中得到一种超额利益，故而没有任何人有权把这一牺牲强加给他——而一个国家或政府尤其不能要求他在这方面的服从（当别人并不如此做时），因此，国家必须小心谨慎地在其公民中保持中立……对我们可以做些什么的道德边际约束，反映了我们的个别存在的事实，说明了没有任何合乎道德的拉平行为可以在我们中间发生。我们中的一个生命被其他生命如此凌驾，以达到一种更全面的社会利益的事情，绝不是合乎道德的，我们中的一些人要为其他人做出牺牲，也绝不能得到证明。以下这一根本的观念：存在着不同的个人，他们分别享有不同的生命，因此，没有任何人可以因为他人而被牺牲——这正是道德边际约束存在的根据……它也导向一种禁止侵犯另一个人的自由主义边际约束。"[美]诺齐克：《无政府、国家与乌托邦》，何怀宏等译，中国社会科学出版社1991年版，第39、41—42页。

　　虽然现代国家得以建构的逻辑起点是个人及其基本权益——生命、财产、安全、自由、平等，但是在现实生活中的人，他一出生甚至早在胎儿状态就被置于某个国家的规范体系里，其中的法律和规范已经是一种客观的规则，每一个人是否真实地参与这些规则的初次制定，不是最重要的事务，重点在于拥有自我、自由意识的每个人是否可以对它们进行推导和批判，也就是说，一个具有正常思维能力的人能够合乎道理地理解和反复论证国家的法律体系；一个法律体系经受了合道理性思维的严格审视，仍然能证明自身具有正当性，并具有自我修正能力，即从其最基本原则出发审查每一条文的正当性和合理性，才可能获得每个人的承认和认同。以"国际法"为基础的跨国机构（如联合国、国际法庭）在理念层面高于国家，但是在现实的政治生活中，国家的宪法比国际法发挥着更普遍、实在且有效的作用。因此，真正讲来，法律规则得以运作的最大载体是国家，或者说基于法律规则所形成的最大共同体是国家；而通过各种规范形成的各种组织，要么在国家之中，它们自然不能与国家的法律相抵牾，要么在国家之间，它们同样不能消解每一国家法律的有效性，也就是说，组织在服从法律规定的前提下遵循自身的规范，与此同时，"在一个多元地组织起来的政治体里，也许将有可能使国家成为一个最高机构，它只关心对产生于自由的各种组织的成就进行最后监督，这些组织的自由的相互作用表现了一个在根本结构上完全合乎正义的社会的生命力"①，因此，组织之于国家依然拥有其独立性。

二　规则的目的：幸福

　　与家庭共同体不同，规则共同体并不是天然的伦理共同体，因此，其成员不能用家庭的伦理标准来确立它的建构原则：家庭以整体的伦理秩序为先决条件，而组织和国家以个人的权利为逻辑起点；虽然二者可以在更大的共同体中获得统一，但是就人的社会生活而言，规则共同体与家庭共同体均无法替代对方，它们各自拥有发挥自身作用的区域。一个人在家庭之中，既获得了伦理安全和道德品质，又享有了幸福的生活，善与好在"伦理安排"中实现了同一性，伦理、道德与幸福三者一体贯通；然而，家庭整体的道德和幸福还需要放到社会层面上考量，即家庭成员在转变成

①　[法]马里旦：《人和国家》，沈宗灵译，中国法制出版社2011年版，第20页。

社会成员之后，要在家庭的德福同一性与社会的德福同一性之间寻求和谐状态。

在伦理规定无法发挥强力作用的地方，个人与个人之间必须制定相互承认的规则或契约，并以书面形式确立下来，使其具有客观实在性和真实的效力；否则，面对残酷的生存竞争，人与人之间的争斗、伤害甚至杀戮将在所难免。因此，制定规则的消极意义在于防止伤害，使人得以存活下去。在人的生命和身体得到保护的前提下，个人希望获得更大的自我发展，由此，人与人之间将制定更多的规则，使社会更有序，即社会成为一个好的"全体"，良序社会才能为大多数人的极大幸福提供保障。

当一个具有独立意识的人从家庭中脱离出来之后，他似乎能够自由地生活在一个"社会"中，这个"社会"是一个无限广阔的世界，他渴望在这个世界里创造自己的幸福。但是在经验生活中，没有任何界限，便什么都不是——没有规定性，什么也不能成就，最终连事物自身的存在都无法被保存；也就是说，个人在现实生活中追求绝对自由，不但会侵害他人的自由领域，而且将失去自己本有的"领地"，因为他人也可以借自由的名义，打破一切阻碍自由的存在者和存在物。因此，"划定界限"是人类的经验生活得以成立的前提，即人类为了能够自由地生活而必须限制每个人的自由，为了自由的实现而必须设定种种限制。那么，怎样划出界线？之所以要厘清界限，是因为人类在某个区域中需要过一种共同生活，或者说使人类的某种共同生活得以可能，而共同生活必须以客观的规则系统为前提，即预设一种共同生活的概念，然后依照此概念制定规则，通过规则的客观化及其客观效力使共同生活得以实现出来。由此，共同生活的概念和实现此概念的规则系统一起确立了界限。

如果说家庭的伦理规范具有天然性，那么在人类的经验生活中，界限之设定更多的是人之意志努力的结果。在所有人为的努力中，国家是最大最普遍的人工物。既然国家是人为活动的产物，准确地说，是某一人群按照某种国家理念，制定种种规则特别是法律而形成的共同体，那么此国家的存在便是为了这一人群"好"，继而使其生命和生活达到更好的状态，否则，国家将会沦为其成员的异己物，演变成绝对的统治力，其成员的幸福也只在于与国家的意志完全符合。"国家不过是一个有资格使用权力和强制力，并由公共秩序和福利方面的专家或专门人才所组成的机构，它不过是一个为人民服务的工具。使人为这一工具服务，是政治上的败坏现象。人作为一个个体是为政治体服务的，而政治体是为作为一个人的人服务的。但人决不为国家服务。国家是为人服务的。""国家是低于作为一个整体的政治体的，并且它服务于作为一个整体的政治体。""人民或政治体的权利并不而且也不能转让给或放弃给国家……'国家'是一个单纯的抽象体，这一抽象体既不是一个道德的人格者，也不是一个权利主体。属于它的权利并不是它本身的权利；它们是政治体的权利。"①　因此，规则即法律本身（宪法）的合道理性应当高于国家的合道理性，以便对国家本身形成限制；也就是说，虽然国家的观念先于构造国家的规则，但是规则本身的合道理性比国家自身的合道理性更为根本和普遍，以此才能限制现实的国家异化为恶的势力，或者对恶的国家进行相应的惩罚，其前提是形成这样一种观念，"国家是功能性的存在"，"使人们改变仿佛一切都是'为了国家'而存在、把国家作为独立变数而持有强大影响力视为当然"，"从明确国家功能性的观点看，'市民'或其他主体开始以某种方式成为公共性的承担者而发挥作用……通过限定和规定其功能（如国家对公共性的垄断——引者注）来恢复国家的功能性"②，只要"国家观念还没有在真实和真正的民主基础上被重申，只要政治体还没有重建它自己的结构和意识，从而使人民得以更加有效地行使自由，使国家得以成为一个实现所有人的共同福利的实际工具……只有这样，国家的最高职能——维护法律和促进政治体的自由发展——才会获得恢复，而公民才会重新获得国家意识。只有这样，国家才会达到它的真正尊严，这种尊严并不来自权力和威望，而是来自正义的发扬"③。

另一方面，由于国家在绝大多数情况下都能够被法律（宪法、国际法）限制，因此，国家依照法律能够为其成员的"好"或幸福提供基本

---

①　［法］马里旦：《人和国家》，沈宗灵译，中国法制出版社 2011 年版，第 11—14 页。这是国家的一种"工具主义"理论，它为真正政治（正义）的国家观念奠定了基础；与之相对的是国家的"绝对主义"或"实体主义"理论，这一理论认为"国家是一个权利主体，即一个道德上的人格者，因而是一个整体；结果是它驾乎政治体之上，或者整个地并吞了政治体，而且国家之享有最高权力是由于它自己的自然的、不可让与的权利，并最终为了它自己"，国家成为一种"绝对物"，成为绝对物的国家使自己代替人民，让人民远离政治，其最坏形态是"国家极权主义"（《人和国家》，第 12—16 页）。

②　［日］佐佐木毅、［韩］金泰昌主编：《国家·人·公共性》，金熙德、唐永亮译，人民出版社 2009 年版，前言。

③　［法］马里旦：《人和国家》，沈宗灵译，中国法制出版社 2011 年版，第 16 页。

的保障和好的社会环境：真正的法律出自每个人的普遍意志，即符合人之意志的合道理性。由于国家是人类社会的最大共同体，因此，任何一个人都不可能脱离国家，且国家是一个人生存、生活和发展的最大平台，无此平台，人类的社会生活将立马坍塌。所以，一个人在社会生活中的最大幸福一定会推进到国家层面，由此，国家本身的好坏状况将直接影响其成员的幸福程度，反言之，作为公民需要站到国家的立场上，重新评估自身的权益，因为只有在一个更大更美好的共同体中遵循其规则，大多数人的幸福才能最大限度地实现。

在社会生活中，个人除了是国家共同体的成员，他还将与各种组织发生联系，甚至直接是某某组织的成员，"我们的社会是一个高度'组织化'的社会，我们所有的人都和某些组织相关联。我们中的大多数人都是组织的成员，都是组织产品和组织服务的用户"①。国家作为最大的社会共同体，它不会至少不是直接介入每一个人的具体生活，因为它是国民生活的服务者，而不是管理者。正是基于国家的服务属性，各种组织才能存在并拥有自由发展的空间。为什么人与人要形成组织？由于家庭提供的伦理保障是有限的，因此，自保和求"好"成了个人的本性，然而个人的能力总归是有限的，他需要像借助家庭共同体的力量一样借助其他"共同体"的力量。由此，个人与个人之间出于自保和求"好"的本性，确立起具体的规则，并以这些规则为根据建立起各种共同体——组织，"很多资源的分配实际上是在组织中进行和完成的。组织在个人的生活机遇和社会的资源分配中起到非常重要的作用，不研究组织就无法解释很多社会不平等问题"②。组织的形成反过来促成了组织规则的客观化，因此，组织成员若希望处于"好"的状态中，那么他必须遵守组织的规章制度："组织是通过群体努力完成特定目标的社会创造物……组织是社会的创造物或发明物。也就是说，组织最根本地是要求人而不是物的和谐。""组织不是人们任意组成的集合体。个人总是由于某种原因才结合成为组织。因此……组织都有自己的目标。"为了保证组织的持续存在，"组织成员必须忠实履行他们的职责"③。

① ［美］加里·约翰斯：《组织行为学》，彭和平译，求实出版社1989年版，第2页。
② 周雪光：《组织社会学十讲》，社会科学文献出版社2003年版，第7—8页。
③ ［美］加里·约翰斯：《组织行为学》，彭和平译，求实出版社1989年版，第8、9、10页。

三　规则的基础：道德价值

对于国家和组织而言，其规则系统是其客观保障，其成员若能遵守这些规则，那么国家和组织将处于"好"的状态，继而其成员的幸福也能获得相应的保障。经济、卫生、政府、非政府、慈善、文化、宗教等组织的存在涵盖了人类生活的方方面面，如财富、健康、权力、精神、信仰，其主题都是为了成就人类的幸福生活，因此，当个人与这些组织发生关联的时候，个人也是在求取自身的幸福生活。由此，个人和人类确立规则的目的都是过"好"的生活。"好"的内在结构是"对……好"，即对某个主体而言是好的，虽然每个人、每一组织、每个国家都会追求对自身而言是好的事物，然而个人、组织、国家互不等同，它们所求取的"好"必然存在着差别。虽然从范围的广度上讲，国家之好比组织之好、个人之好更普遍，似乎组织和个人要服从国家的整体幸福，然而每个个人才是实实在在的、无可替代的存在者，每一个人之好才是被真切地落实之好，因此，每个个人之好亦是普遍的。由此，从不同的逻辑起点出发，对不同层次的好将形成不同的理解，每一层次都把自身的好置于首要地位，在此理解支配下的行动将引发各种"好"之间的冲突。

国家、组织的构成规则源于防范人性向恶的倾向，或者人的趋恶意识。在家庭中，人的意识与家庭整体的伦理意识或伦理精神具有一致性，由于符合伦理秩序是善的，因此，人的意识处于天然善的状态。当家庭成员的自我意识出现之后，每一自我意识都想对家庭共同体之善作出自己的理解，然而它们都不是整全的伦理意识，或者说它们总是带着自身的片面性在思考家庭整体的善，由此呈现的状况为，不同的、善的自我意识之间总是发生着争吵和争斗。尽管诸自我意识在家庭共同体中存在着冲突，但它们是诸种善的思维和力量之间的对立，它们之间的和解是诸善之间的内部和解。然而，在自我意识超出家庭共同体之后，自我意识将遭遇其他自我意识，令自我意识不安的是，无法确知其他自我意识的善恶属性。由于其他自我意识与自己没有处于同一个伦理共同体中，至少可以预设其他自我意识不是全善的或不全是善的，即便它们在其自身所处的伦理共同体中是善的。与其纠结于如何分辨其他自我意识的善恶，与其停留在善恶不分的模棱两可状态，不如直接设定其他自我意识是趋向恶的。正是由于每一自我意识都有作恶的可能性和能力，所以，必须对其给予有力的限制，通过限制恶来促成善和好。

对于善，诸自我意识之间能够达成一定程度的共识，或者说，诸自我意识对于善的欲求是先天的，因为善能造就诸自我意识之间的和谐关系，因此，在对善的追求过程中，其他自我意识的行动可以被预知，也就是说，诸自我意识能够形成一种共生共荣的默契。这种默契使自我意识无须通过客观的限制，便能做出符合"共识"的行动来。但是，自我意识同样也可能趋向恶，由于恶的意念及其具体类型无法被确知，因此，恶消解着诸自我意识之间的基本共识，这意味着诸自我意识无法依靠默契而共在，由此需要另一种力量来限制恶的倾向和恶行：由善念来感化恶念，用客观的规则来制约和惩罚恶行。由于客观规则针对的是恶行，而不是恶念，因此，它只能在行为层面保持公正，而不能从恶念出发来评判行为的性质，否则，容易从恶的行为必然地推出行为主体的动机是恶的。所以，在社会生活层面，对于与善相关的意识和行动只能进行鼓励和引导，而不能强制要求，因为善并非通过客观规则才能确立，客观规则则以限制恶的倾向——恶念——为起点，但其有效性体现为对"恶行"的惩戒。

然而，客观规则如何能够限制恶？或者说，客观规则自身的合道理性何在？规则的客观作用在于，防止以恶对恶、以暴制暴，从否定恶的角度维护善，但它又不同于伦理共同体中对善的直接认同，因此，在善恶夹杂的世界中，规则只能以不偏不倚的公正为准绳，公正地对待善恶。由于伦理共同体中没有恶或者恶的力量很弱小，所以自我意识借助伦理之善便能克服恶。但是在社会生活中，自我意识面对着没有确定性和安全感的经验世界，善恶对它来说处于势均力敌的状态，它们中的一方很难消灭另一方：既不能因为善是最高价值，便强制要求每个人时时刻刻以善为动机并做出善行，即为了实现善，而把善客观化为教条；更不能放任恶的流行，虽然无法从心灵和意识中完全根除掉恶，但是必须对恶行进行惩罚，因为恶行是真实的行为，它已经伤害了其他人，为了避免类似的伤害行为再度发生，必须把对此类行为的限制确立为明文规范甚至律法。所以，规则从限制恶行的角度促进了善念克服恶念和善行的实施，也就是说，规则对公正的追求是成就善，因为公正本身就是一种道德价值，只是这种德性不仅属于个人，更属于作为整体的规则共同体，是自我意识从个人意识发展到社会整体意识的产物，即站在国家和组织的角度，公正地对待其中的每一个人、每一分善、每一分恶，同时每一个人必须清醒地意识到组织尤其是

"国家并不全然依赖道德力……它……比个人更服从关于存在的自然法则","国家应该成为道德的,争取实现与普遍道德法则的和谐,即使人们知道它永远不能完全达到它的目标,知道它总是必定有罪,因为严酷的自然必须迫使它如此","由'国家理由'激励的行为中,有着在自然过程与道德过程之间经无数阶段逐渐转化的可能性",因此,"除了必须终止对权势政治的错误理想化,还必须终止对国家的错误神化"①。

四　规则共同体中的德福同一性

规则并不外于个人精神,而是从个人精神中生长出来的,只是个人精神生长的"空间"已经超出了家庭共同体范围,它需要在更大的领域中认识自身,并思考自身的善和好。然而,并不是有一个现成的"社会"客观地存在于那里,等待着个人精神去认识,恰恰相反,"社会"本身就是个人精神的客观形态,只是个人精神将自身分裂为诸多个人精神,这些分裂的个人精神又以自身为出发点,带着自身的主观性和片面性。因此,"社会"存在于诸个人精神的共识性联系中,而共识性联系得以可能的根据就是规则,由此形成了规则共同体。规则共同体是人类范围内最大的"全体",当个人精神将此"全体"作为对象来把握时,或者说个人精神把规则共同体建立为有序的世界时,规则共同体就是一个好的"全体"。若一个个人能够遵循规则共同体的规则,那么他便因符合"全体"之好而享有好的存在状态——幸福;若个人只为自身的幸福而筹划和行动,只想从规则共同体中实现自己的幸福,那么规则共同体将成为争夺幸福资源的战场,其他事物甚至人都成为自己获取幸福的工具,"不尊重他人为人"不但不是不"好"的,更是不"善"(道德)的。因此,个人精神在确立规则的时候,必须预先将道德原则考虑在内,规则的作用是为了保障个人的幸福,但规则的基础原则不能离开道德价值。

在家庭向规则共同体过渡的阶段,个人带着来自家庭伦理的道德品质投身于社会生活中,也就是说,个人首先是一个道德性的存在者。然而,他的道德属性以家庭为中心,他越是看重自己的家庭,便越容易把整个社会也看作一个大家庭,他会不自觉地把家庭的道德原则运用到社会生活

① 〔德〕弗里德里希·迈内克:《马基雅维里主义》,时殷弘译,商务印书馆2008年版,第586、591、588、591页。

里，以为通过家庭的道德力量便能使整个社会生活成为好的生活。但是，道德始终是人的内在品质，它不是通过将自身转化为客观规则来实现自己，而是基于个体生命对根本价值的自觉反思和认同。强行把道德要求转化为客观规则：一方面会使道德失去其主动性，变成外在的强制；另一方面，道德要求在家庭伦理共同体中是基本要求，然而在社会层面，他人是陌生人，对他人的道德要求和期待将是一种上限要求，其实质是要求人人都像天使、圣人那样行动，这是人的终极存在样态，只有极少数人才能真正地实践出来，对陌生人提出道德要求，只会引发对方的逆反心理，反而失去了道德提升人之品性的作用。而规则却在保护和实现着"底线道德"，道德需要依附规则才能发挥自身的作用，由于在原初的规则共同体里，个人的社会道德品质还没有培育起来，所以，在此阶段，个人的道德与幸福处于不对等的分离状态。

随着规则共同体的建立和成熟，对个人来说，规则既是一种客观的强制力量也是一种真实的保护力量，限制和惩罚恶并为人类的公共生活保驾护航，至此，个人的规则意识形成，认同和承认规则，继而转化为其内在的公共品质——公德。从表面上看，公德似乎来自规则共同体的培育和教化，然而真正说来，规则共同体本身必须以公德为基本的建构原则，没有公德精神，规则共同体的规则便不具有普遍性，譬如："国家的福祉本身并非仅仅通过权势，也通过伦理和正义来保障；而且说到底，这些东西的瓦解危及权势本身的维持。"[①] 之所以需要规则，是因为每个人都是独立的人或具有人格的独立性，且个人与个人之间必定会发生联系，无论是必要的还是偶然的。为了使此联系具有正当性和合道理性，必须平等地尊重每一个人，把其当成一个真正的人来对待，因此，需要确定各自行为的合宜限度，限度即界线，而界线由规则界定。如果只依据规则公正地对待任何一个人（陌生人甚至自己的敌人、仇人），那么规则共同体的公共精神就确立起来了，而自觉地服从公共精神即是人的公共品质。在此阶段，个人的公德符合规则共同体的规则，由此保证个人的公德与其所享有的幸福之间具有一致性。

规则共同体为了使自身获得确定性，它必须将自身的规则固定下来，

---

① ［德］弗里德里希·迈内克：《马基雅维里主义》，时殷弘译，商务印书馆2008年版，第54页。

由此规则共同体成了个人的真正本质，其规则成了人之行动的正当性根据，个人需要在此稳定的共同体中寻求自身的德福同一性。然而，正当规则共同体以自身为个人的稳定本质自居之时，个人精神立刻意识到了规则共同体的僵化，意识到它已成了个人成长的限制——规则的确立需要经过合道理性的论证，而论证的过程需要时间。因此，在新的规则确立之前，已有的规则已经滞后于个人精神的成长，即旧的合道理性开始失去自身的历史使命，但它依然占据在合道理性的位置上，对于个人精神而言，它成了外在的权威；由此形成个人精神与旧的规则共同体之间的冲突，个人不再将曾经的规则共同体视为自身"善"的根据和"好"的保障。

第三节　"生命共同体"阶段

家庭、组织和国家是个人精神建构起来的对象，是属于人的领域，并且它们必须通过人的经验活动才成为客观实在。当家庭、组织和国家具有了客观性，个人精神才拥有了真实的"活动场所"，个人对德福同一性的求取自然也发生在此"场所"中，因为个人凭借其精神与家庭、组织和国家的相互作用，生成了不同形态的道德、幸福及二者之同一性。道德和幸福的承受主体是个人或个人所组成的共同体，即人是其自身活动的唯一目的，至少是最高目的，无论这里的"人"是个人，还是团体抑或人类整体，其背后的思维和价值根据都是"人类中心主义"。一方面，基于个人、人类的有限性，认识论意义上的人类中心主义无法被完全克服，除非人类不存在；另一方面，也必须调整和修正价值论意义上的人类中心主义，从而为其他生物（有生命的存在者）"好"的生存状态和非生物（无生命的存在物）"好"的存在状态留下"地盘"。由此，人类与其他生物构成"生命共同体"，人类和其他生物与非生物联结成"生态共同体"。

在生命共同体阶段，个人除了追求属人的幸福外，需要兼顾其他生物的福祉（well-being），把其他生物当作"主体"，由此，人与其他生物建立起"伦理关联"，正如"为他人的幸福而奋斗或牺牲"是一种道德行为，关照其他生物的幸福也具有道德性。因此，基于对每一生命存在者的敬畏和理解，个人精神需要突破人类共同体，限制属人的幸福，拓展自身的伦理普遍性和道德品质，在生命共同体中追求更加普遍的德福同一性。

一　平等的生命权

依据个人精神对道德的考察，它与人类是最相关的，因为从道德的起源上讲，它由伦理习俗的内化而成，伦理习俗又以家庭成员之间的伦常关系和某个人流稳定区域的公共规则为基础，尤其强调"个人的道德品性"与"公共的伦理规范"之间的和谐一致。然而，人类并不是唯一具有生命的存在群体，这是不争的事实，除非人类能够证明自身是其他生物的主宰，或者它们存在的唯一意义在于对人类具有价值，唯有如此，伤害与杀死它们才具有一定的正当性；即便人类具有主宰其他生物的能力，也不能证明这种能力之真实运用是正当的，除非这种运用是为了更大的善而不得不采取的行动；更不消说，人类如何能证明自身一定比其他生物特别是未知的智能生命更高等，凭借人类在生物进化、智力、情感、思维能力等方面的优越性，便能推出人类在价值层面的绝对地位？进一步，若将人类与其他生物置于一个更大的整体之中，人类和其他生物只是其组成因子，人类虽然具有极大的能动性，然而如若这种能力不是用于整体之善，那么整体性的败坏将不可避免，因为人类为了自身的益处，否定其他生物，从而消解了它们之于整体的意义。然而，人类自觉或不自觉地都会以自身之"好"为行动的动机和目的，因为即便人类希望摆脱自身的主观性，"属人的视域"却从认识论角度否定了人类完全超出自身的可能性，即人类中心主义的视域总会与人类之有限认识必然地联系在一起。

人类中心主义强调人类与万物相异，且人类高于万物，万物为人类的利益而存在，万物之于人的工具价值大小决定其自身价值的高低，而去"人类中心主义"更关注人类和万物的相同相通之处，寻求万物之于人类的平等权和独立权；在经验世界中，人的生命是其存在的必要基础，否定人之生命则人类的全部价值将失去载体，同样，具有生命的存在者，其身体被人伤害，其生命被人终结，则它们的价值被人为地否定了。因此，为了打破或纠正人类中心主义，人类首先要尊重一切具有生命的物种，尽量不通过暴力手段结束其生命，因为人与其他生命存在者共处于一个比人类更大的"生命共同体"中。相比于其他生物，或许人类先天地具有各种各样的优越性，但是唯独在生命权方面，人类应当以"最小伤害"为基本原则，因为否定生命是一种残忍且违背人之德性的行为。

个人精神（个人或人类）若以人类中心主义为行动根据，那么它便具备了获取最大幸福的先决条件，因为万物都"为我所用"，"我"占有了近乎无限的资源，并且其他生物非但不能从"我"这里夺走任何有利条件，反而被"我"占有和利用，即"我"对它们拥有绝对的支配权。然而，通过剥夺其他物种的生命和福祉来实现人自身的幸福是不道德的行为，因为人与其他生命存在者构成了一个彼此联系的整体，一个具有生命力的场域。在此场域中，其他生物的生命权并不低于人的生命权，即便其他生物的自我认识需要通过人的自我意识来实现。生物意识不到它自己的"自我"，因为它意识到的"自我"与其他生物之"自我"没有区别，都是抽象的、服从求生本能的"自我"，或者它能意识到自己的"自我"，却无法区分其他生物的"自我"，人的自我意识能给一切生物的"自我"进行命名，由此，它们才成了独立的存在者。同样，其他生物也需要通过人的自我意识才能意识到它自己的生命，一个生物在其自身之中潜在地是一个生命，但是它之所以能够捍卫自己的生命权，除了依靠自身的天赋本能外，它仍然需要人类来为其生命权进行辩护。所以，其他生命存在者只有通过人类的精神，才能认识到自身的独立性和生命权，同时人类也意识到每一生物的存在无法被替代，人类可以为其他生物争取生命权，但无法直接创造其生命，生物的生命只在生物自身之中。由此，人类不但要尊重生命和敬畏生命，还要论证生物的生命权和独特价值。

在人类社会中，人与人之间的关系既有伦理性的善恶关联，又有非伦理性的规则联系：伦理之善的内化即道德品质，扩而言之，以善为根据的事物具有道德属性；依循规则而生成的好的状态即幸福，换言之，以好的状态为基础的事物具有幸福属性；为了他人的道德或善而采取道德行动是道德性的，为了他人的幸福或好而采取行动也有可能具有道德性质。因此，人的道德具有"善性"和"为他性"。与人类社会不同，人与生物之间无法形成互动的伦理关系，因为生物自身无法成为一个独立的道德主体，它无法主动与人建立善的联系，反言之，人类无法将自身的道德期待和道德要求投射到生物身上，生物只按照其自然本能而生存，它无法反思到自身行为的正当性，因此，人只能理解、尊重并遵循其自然属性。对生物自身而言，依从其自然本能而生存——趋利避害，虽然与道德无关，但却与其维持自身好的状态有关，如果人类能不干涉其自然状态——无为，甚至能促进其自然状态——好的作为，那么人类就是在促成生物的幸福状态。当人类的"为他行动"扩展到生物之良性存在方面，由于促进"他者"的幸福很可能是道德的,又由于生物世界属于非道德领域,因此,人类维护生物的"福利"便具有道德属性。

正是由于人类促进了生物的福利,人类的道德领地获得了新的拓展,反言之,人类的道德属性具有了更大的普遍性,同样,人类将幸福领地推廓至一切生命存在者身上,幸福概念也变得更加普遍。以此为基础,个人通过个人精神将两大领地收摄于自身之中,在更广阔的范围中寻求它们的同一性。

二 善待生物

由于维护生物之生存和福利(更好地生存)的人为活动具有道德意义,并且在生命共同体中,某一生物存在的意义和价值首先在其自身之中,因此,人类要么不去侵扰其原初的存在状态,要么如果侵扰不可避免,则必须尽可能地减少伤害,或者从生命共同体的整体和谐出发,适当地促进和改善某类或某些生物的生存状况。在人类广泛且持久地伤害生物的行为中,人类的饮食行为无疑具有最大的普遍性,特别是食肉行为。依据当代自然科学的基因谱系研究得知,相比于植物与人之间的相似度,动物与人之间具有更大的亲缘性。除去动物的自然死亡外,人类获得肉食的充分必要条件是杀死动物,在人类拥有其他替代方案——食素——的前提下,仍然大规模地屠杀动物,这类行为不符合生命共同体之共生共荣的伦理规范,因而是不道德的。反言之,素食主义将成为人类善待其他生物的第一步,它不是一个抽象的原则,而是正在发生的真实行动。虽然无法要求人人都成为素食主义者,即便从尊重和爱护人的生命推廓到尊重和爱护动物的生命,距离生命共同体的和谐繁荣仍然十分遥远,但是单单具有素食主义意识已经成为人类道德素质进步的一大标示。

严格的、绝对的素食主义者(strict vegetarian)不食用和不使用任何与动物(animal)相关的产品,部分素食主义者和素食主义派别甚至不食用特定种类的蔬菜、谷类、大豆和食盐等非动物性制品。一个经典的误解是"植物与动物同为有生命的存在者——生物,吃素同样会伤害或终结植物的生命",其实,素食主义对食用植物的内容和方法也有所限制,其根据为尽可能少地伤害"生命整体",即在不暴力(nonviolence)伤害和终结植物生命(如连根拔除)的前提下获取最基本的食材。①

---

① 参见冯契主编《哲学大辞典》(修订本),上海辞书出版社 2001 年版。

根据同类元素接近的原则，肉类食物更易为人类所吸收，同样，若肉类食物遭受了污染，那么对人体的危害也是最直接的。全球性的自然污染肇始于工业革命，经过近三百年的浸染，现时的自然环境（大气、大地、海洋等物理和化学环境）、植物、微生物、动物既受到了历史性的污染，同时又受到了时代性的污染。由于动物集自然环境、植物、微生物于一身，动物既吸取其营养，同时也摄入其污染元素，所以，动物自身已经成为有毒元素的核心载体和宿主。加之人的贪欲、科学技术和市场利益共同催促着动物的"生产效率"：人的贪欲寻求过度的、多样的肉食产品，科学技术提供"生长激素"和"抗病毒药物"，市场利益贪求最小的空间实现最大的产出和最短的时间达到最大的产能，动物不断被工具化、利益化和毒化，被虐待和被杀死，在这种极限性的透支中，动物成了这个时代有毒元素的集中载体。无论基于历史的理由，还是根据现时的事实，动物及其相关肉食产品比起植物及其相关制品被更大程度地污染和毒化了，所以，少食肉类和吃素能降低身体被伤害的概率。并且由于动物直接或间接以植物为食物，动物摄入植物所含有的基本元素，同时植物也吸收动物（如死后被分解）所含有的基本元素，所以，植物和动物所提供的营养成分之间没有本质区别。

在日常生活中，人类对越是类似自身的存在者越抱着同情的心理，因为人类身上天然就具有动物性，因此，人类与动物的亲近感是最强烈的。尤其是当动物在遭受疾病、疼痛、痛苦和死亡等极端状况时，人类几乎能感同身受，因为人类同样经历过和经历着类似糟糕的生命体验。一个肉食产品的呈现，便包含了一个动物一生全部的疾病、疼痛、痛苦和被死亡的过程，若能对其中任何一种不好的感受抱有同情心，那么人类理应减轻和减少它们可能遭受到的每一分痛苦。因动物的痛苦而选择素食不同于因动物被污染而选择素食：前者是基于同情心和感同身受，用最大的同情去感受动物的痛苦，用最大的心智去理解动物的痛苦，这是一种竭力突破以人类为万物中心的心灵努力和行动，"我们不仅与人，而且与一切存在于我们范围之内的生物发生了联系。关心它们的命运，在力所能及的范围内，避免伤害它们，在危难中救助它们"①；而后者依然将人类、个人的生命价值和生命质量放在中心位置，以此作为其思想、感受、行动的唯一动机

---

① ［法］史怀泽：《敬畏生命》，陈泽环译，上海社会科学院出版社1995年版，第8页。

和目的。

"理解生命，敬畏生命，与其他生命休戚与共"①，对待生命的基本态度反映着一个人和一个社会的文明程度。因为人的有限性，洞彻生命几乎不可能，又因为生命本身的力量，人类必须对生命给予足够的尊重——生命本身就值得被敬畏。理解生命的过程也是人类不断地自我反思和批判自己限度的历程，而其他物种作为有生命的存在者，其价值不能由人类单方面去评断。

三　不杀生

无论素食主义具有怎样的合道理性，它都无法要求每个人必须吃素，然而吃荤必然意味着杀生，由于人为的杀生行为会破坏生命共同体，因而是不道德的，因此，吃荤与不杀生无法兼容。然而，随着自然科学技术的发展，一种不依存于动物活体的"人造肉"被研制出来了，即 cultured meat（人工培养肉或文化肉）②。人造肉是基于干细胞的分裂和增殖原理，依靠严格的科学技术，使（成肌而非胚胎）细胞在非动物性的培养液中自然（而非改变其基因序列）生长，其生长环境脱离开动物活体，即在动物体外独立地生长，相应地，人类对它的获取和食用也不需要以杀死动物为前提。人造肉所包含的生命元素不等同于一个完整的动物生命体，杀死一个或一组细胞与杀死一只动物在道德上是有本质性区别的，"在试管中生长的肉（人造肉）无须杀死动物。事实上，我们不仅仅只是把这种技术作为一种有趣的选项，更应该将其当作我们的道德责任去发展它"③。

仅仅从观念角度讲，人造肉可以激发人类重新思考自身的食肉行为，反思自身与动物的关系，继而反思自身与其他生命体的关系，甚至推廓到人与整个世界之生命系统和生态系统的和谐关系上。虽然人类不可能绝对地不杀生，但尽人类最大的努力少杀生、减少被杀对象的痛苦却是可能的。素食主义是一种高尚的行为方式和生活方式，它需要较高的思想和心灵觉悟，因此，它的作用范围比较有限。与此相比，人造肉从肉食生产的

---

① ［法］史怀泽：《敬畏生命》，陈泽环译，上海社会科学院出版社1995年版，第21页。

② 其他称呼：in vitro meat（动物体外肉）、test-tube meat（试管肉）、synthetic meat（人工合成肉）、artificial meat（人工肉）、cruelty-free meat（非残忍的肉）。

③ Hopkins, Patrick D. and Austin Dacey, "Vegetarian meat: Could technology save animals and satisfy meat eaters?" *Journal of Agricultural and Environmental Ethics*, No. 21, July 2008.

源头上减少了"杀生属性",由此,人类在食用人造肉的时候,无须产生较大的罪恶感,即人类通过较低的"思想成本"而达成了"不杀生"的真实行动。"不杀生"是人造肉的第一层道德哲学内涵,而且是在尊重吃荤和吃素为基本事实的前提下,找到了一个平衡二者关系的过渡环节。由于人造肉不能被视为严格的生命体,因而虐待、残忍对待生命体在这里很难成立。

人造肉遵循干细胞的自然分裂和增殖规律,通过植物性的培养液提供各种营养元素,它不需要通过改变其基因序列或添加激素来达成,尽可能减少干细胞生长过程中的人为因素,所以,就人造肉的理想状态而言,它比常规肉(conventional meat)更自然。首先,人造肉只在培养器皿中"生长",它只需要较小的生长空间,由于占用的空间很小,因此,可以尽可能地创造一个理想的、安全的、卫生的环境来培育干细胞,这个环境可以摒除外在环境的各种污染,比如畜牧养殖业必然会遭遇的大气、水源、空气、土壤等污染,而被污染了的环境就已经不是"自然环境"了,反而人为创造的"理想环境"恰恰是对"自然"环境的回归,所以,人造肉的培育环境比畜牧养殖业的生长环境更自然。其次,规模化的畜牧养殖业为了提高效率,给牲畜家禽注射抗病毒激素和生长激素是必要的前提,然而激素能够急速地改变牲畜家禽的"自然"生理状况,并能诱发病毒的变异和机体的畸形。而在人造肉的生产过程中,不使用任何激素,只为干细胞提供自然的营养液,干细胞只需遵循自己的自然本性便能生长成人造肉,因此,人造肉比常规肉的生长过程更自然。与常规的肉相比,人造肉更健康,"可以控制饱和脂肪酸与不饱和脂肪酸之间的比率;可以显著地减小食物传染病的发生概率;而且更高效,因为不必培养、供养对运动和繁殖所需求的生物性结构(即可以专门培育所需的肉类,无须饲养生物活体和培养其他部位——引者注)"[1]。最后,规模化的畜牧养殖业既被恶化的自然环境污染,反过来又严重地污染着自然环境,土壤、水源、大气等无一例外。由于人造肉不是来自动物活体,它无须依附动物活体生长,因此,动物活体所产生的污染自然环境的物质,在人造肉的培育中是极其微弱的。所以,人造肉对自然环境的污染更小,它比常规肉更

---

① P. D. Edelman, et al., "In vitro cultured meat production", *Tissue Engineering*, Vol. 11, No. 5 – 6, May 2005.

自然。

那么，培育人造肉相较于生产常规肉拥有哪些环保优势？牛津大学和阿姆斯特丹大学的学者通过具体的实验案例，证实了人造肉（cultured meat）对自然环境的冲击大大小于常规肉。"将蓝细菌水解物（Cyanobacteria hydrolysate）作为肌肉细胞生长的营养和能量来源。（实验）结果表明，生产一吨人造肉需要 26 千兆—33 千兆焦耳的能量、367 立方米—521 立方米的水、190 平方米—230 平方米的面积及排放 1900 千克—2240 千克二氧化碳当量的温室气体。人造肉与常规的肉食生产相比，其能耗少 7%—45%、温室气体排放量少 78%—96%、使用面积少 99% 及耗水量少 82%—96%。"[1] 也就是说，在相同的资源和能源消耗下，人造肉比常规肉更高效和更少环境污染，"如果条件理想，十头猪的肌肉细胞可以在两个月内产出 5 万吨的人造猪肉（in vitro meat）"[2]。如果能够用更小的空间、更短的时间、更少的资源能源消耗、更低的环境代价生产出安全的、价格适宜的、足量的肉食产品，那么人造肉不仅仅具有市场意义，更具有价值意义：它不仅关涉效率，更关乎生命、价值和尊严等伦理品性，使人类切实地懂得尊重其他生物，并为世界的整体和谐而做出真实的行动，"人造肉（artificial meat）阻止了对于动物的残忍行为，对环境也更好，同时也更安全、更有效率和更健康。我们负有道德的责任去支持这类研究，并使其具有伦理性"[3]。

万物在作为生命体的意义上应该是平等的，但这是基于人自身对生命体的理解所得出的结论，也就是说，人类与生命体之间的平等以人对生命体概念、平等概念的理解为基础，人类在"理解"的层面可以与其他生命体平等共处，然而在生活的层面却无法做到，不存在绝对不杀生的生活方式。反过来，这将促使人类在"理解层面"对生命体的重要性进行分层，以人的生命为最高层级，遵循"与人的生命越亲近、越相似则其生命之层级越高"的原则，这是一种"量化"的思想方式。

① Hanna L. Tuomisto and M. Joost Teixeira de Mattos，"Environmental impacts of cultured meat production"，*Environmental science & technology*，No. 45，June 2011.

② Damien Gayle，"Artificial meat grown in a lab could become a reality THIS year"，http：//www. dailymail. co. uk/sciencetech/article‐2087837/Test‐tube‐meat‐reality‐year‐scientists‐work‐make‐profitable. html，2012‐01‐17.

③ Alok Jha，"Synthetic meat：how the world's costliest burger made it on to the plate"，http：//www. theguardian. com/science/2013/aug/05/synthetic‐meat‐burger‐stem‐cells，2013‐08‐05.

没有"量化"和"程度"的区分，人的食用行为要么是全错的——这类行为无论如何都会伤害其他生命体，要么完全是随意和偶然的——既然伤害无法避免，那么吃什么只需完全依据人自身的主观意愿。素食主义为人类的可量化食用行为提供了范例，从其极端形态来讲，食素者只食用和使用来自非动物的产品，而且他们食用植物时以不伤害或终结植物的生命为前提，比如不吃植物的根茎——这是植物生命的主体，只食用蔬菜的部分叶子而不将其连根拔起或砍断。因此，虽然人类在其食用行为中无法避免杀生，但可以控制杀生的残忍程度和痛苦程度，其关照程度遵循从动物、植物到微生物的先后次序，凭此具体的努力，人类才能对其他生命体形成切实的尊重。"人造肉"使人类从"吃肉必然杀生"的刚性链条中解放出来，尤其是畜牧养殖业领域中的动物，它们不必大量地被繁殖、被生长、被虐待和被屠宰，它们一旦出生，其生命权在其自身，而不沦为"为人类服务"的工具。当人与动物之间不再只是吃与被吃的关系时，人才可能开始与动物建立真实的道德联系，动物的福祉才能得到真正的保障。

第四节　"生态共同体"阶段

人和其他生命存在者所构成的"生命共同体"与非生命存在物所构成的"非生命环境"，共享一个"存在共同体"。每一个存在者、存在物在存在的意义上对自己的存在来说均是自足的，即便他无法进行自我辩护。人类是目前已知的唯一能够进行自我辩护的存在者，然而这种辩护很容易越过自己的限度，呈现为人类对其他存在者的破坏、伤害和消灭。当人类清楚明白地认识到自己对其他存在者的侵害时，人类觉悟到自己与其他存在者处于一个互相连接、互相影响的"生态系统"中，而生态系统或共同体成立的前提为"自然界所有的东西都是和其他东西联系在一起的，它强调自然界相互作用过程是第一位的。所有的部分都与其他部分及整体相互依赖相互作用。生态共同体的每一部分、每一小生境都与周围的生态系统处于动态联系之中。处于任何一个特定的小生境的有机体，都影响和受影响于整个由生命的和非生命环境组成的网。作为一种自然哲学，生态学扎根于有机论——认为宇宙是有机的整体，它的生长发展在于其内部力量，它是结构和功能的统一整体"①。维持整个生态系统的稳定和正常运作，不仅仅是为了人类自身的利益，同时也是为了系统中其他存在者的权益，因为生态系统或生态学"所描绘的是一个相互依存的及有着错综复杂联系的世界。它提供了一种新的道德观：人类是其周围世界的一部分，既不优越于其他物种，也不得不受大自然的制约……生态学……不仅仅是一种客观的科学；它使我们有理由把协作的伦理观扩大到整个生态系统"②，在"生态学的历史上，我们所关注的中心一直都是道德上的：我们尤其注重的是这门学科如何形成了人对其本身在自然中的位置的看法"③。"生态觉悟所导致的，不只是对人与自然关系、人类生存的外部自然环境的觉悟，而且也是对整个人类文化的生态结构和人文精神的觉悟。于是，生态智慧由对人与自然的关系提升、扩展为一种世界观，再由一种世界观落实为一种价值观，并由此引导主体追求和建设一种新的社会文明，就不仅具有逻辑必然性，而且具有客观现实性。"④ 由此，生态共同体不但体现了自然系统的生态性，同时揭示人文精神和价值系统的生态性，更强调自然生态与"价值生态"之间的良性互动，因为"宇宙全体，还有其中的万物都有尊严性。它是这种意义上的存在。就是说，自然界的无生物和无机物也都有尊严性。大地、空气、水、岩石、泉、河流、海，这一切都有尊严性。如果人侵犯了它的尊严性，就等于侵犯了我们本身的尊严性"⑤。

在生态系统中，非生命形态是客观的，或者说它们是诸客观条件，是稳定因素；与此相对，生命形态是生态系统中的自主因素，它们能主动地改变生态系统的状态，既包括生命形态与非生命形态之间的关系，又涵摄诸生命形态之间的相互作用。其中，最重要的关系是人与其他生命形态之间的关系，因为人类借助科学技术不断扩大自己的主观能动性，而其他生命形态变得越发被动。因此，面对生态系统的恶化，人类既是元凶，又是救赎者。

---

① ［美］卡洛琳·麦茜特：《自然之死》，吴国盛等译，吉林人民出版社 1999 年版，第 110 页。
② ［美］唐纳德·沃斯特：《自然的经济体系：生态思想史》，侯文蕙译，商务印书馆 1999 年版，第 10 页。
③ ［美］唐纳德·沃斯特：《自然的经济体系：生态思想史》，侯文蕙译，商务印书馆 1999 年版，第 303 页。
④ 樊浩：《伦理精神的价值生态》，中国社会科学出版社 2001 年版，第 16 页。
⑤ ［日］池田大作、［英］阿·汤因比：《展望 21 世纪》，荀春生等译，国际文化出版公司 1999 年第 2 版，第 414 页。

一　生态危机

"生态共同体"并不是一个全新概念，因为在工业革命之前，人类只是大自然的一部分，在无比强大的自然力面前，人类只能顺从其规律而活动，否则将遭受大自然的负面作用力，也就是说，人类与大自然原本是一体的，二者处于同一个自在的生态共同体中。正因人类无法违背大自然，万物都处于大自然的自发调节之下，由此，生态共同体在整体上一直处于平稳状态，以至于无须提出生态问题。

之所以能够对大自然的生态系统进行反思，是因为大自然的自发调节功能无法解决新出现的生态危机或生态灾难，此类状况的出现反证出自然自身是一个完整的生态系统。此危机肇始于工业革命，自此以后，人类与自然之间的联系走向"高能量时代"①，人类借助科学技术所产生的杠杆效应，全面侵入自然生态系统：一方面，人类贪婪地攫取自然本身的资源，可再生（大部分生物、水、森林等）资源被过度开发，从而失去自我恢复能力，变得越来越稀缺，原本自给自足的循环系统被肢解，不可再生（部分物种、矿产等）资源因其"单向性"，在人类的消耗中彻底消失；另一方面，人类生产出大量自然生态系统分解不了的人造物，例如人工合成物、化工产品、毒物、毒气，它们原本不属于自然生态系统，因其具有极强的稳定性，无法通过自然作用被分解，它们会长时间甚至永远留存在生态系统里，对部分生物造成致命伤害，对生物群落形成永久性损伤，继而扰乱整个生态系统的正常运行。对此，"生态运动的目光旨在恢复曾被工业化和过量人口打破了的自然的平衡。它强调我们需要生活在自然的循环之中，与永远进步、开发的线性思维相对立。它强调进步的代价、增长的极限，技术决策的缺陷以及自然资源之保护和回收的急迫性"②。

随着人口的不断增长，人类必须从自然生态系统中掠夺更多的资源，同时将更多"垃圾"和"毒物"回返给它，因此，面对双重"侵害"，

---

①　在此之前的时代是"低能量时代"，因为人类的打猎、采集、游牧、农耕等活动所需要的能量很低。参见［美］H. T. 奥德姆《系统生态学》，蒋有绪等译，科学出版社 1993 年版。

②　［美］卡洛琳·麦茜特：《自然之死》，吴国盛等译，吉林人民出版社 1999 年版，"导论"第 2—3 页。

自然的生态之链断裂了，其系统变得紊乱不堪，它开始全面丧失自我修复功能。"人类在生态系统中的一般格局为：人类是站在他所在的生态系统的最高控制点上，同时又是该系统中的一部分……人类站在生态系统之外吸入收敛能量和运用反馈控制的联系格局……生态系统中的环境因子的作用，在空间和时间上都比人类文化的控制作用小；这样，生态系统就受人类有节奏的发展文化的脉冲所控制"①，正因人类及其"文化"是造成自然生态系统危机的元凶，所以，使自然生态系统恢复原初状态甚至更好的状态，是人类无法逃避的责任，即人类因破坏自然生态系统而意识到自身的罪责和责任。反言之，对人类来说，恢复和维护自然生态系统的正常运作，不只是一个技术事件，更是一种必须做出的道德行动。

由于人口的急速膨胀，人类活动越发频繁和强大，在人口密集区（如城市）形成了"非自然生态系统"。此生态系统以人为主体，以人的良性生存为目标。首先，非自然生态系统最基础的层级是物质和能量的供应与消费。大的人口密集区无法做到二者的自给自足，因为两者的大规模生产需要巨大的空间，而人口密集区无法满足此要求，因此，非自然生态系统依然以自然生态系统为存在前提。其次，非自然生态系统需要各种技术保障。从最基本的安全到最高端的精神交流，从空气质量、水质到美景的呈现，都离不开技术特别是科技方面的支持。最后，在非自然生态系统中，人与此环境中的他人、事、物发生联系，在人的精神中形成文化世界，因此，人文环境也是非自然生态系统的组成部分。由此，生态系统的内涵不仅包含物质与能量方面的消耗和传递，而且包括人与人、人与社会、人与自然环境之间的精神交流。

然而，现今的非自然生态系统从物质到精神都遇到了极大的危机，因为它本质上不具有自然生态系统那样的自我矫正和修复能力，需要自然生态系统给它输入原初的物质和能量，同时它又无法完全分解自身所产生的废物和废料，即其内部既没有真正的生产者，又没有真正的分解者，占据主要地位的是人类的消耗行为，因此，非自然的生态系统在"先天层面"就存在缺陷。由此，就逼迫人类将自己的非自然生态系统与更广阔的自然生态系统联系起来，形成一个二者相互作用的大系统，并从此角度来应对种种生态危机。

---

① ［美］H. T. 奥德姆：《系统生态学》，蒋有绪等译，科学出版社 1993 年版，第 607 页。

二　生态系统的精神本质

如果说"尊重生命、敬畏生命"是突破人类中心主义的第一种尝试，那么树立普遍联系的生态观则是第二种尝试。人类中心主义关注的重心是人类，生命共同体的重心是动物，而生态共同体的重心是生态系统本身，因此，在经验世界中，生态共同体才是最大的全体，或者说它就是经验世界本身。由于生态共同体是一种全体视角，因此，它必须平等地看待全部经验因子，从"存在层面"考察每一因子的作用，"厚此薄彼"将使它失去内在的稳定性。"在社会劳动过程中我们得知人在生态关联网中遇到了严格的控制。我们意识到我们不是作为主人面对这一发展，我们自己也是整体的一部分。虽然我们成为进化的帮手，可以影响其方向，但是自然不是我们可以随意摆布的物体，而是我们得适应自然，以便使自然根据其规律按照我们的意愿起作用，在这里我们不仅是行动者，而且也是这种作用所涉及的对象……我们不可以忘记自己不是站在自己要努力驾驭的那个体系之外，我们不仅作为主体站在它面前，而且也作为客体受其制约，既顺从而又暴虐地呈现于我们面前的自然，它不仅仅是个伙伴，而且也是个扩张者。"① 因此，生态共同体一旦出现整体性的大变动，如果对某一或某类存在者而言是负面的，那么将对之形成灾难性的影响。

人类中心主义之所以可能是错的，是因为它只以人类的福祉为目的，对其他生物和非生物环境予取予求，不顾及其他生物的生存状况，破坏原初的非生物环境；与此同时，其他生物和非生物环境也会对人类的行动形成反作用力，此反作用力源于人类的破坏行为，因此，当它们作用于人之时亦是破坏性的，所以，人类纯粹追求自身的福祉行为恰恰会给自身引来种种不幸。另一个原因在于，人类过分频繁地活动将使生态系统失去平衡状态，生态系统的失衡不但危及人类的福祉，而且影响其他生物的福祉。当然过分关注部分生物的福祉（良序生存状态）同样会诱发生态系统的紊乱，因为生物与非生物环境一刻不停地在进行物质、能量的交换和转换，生物部分的过分强大，将超出非生物环境的承受度。

生态共同体以生态系统的整体平衡为中心，其精神本质是"去中心

① ［德］汉斯·萨克塞：《生态哲学》，文韬、佩云译，东方出版社 1991 年版，第 194—195 页。

主义"，不仅反对以人类为中心，而且反对以任一物种为中心，即人、生物和非生物都是生态共同体的平等组成因子，一个因子被另一个因子替代，只能根据生态系统的自发选择，而不是为了某一物种的利益。至此，生态共同体将自身与生命共同体区别开来了，后者无疑以生物的权益为核心。然而，一个基本的事实却是生物之间除了相互依存和协作，更根本的存在方式是相互竞争，为了自己的生存而终结其他生物的生命，例如在食物链上直接相邻的物种，它们之间是吃与被吃的关系，并且生物的"吃"是出于生物本能去吃，而不是像人那样为了满足自己过度的欲望。从此意义上讲，生物之间的"杀生行为"无法被判定为恶行，它们与善恶无关，也即与伦理道德无关，甚至也不是为了维护自身的生存或存在，因为它们对生存和死亡并没有明确的意识，只受当下之"疼痛"（以感觉神经为基础）和"饥饿"（以营养需求为基础）的控制，它们只受自然规律或法则的支配，而无法自主地规划自己的活动，因此，它们无法为自己的活动承担责任，反言之，其活动不具有道德性。

　　然而，一旦人类及其意识活动介入生命共同体，生命共同体便作为一个对象呈现在人面前：一方面，人类要关照每一个生命体的存在状态，理解其生命，敬畏其生命，善待其生命；另一方面，每一生命体又位于一个更大更普遍的生命共同体中，因此，需要从生命共同体的整体视角来审视生物之间的合作与竞争，因为如果过分关注某一或某些物种的良性生存，与之紧密相关的物种往往会遭受巨大的灾难，所以，人类必须认识生命共同体的基本规律和稳定状态。虽然人类努力将自身视为生命共同体的平等成员，努力从其他生命体和生命共同体的"好"或"幸福"角度来采取行动，但是人类无法完全摆脱自身的有限性，始终带着属人的性质在思考和理解它们的"好"。反言之，如果没有人，那么生命共同体只是一个自在的系统，它无须意识到自身是一个生命共同体，各种生物只需按照自身的本能生存即可，这样的共同体无所谓好坏，也无所谓善恶。正因为人及其精神生命的介入，生命共同体才具有了价值秩序，越是与人正相关的物种，其价值就越高，反之，价值越低。这里价值不仅仅是工具价值，更是伦理价值和道德价值，因为人类越是能与其发生伦理关系的物种，便证明人类对其投射了越多的价值关切，使其越发成为一种价值主体。因此，生命共同体的初衷是突破人类中心主义，防止人类的"物种霸权"，然而毋庸讳言，生命共同体在本质上依然是以人类为中心的，若非如此，生命共同体的另一个极端形态便是把人还原为纯粹的自然生物，从而消解了一切价值、伦理和道德。

既然生命共同体的本质是以人类的价值为目的，那么生态共同体能够只以自身为目的吗？没有生物，便没有生命力的呈现者，而没有非生物环境，生物便无法存活，因此可以说，生态共同体必须由生物和非生物环境共同构成。然而非生物环境不一定能产生生命，而生物的出现一定证实了非生物环境的存在，也就是说，生命之诞生和持存所需要的非生物环境比无生命的生物环境更高级、更复杂和更精准，所以，生物在存在本性上高于非生物环境。应以生物所需要的环境来调整非生物环境。如果非生物环境不以生物的良性存在为目的，那么非生物环境自身的存在意义就无法被确证，因为非生物环境中如果没有生命存在或为了生命的出现而做准备，那么无论它自身处于什么状态都是无所谓的，也是合理的，"好"与"坏"、"有序"与"紊乱"都是一样的，因为它无须为任何事物"负责"。生命现象、生物的出现说明非生物环境已经为生命的出现准备好了各种条件，它不再处于一种漫无目的、偶然无序、瞬息流变的状态中，否则生命便不会生成，即使生成也会转瞬即逝，所以，生物的出现说明非生物环境对生物来说是一个"好"的环境。尔后，经过生物与非生物环境长期的交互作用，双方都在不停地调整，从而在动态中达到一种基本的平衡状态。所以，生态共同体实质上是以生物及其生命为中心的。

三 生态共同体的伦理关怀

"生态危机"甚至"生态灾难"使人类认识到，其自身实际上生活在一个与（至少是地球上，也包括地球附近的太空环境）其他一切事物处于普遍联结的"生态共同体"里。从事实层面讲，生态共同体中的一切事物都是平等的，然而如果没有生命，那么非生物环境只需处于自在状态，而无须形成特定的有序状态，更没有生物与非生物环境之间的相互作用，由此便不可能形成生态联系。生态共同体之所以能够"意识"到自身的生态系统，正是因为人的存在，而人只有通过其精神能力才能够意识到他自身，所以，生态共同体必须在人的精神把握中，才意识和认识到自身的存在及其存在的意义。对生态系统形成伦理关切的根据为，自然科学已经从事实角度，揭示了生态系统是人类和其他生命体的"生养者"，如同在家庭中一个人的父母是其生养者一样，因此，生态系统之于人类既是天然的"伦"又是客观的"理"，人类与生态系统之间的关系具有伦理性，而伦理关系的客观确证需要人类做出现实的道德行动。在此方面，中国文化能够贡献出独特的智慧，"在后现代的生态思想中，与过分强大的科学理性相比，它的人文精神尤显不足。它缺乏人的价值与自然价值相协调的圆融中和态度，缺乏少私寡欲、与物和处的情怀，缺乏恬淡冲虚、体物不遗的灵性，缺乏参赞化育、成己成物的气派，缺乏顺应天地大化，汇入生命之潮，与宇宙精神同流的境界，这恰恰是西方环境伦理学中的自然价值理论、深层生态学和一些环境设计建筑师孜孜以求的东西，而贯穿着中国的天人合一思想的许多观点，已经被结合进了它们的理论之中"①。

在经验世界中，人类将自身的权益放在第一位是不争的事实，即人是世间万物的最终目的，并依此目的而确定世间万物的价值序列：凡是与人的权益越切近的事物，其价值越大。虽然生态共同体自在地以其自身为目的，但是它在人类精神中的呈现却必须符合人类的价值系统，因为人类无法真正做到将自身与生态系统中的其他因子同等相待，换言之，去"人类中心主义"并不是为了否定人类作为最高价值的地位，而是反对唯"人类中心主义"给人类带来的灾难，也即以生态系统的整体和谐为根据，为人类更好地生活服务。

由此可见，人类在生态共同体中享受着最大的权利，拥有着其他全部物种都不具备的主动性，他能够影响甚至左右整个生态系统的运行状态，正因如此，人类也必须承担最大的责任。生态系统中的生物根据其自然本能自发地行动，它们只是为了求"生"，而不是为了求"好"，也就是说，生物不是为了生存之外的利益而行动，它们并没有从生态共同体中求取额外的"福利"，因此，生物并不需要为自己的求生行动承担道德责任，或者说最低限度的求生行为是符合道德之要求的。非生物环境的本质是它能包含一切存在状态，不论有无生命，无论存在者的存在抑或消亡，最基本的自然规律决定着它的运行，它没有自由意识，无法自主地运动，因此，无论它处于什么状态都是完全"合理的"，它既不以自身的"良好"运行为目的，也不以生物的"良好"生存为目的，所以，它与责任无关，它自然而然地如是存在着。

_____

① 佘正荣：《中国生态伦理传统的诠释与重建》，人民出版社 2002 年版，第 7 页。

　　但是，人类的精神却一定要将一切生物和非生物环境精神化，把生态系统看作一个精神性的整体，这是由人类精神的求知本性决定的，同时精神化万物的目的不在于征服它们，而在于使人类在更广大的领域中担负起自身的责任，并实现更大的幸福。由于生物和非生物环境就其自身而言不具有道德属性，因而不能作为道德主体，在它们与个人的关联中，个人运用"道德的方式"对待它们，个人的行为便具有道德性，同时个人为了使它们处于好的状态而行动，这种"好"对于它们而言是良序状态，对于个人的行动而言具有道德性，其实质为，"自然界只有与那些关心它、热爱它的人们结合在一起才能免遭污染，才能与人类形成一种合乎道德的稳固的关系"①。个人将每一生物和非生物环境中的每个因子设定为主体，由此，个人才能与它们建立"平等"的关系，也才能细致地考察它们之于生态系统的作用，继而促进人类与生态共同体的良性互动，"我们知道：大地并不属于人，人属于大地。一切事物都联系在一起，就像血缘关系把我们全体都联系在一起一样。人并未编织生命之网，他只是其中的一根丝线。他怎样对待这生命之网，就是怎样对待他自己"②。

第五节　德福经验同一性的限度

　　上文考察了个人精神在经验世界中寻求个人之德福同一性的整个历程，其总的特点为：在由诸原子式个体集合而成的共同体中来达成二者的一致。每一个经验共同体对于个体而言，都是一个"全体"，至少是一个暂时性的全体，由于道德的本质规定是全体之善，幸福的本质规定为全体之好，因此，在个体与一个暂时性全体的关系中，即个人精神与特定全体之间的交互作用中，道德和幸福获得了具体的规定性。反言之，离开了全体，离开了个体与全体之间的相互作用，道德和幸福只是一种纯主观的抽象物。当全体把自身限定为经验共同体时，道德和幸福将在个体与经验共同体的交互作用中获得经验性的规定，继而二者的背离和一致也发生在此经验共同体中。但是，如果某一经验共同体之内的德福一致性无法达成

---

　　① 牧师 R. C. 奥斯丁（Austin）之语，转引自［美］阿尔·戈尔《濒临失衡的地球：生态与人类精神》，陈嘉映等译，中央编译出版社 1997 年版，第 211 页。

　　② 西雅图酋长之语，转引自［美］阿尔·戈尔《濒临失衡的地球：生态与人类精神》，陈嘉映等译，中央编译出版社 1997 年版，第 227 页。

时，便需要超出此经验共同体，在更大范围即更普遍的经验共同体中寻求二者的同一性。

德福的经验同一性基于个人的性质、经验共同体的性质，以及二者的内在关联而获得了现实的确定性。通过经验性的考察和总结，发现人类在其经验生活中形成了五大基本共同体：家庭、组织、国家、生命共同体和生态共同体。家庭、组织和国家是属人的、以人为绝对中心的经验共同体；而生命共同体和生态共同体突破了人类中心主义视域下的经验世界，它们以现代自然科学理论、实验及其技术运用为基础，即它们通过具体的经验活动来验证其真实性，而不是在理念层级、思辨层面论证其合理性和自洽性。

由于经验世界为全人类所共享，任何一个个人都无法完全占有整个经验世界，所以，个人一定与他人共同地生活在一起，家庭、组织和国家是个人生活的基本场域，个人的道德和幸福必须在其中获得具体的界定，同时个人德福的经验同一性也必须通过它们，在它们之中实现出来。现代科学研究表明，其他具有生命力的存在者拥有与人类相似的感受能力，部分生物具有理智能力，甚至可能存在着比人类更高级的智能生命，于此，人类的道德概念和幸福概念必须关涉一切可能的生命存在者，从生命共同体的角度调整以人类为唯一中心的德福观。现代科学研究进一步揭示出，人类和其他生命存在者与无生命环境、无机物处于一个统一而精密的生态系统中，若人类只追求自身的幸福，而不考虑整个生态系统的状况，即不道德地对待生态系统，那么人类终将失去自己的幸福生活。

原子式的个体与经验共同体之间的精神联结是有限的，而且经验共同体是暂时的、有限的和不完美的，由此，德福的经验同一性也是局部的、现时的和不完全的。而人之为人不仅在于其自然性，更在于其从自然性中解放出来。在经验世界中，这个突破口源于人的信念行为，这类行为发生在经验世界中，但它却同时指向人的精神世界。就道德与幸福的同一性而言，就是面对现实生活中德福之间的种种背离时，仍然坚定地将"德福一致"作为内心的信念，要求自己成为道德的人，并相信通过自身的道德行动能够得到相应的福报。为了完全实现德福的同一性，自己必须完成一次精神飞跃：从信念跃升至信仰。这是一次彻底的颠倒，由此，神的目光完全超越了人的精神目光：人无法达及神，只能遵循神的戒律而期望神的恩宠。由人自身来实现德福的同一性，在信仰神的宗教看来是一种僭越行为。

第四章　德福同一性的超验样态

　　超验同一性中的"一"或"全体"指向"独一神"，由此对神的理解和说明是解决德福难题的决定性前提。神必然且必须是一个完满的"事物"，或者说神是全体本身甚至是"祂"创造了全体，因此，"祂"必定存在着且具有实存性；如果神是全体意义上的存在者，那么"祂"所具有的属性必定是全体层级的，全能全知全善等也都是真实的；尽管全善必然会遭遇"恶从何而来"的诘问——"全性悖论"，但是神仍然可以作为最高善（至善）的来源。所以，信仰神和完全服从神之意志的人方才是善人或义人，善恶以神所启示的经典为判断根据，人因其有限性而无法给出分辨善恶的终极标准，即人不能仅凭自身而行善。神将永恒的幸福赐予在"祂"面前是善的人，而尘世的幸福只是暂时的和偶然的。所以，在信仰神的人看来，道德与幸福的起源和最高标准都是由神来规定的。

　　通过"终极审判"，神使人之德福获得了最彻底的一致性：一方面，由于神是全能的，因此，"祂"能创造人和万物，故而能全知其造物，人之一切动机、行动之本质和目的在"祂"面前无所隐遁，同时神创造人是在赐福于所有人，"祂"无有偏私而一视同仁地对待每一个人，并且"祂"能知晓和洞察一切事实真相，因此，唯有神才有资格和能力作为最公正的审判者；另一方面，神在创造人的时候，把灵性生命（灵魂）赋予了人，使人具有了超出其自然生命的存在形态，神还一并把自由意志赋予了人，使其成为独立自主的存在者，其视听言动完全出于自己的意愿，而且人之所作所为将如实地记录在其灵性生命上，由此，神通过复活人，并依凭客观的记录，对人进行最终的审判，行善者升入天堂享受永恒的幸福，行恶者堕入地狱遭受最痛苦的惩罚，并且这种惩罚一定会造成真实的痛苦，因为神不但复活了人的灵性生命，还复活了人的自然生命和肉身，因此，恶人是作为一个活生生的人在感受生不如死的痛苦。所以，对神的绝对信仰、对神之戒律的无条件遵循和人之灵魂对审判结果的承受是德福超验同一性的终极要素，由于神的戒律是神颁布的，人的灵魂由神赋予，因此，只有绝对地信仰神才是其唯一前提。

第一节　神之真实性

一　神之实在

在一个人的一生中，或者在人类的历史进程中，人、人类必然面临着自身能力、认识、正当性、善性等方面的限度，这类限度不以人类自身的终极形态为参照标准，因为人类可以最大限度地接近自身的终极状态——由人自身来主动成就。与此不同，人的真正限度是指人的绝对有限性，它是人类永远也无法突破的界限。由于全体是没有界限的，或者说一切界限都在全体之中，而且人自然也处于全体之内，人所给出的界限无法超出人自身的有限性，因此，人之限度无法由人自身来确定。所以，人之界限的给出者 X 必须同时超越人之界限和非人之界限，达到全体层级的普遍性，X 即作为"全体"或创造"全体"的绝对存在者，在超验或部分宗教语境中，X 是全体意义上的独一神或诸神所构成的神圣全体，"全体（一切）就是它所是的（所存在的），是整体，是神"[1]，是"Hen Kai Pan"（Ein und Alles/One and All）[2]。如果将全体视为一个整体，那么全体即一，它将所有的东西包含在自身之中，相应地，独一神无论自身作为"一"还是创造出包含全部多的"一"，"祂"都能将其他神祇的属性和作用增添到自己身上，继而取消掉他们的神格，基于这类吞噬性，独一神将自身成就为唯一的大全，"如果神是一个全体，那当然也就只有一个神；而那些个别事物则被全体所吸收"[3]。因此，独一神对人的限定才是最彻底和最全面的。由此可推知，人无法等同于独一神，"祂"是人的绝对上限，否则人便将神或者说神的概念降格到属人的领域中，从而僭越神的位置。

与理性从人的有限性思考神之存在不同，信仰者从绝对地相信神及其属性的角度来理解、感受和亲证神之存在（Being），因此，在他们看来，

①　张世英主编：《黑格尔辞典》，吉林人民出版社 1991 年版，第 342 页。

②　Max Baeumer, "Hölderlin Und Das Hen Kai Pan", *Monatshefte*, Vol. 59, No. 2, 1967.

③　张世英主编：《黑格尔辞典》，吉林人民出版社 1991 年版，第 341 页。

神之存在和实在（Existence）是真实的，并且无疑是最真实的，离缺这个真实的本原，人和万物都将不复存在。但是，如何清楚明白地、普遍必然地论证神之存在？虽然在人的理性思考中，可以设想存在着"神"这种全体性的概念，但神之实在性却很难被确证。而如果神单单只是概念上的神——神只作为神这个概念，即神只是概念上的全体，那么神将是不完全的，因为在神的概念之上仍然可以增添"实在性"。由于对任何一个事物而言，其概念与实在的统一都具有更大的完善性，因此，能把自身的概念和实在统一起来的神会比概念上的神更加完善：神是最完善的全体，"神为一切实在性的全体，存在同样是诸实在性之一，因为存在与概念相联结"①，因此，神必然是实在的，"祂"是其概念和实在的统一体。

二　神之全能

在信仰者看来，神之为神，其实在性由其自身保证，因此，神既能在概念上又能在客观世界中存在。既然神之实在毋庸置疑，那么在此基础上，神之属性是怎样的？与人、万物的属性相比，神所具有的一切属性前面都可以加上"全"（最普遍的：all、omni－……）和"至"（最高级别的形容词或形容词的最高级形态：most、ultimate、highest……）。"全"是指圆满无缺，如全在、全能、全知、全视、全听、全善、全美，"至"的含义为终极、最高，如至仁、至慈、至善、至美、至洁、至爱、至尊、至高、至强、至大、至赦、至容、至恕、至先、至后，即神既是整全的又是最高级的。由此，神既包含一切存在者及其属性，同时又超越这些属性，最终却只在自身之中而已——"I AM THAT/WHO/WHAT/WHICH I AM"（《旧约·出埃及记》）②。

从整全的意义上讲，神是无限的全体，"祂"无所不包，将一切存在者及其属性包括在自身之内，没有任何一个存在者能与神相对立，万有的产生、持存和消亡都在神之中。其他全体层级的概念如"道""空"也许能够无处不在、无所不包，却无法做到像独一神那样无所不能——全能。神之全能指的是神拥有做一切事情的能力；神依照自己的形象创造了人，而人将自己的每一种能力扩展至极限，那么能力之间的界限将会被打破，

① ［德］黑格尔：《宗教哲学》，魏庆征译，中国社会出版社1999年版，第906页。

② 中国基督教协会：《新旧约全书》，中国基督教协会1989年版，第55页。

继而所有的能力成为一种能力，同时这一种能力也就是全部能力。由此可以推想，如果神愿意，那么"祂"之思想、意志、行动等可以完全统一在一起，思即在，思想、意志即行动。

　　然而，全能的神是否能够同时在同一个系统内做到逻辑上自相矛盾的两件事情？如果不能，将造成"全能悖论"，例如神能否同时造出无坚不摧的矛和无法被击破的盾，如果能，那么以其矛攻其盾，任何一方失败了，都说明神不是全能的，若不能，则直接表明神是非全能的。如何克服"全能悖论"？如果神也必须服从必然的逻辑规律，那么人在逻辑推导方面便同于神之逻辑推理，至少具有相通性，但这恰恰说明逻辑规律才是更根本的存在，神只是比人更早、更全面地认识了逻辑规律，由此导致人神之间的界限被无限缩小，神的能力也不断被逻辑规律限制而变得有限。为了保证神的绝对全能，只能说逻辑规律本身也是由神创造的，在确定的逻辑区域和具体的时空范围内，神固然不会违背逻辑规律行事，但这种遵循只是神的逻辑自律，是神的自我限定和自我限制，没有任何外在的力量来迫使神服从逻辑规律；并且逻辑真理只是全部真理的一部分，因为在逻辑真理之外，还存在着非逻辑、超逻辑的行事方式。由此，神及其行动既具有逻辑自洽性，又超越了人的逻辑推导，并把一切矛盾、否定性收摄于自身之中。

　　从神之全能可以推出神的其他所有"全性"——全知、全善等，因为神之全能使其具有了绝对的创造力，"祂"成了至高无上的造物主，因此，"祂"是万有存在与不存在的终极理由。由于事物都由神原创，并且神无所不在，故而神能全知一切事物，不仅全知其产生，还全知其存在过程和消亡过程。神只需凭借自己的"语言"，便能无中生有地创造出一切存在者（包括天使、精灵、天地万物、人等）——从"不存在"中造出"存在"，"神说，要有……就有了……"（《旧约·创世纪》）[1]。神之思想、言语、意志即神之实现行动和活动，它们之间没有区别，命名万物便是在造就万物的真实存在——实在。从最绝对的意义上讲，神能够以任意方式且无所依凭地创造天地万物，对人而言，这一过程难以被清楚明白地思议，反之，如若神之创造力及其创造工作可以被人完全思议，那么神及其能力便被人的思维限定了。与神的创造性比较起来，人的"创造性"

---

① 中国基督教协会：《新旧约全书》，中国基督教协会1989年版，第1页。

至多是在理解和模仿神的创造性，并由此去加工、改变而不是创造其他事物，所以，人是在进行制造（made）而不是创造（create）。天地万物第一次被创造出来之时，是其绝对开端，既是其存在上的开端也是其时间上的开端，它们都源于作为造物主的神是天地万物的绝对前提，即没有神的存在及其作用，便不存在时空、天地万物，更谈不上天地万物在时空中的自我展开和持存。

三　神之全善与至善

以人的视野为依据，如果说从神之绝对创造力、神之全能推出神之全在、全视、全听是从事实到事实的推导，那么，由之推出神之全善则是从事实向价值的推论。既然神无所不包、无所不能，那么"祂"也必然能够包含恶和行恶的能力——"负面价值"或人所认为的负面价值，否则恶、恶行便能够独立存在于神之外。由此，神将使自身分裂为善恶对立的两大部分，或者神分身为善神和恶神，继而善神、恶神进一步分化为众神。但是这种分裂会使每一位神都成为相对有限的存在者，甚至导致彼此之间产生冲突和争斗，互相限制对方，因此，"祂"们所结合起来的神性整体反而做不到无所不包、无所不能，即神要成为无限的全体，"祂"必须是独一的。由此可见，神并不是全善的，同样也不是全美的，"祂"超越一切相对待的概念、事物乃至相对性本身。如果一定要说神是全善的，那么，反驳的理由可以是人无法通过自身所认知的善来完全地推知和论断神之善，因为在人看来是恶的存在和行为，在神那里可能是为了更宏大的考虑和计划而设计的，例如为了考验和锻炼人而有意让人陷入苦难之中。当然，神也不可能认同和容忍明明白白的恶，因为对此"祂"拥有最终极的审判权。

单单从能力角度讲，因为神是全能的，所以，神必定具有作恶的能力，然而"祂"更大的能力却是："祂"知道自己有能力作恶却只做善和公正的事。虽然在神那里，"祂"能将观念和实在同一起来，同样地，"祂"也能把二者分离开来，因此，神的恶只是观念上的恶，神容许恶的观念存在，却不允许其现实化为客观实在和行动，所以，在观念中，神包含着恶，但其全部活动却是纯善和公义的。与神不同，人总是不能完全控制自身将恶的观念转化为具体的恶行：一方面是因为人的有限性，他无法全知神之善恶或者善恶本身，即不信仰神，不按照神所启示的真理、诚命、律法行动；另一方面是由于人拥有自由权，他甚至将作恶视为自己自由的一种实现途径，却并不总是将克服恶念、恶行当作自己的更高级自由。所以，世界中恶行产生的原因在于人不信仰神和人的自由性，而不在于神居然要主动地创造出恶行。由此，神之全善不在于神完全拒斥恶、毁灭恶、让恶不存在，而是能够包容恶、克服恶，让恶的观念仅仅停留于观念状态，允许其存在却绝不让其变为实在。所以，神之全善与其说是神的原初属性，不如说是神克服一切恶之后所获得的属性，因为"为善而劳作"即便对于神自身而言也具有重大的意义。

　　然而，最严格意义上的全善依然是无条件的善，神之全善是没有任何限定的纯善。如果说神在其自身是全善的，那么"祂"如何面对人的恶行和清楚明白的恶行，是立即阻止，还是记录在案等到世界末日再进行审判？人的恶和世界中的恶与全善之神之间如何关联在一起？当一个暴行真实地发生之时，神有可能使暴行的惨烈程度有所减弱，但是神并没有阻止这一暴行的发生，以致受害者在暴行中遭受着切身的伤害和痛苦，甚至失去了生命。如何理解神在这一行为过程中的作用？抑或神是在借他人之手对某人进行惩罚？抑或在人的自然生命死亡之前，神只是一个旁观者，因为现实生活中的恶行源于人自身，因此，人必须独自去承受和解决？抑或神有其他的理由？那么，恶到底是源于人的有限性及其对神之诫命的误读，抑或因为恶本身直接就是邪恶的？如果认为是前者，将会推出人之恶与神本身没有关系，然而世界中还存在一种非人为的恶，如自然灾害对其他生命的伤害，神是否也同样与这类恶无关？如果承认神是全能的，那么"祂"必然能够做到全善；同样，若神是全能的，"祂"也必然能包容和惩罚恶，否则世界中便不会存在恶；然而，全善与恶的同时共存，要么说明神之全能是有限度的，要么暗示神之全能无法被思议。

　　通过上述理智性的考察会发现，但凡论证到神的"全性"时，都会遭遇悖论，要么是逻辑方面的悖论，例如神能否超越逻辑上的矛盾关系，要么是价值方面的悖论，譬如全善之神如何包含着恶。其症结在于：人及其所有能力能否达及神？人在进行认知的时候，如何能证明人之思维规律即思维本身的规律？如果存在着其他的智能生命，他们的思维模式必然会符合人所揭示的规律吗？人的思维能完全把握人自身的其他属性如情感、行动吗？更不消说，人如何可能全知作为全体的神……人从人之知推知全知，由全知认识全能，从对全能的知推出全能者的属性，其实质是人按照理性的运行逻辑逼向了神的概念，显然这种"神"是理性推导的产物，并且它只能停留于概念状态，无法转化为实在的存在者。因此，人所认识的神只是被人的理智规定的神，人与神之间存在着永恒的距离，人无法达及神本身；与此相反，神与人之间的绝对罅隙，可以被神消解掉，也就是说，神能全知万物，却不为万物所全知，只有神能完全理解"祂"自身。

人之所以无法认识神，根本原因在于人无法全知神的"全性"，因为"全性"即全体之属性，而人之感性、知性和理性是属人的，人是全体的一部分，人的属性也是全体属性的一部分，因此，人对"全性"的认识过程永远有待完成，继而人不能依据自身已有的认知去断言神之"全性"，至多对其有局部的了解。如若人在理解神的"全性"时必然会产生悖论，再加上人的理解能力本身是有限的，那么对此可以先采取悬置态度，而将论证的重心转移到神之"至性"上。

就神的"全性"而言，"祂"能够包容一切存在者及其存在样态，无论它们是完全的、善的、好的，还是不完全的、恶的、坏的。但是在"至性"层面，神将自身呈现为最高标准——至善、公义，并以此为最高尺度来评判和引导万物，弱化甚至消解其负面取向。"神是至上的、全体的善"[①]。对人类而言，善是最重要的价值，因此，神之至善是最高的价值目的和标准。与神之全善会遭遇理智推导方面的悖论不同，神之至善位于价值序列的最高端，没有其他任何价值能与之并列，由此推论出一切正面价值都以它为源头和目的，一切负面价值都以它为校对标准，所以，并不会造成逻辑推理方面的矛盾。然而，神之至善是什么？这是由神之启示和启示经典确定的。直接的启示往往是个体性的，很难被普遍地验证，而启示经典由于被普遍地确证为神的启示而被认定其客观性是有保障的。

第二节　因信称善

一　信仰神

如何理解信仰？先要明晰相信、信念和信仰之间的区别。在人与人之

---

① ［荷兰］斯宾诺莎：《简论上帝、人及其心灵健康》，顾寿观译，商务印书馆1999年版，第106页。

间，基于彼此的了解、基本的事实和平等原则，一个人可以相信另一个人的思、言、行，或者面对一件事情时，一个人基于大多数或说服力强的证据，可以相信事情的真实性，所以，相信是基于平等原则和合理的客观事实、证据上的认同。人的信念是比相信更强烈、更坚定的认同感，其所认同的对象不是经验事件，而是永恒的理念，即便这类理念不会马上实现，甚至根本不能实现，也无法否定其自身的正当性，而且人们还会不断地论证理念的正当性，并且修正这些论证，以此来调整和规范人们的经验生活。信仰与上述两种"信"不同，与其说是人在信仰某类信仰对象，不如说信仰对象绝对地占据了人的心灵、思想甚至左右其行动，因为信仰对象在人面前，其强大程度远远地超越了人的一切思考和想象，所以，人与其信仰对象之间绝不是平等关系，在信仰对象面前，人必定是渺小的，人必须谦逊、顺从和充满敬畏之情，甚至将"信仰对象"作为人的"对象"都是不正当的。由此，相信是经验层面的、有条件的平等之信，信念是对永恒理念的认同和追求，信仰是无条件的绝对之信。

信仰神即绝对地相信神，相信神之实在、全能、纯善、公义，神就是绝对本身，没有任何东西能与之相对等；神无限而全能，并且是一切存在者的造物主（开端）、主宰者（持续）和审判者（终结），"祂"直接地、完全地占据一个人的生命和生活、思想和意志，人唯有在信仰中才是最正当的和善的。人对于神只存在两种态度，要么全信，要么不信，因为信仰神是无所保留、毫不怀疑的，而不能以信之程度、强度来表述信仰。虽然人在信仰的过程中，会遇到疑惑乃至怀疑的情况，但是绝不会否定神，而是以神存在为根本前提来应对这些问题，也不会认为作为神之正确启示的神圣经典（真理本身）存在不足，而是以神圣经典为根据来批判和校正自身。

人绝对地敬畏神、崇拜神。只有匍匐在神的脚下，人才会不自傲，不肆意妄为，认识到自己在神面前无足轻重，去做神永远的仆人和归顺者。同时人在神那里蒙受了最大的恩宠，神使人在世界上、天地间成为最尊贵的受造物，人在神面前是"祂"最喜爱的子女，反过来，人也要喜爱和颂赞神，所以，对人而言，神既是最严格的也是最慈爱的。

二 善本身

虽然神之全善性必然会面临如是诘问："世间的恶从何而来？"然而

这类问题最终源于人类的有限理智，它们之于神本身而言至多是一种猜测，于人有理，于神却是谬误，因为神如何可能为人所彻知！人类的全部能力在神面前，不会比虚无更多。与人不同，神之善与神之道、神之义、神之言语、神之显现是完全合一的，并明白无误地呈现在作为真理本身的启示经典中，因此，神圣的启示经典是神之善的客观化和现实保障，而其终极保障只在神自身。神所拥有的善是最纯粹、最具普遍性的善，毋宁直接就是善本身，否则善本身居然会外在于神，不是神本然便具有的属性，而这是与神之"全性"相违背的。当人还在苦苦思索何为善并为此争论不休的时候，神无始以来已经在启示经典中将自身显现为善本身，但是僭越的人却用人的善恶标准去理解和评判神，这无疑是一种本末倒置的做法，即用具体的善恶来界定善本身。更为彻底的说法是，人的善恶标准是虚无的，它与善本身无关，而虚无如何可能成为真理的标准？如果说人具有善性，那么它一定来自神而不是人自身，因为具体的善来自善本身，善行唯有在善本身的激发下才得以实现，归根结底，人之善只能源于神之创造和植入。

既然神是完满的，那么"祂"所启示的经典也一定是没有歪曲、完满自足、完美周遍的，不但其道理不能被增减毫厘，而且其言语和文字一个也不能被增减，增则过犹不及，减则欠缺不足。唯有神能保证启示经典的真理性，虽然它不一定是神之意志的全部体现，但一定是准确和自洽的，对人来说它已经是最圆满的了，是人知善行善的根本源头。当完满、全善、至善的经典呈现给了人，面对它，人除了最虔诚地信仰和奉行外，还有更完善的方式吗？唯有笃信神和启示经典的人才是纯善之人，由之生发的行动才是没有缺憾的善行。而人类总是喜欢自作主宰、自作主张，总是从自己有限的视角打量世间万物和评判其价值优劣，把自己树立为天地万物的中心，这还不是最糟糕的，最恶劣的是人居然用相同的方式对待神，导致神成为人之思维所把玩的一个概念，或者为无神论所否定，或者为多神论所肢解，或者在众多一神论之间流浪；神也沦为人的一种功利性需求，人以自身利益的增减为标准，增则信神，减则不信，只是有条件地信，而不是无条件地信仰。

那么，依据神圣经典，怎样理解善？什么样的人才是善人？第一，以信仰神、神之言语为全善和最大善，这是人之善性、善行的充分必要条件。在全善、至善的神面前，人如何可能断言自己是善人？自己的道德行动是善行？因为一切荣耀和善性都源于神，神是一切万有的创造者，没有神之创设，人之善性、人之善行是不可能的，"除了神一位之外，再没有良善的"（《新约·马可福音》）①，所以，神是唯一的善，神即善，除此以外，一切受造物在善方面都是有缺陷的，都不是全善的，人也不例外。人之所以具有善性，是因为神在创造人的时候，一并将善植入人性之中，但人之善性无法超越神之全善。人之所以能行善，是因为神已经预先将善的发生条件安排好了，它全在于神之完备的恩赐，"神能将各样的恩惠多多地加给你们，使你们凡事常常充足，能多行各样善事"（《新约·哥林多后书》）②，正所谓"行善的属乎神"（《新约·约翰三书》）③。概言之，人之善性、善行既源于神又属于神，由神赋予也由神成就，因此，人需要凭借对神的信仰、绝对信心，或者说神使人信，运用神所赐的启示、智慧、知识去认识神、崇拜神、追求神、亲近神，无条件地领受神之旨意，这才是人的真正善行和善功。与此相反，人们往往将智慧和认识视作属于自己的能力，认为如何运用它们是自己的自由，其结果是人因过分的自傲即高估自己的有限性而做错事，甚至行恶。神是全善的，神即善本身，人越是能行善，则越能认识和亲近神及其善性；神是与善人同在、同行并一同奋斗的，即人越是信仰神，为荣耀神而做事，做神所喜悦的事，则越能清晰无误地、积极地行善，因为行神之善完全超越了行人之善。

神既是绝对的创造者又是绝对的主宰者，因此，人是否是善人，人的行为是否是善的，最终由神来认识和判定。一个人唯有信仰神，并服从神所启示的诫命、律法去爱、思考和行动，那么他在神面前才是善的、正直的。人信仰神是人成为善人的根本条件甚至是唯一条件，从人出发的善是极其脆弱的，不堪一击的，最终会"灰飞烟灭"而化为虚无。人要成就一件善行，不能依据自己认为是善的便去做，而是要行"神眼中看为善、看为正的事"（《旧约·申命记》）④，"遵守我（神）的诫命，一心顺从我，行我眼中看为正的事"（《旧约·列王纪上》）⑤，

---

① 中国基督教协会：《新旧约全书》，中国基督教协会 1989 年版，第 50 页。
② 中国基督教协会：《新旧约全书》，中国基督教协会 1989 年版，第 206 页。
③ 中国基督教协会：《新旧约全书》，中国基督教协会 1989 年版，第 279 页。
④ 中国基督教协会：《新旧约全书》，中国基督教协会 1989 年版，第 180 页。
⑤ 中国基督教协会：《新旧约全书》，中国基督教协会 1989 年版，第 339 页。

且欲行善者，必须知道行善的荣耀全归神所有。如何知晓神之眼见？凭借对神的绝对信仰，信仰神所启示的语言文字，并完全按照这些语言文字所呈现的诫命、律法、事迹去行事，与神的意志保持一致，方才能得到神的保佑，使其行为具有善性，也凭此人在神面前才是善人或义人，善人即侍奉神的人。

　　人行善的着手处是"除掉外邦神的坛和邱坛，打碎柱像，砍下木偶……遵行祂的律法、诫命"（《旧约·历代志下》）①，只崇拜独一的神，遵从其诫命，而不能崇拜众神和其他偶像，因为其他众神在独一神面前是没有神性的，会造成人们对独一神之能力的误解，而偶像更与神性无关，其超人的能力是由人赋予的，所以，众神和偶像都是"人造物"，而不是"神造物"。唯有独一神是值得崇拜的，因为"祂"是绝对的造物主、给予者和毁灭者（否定者），人必须依靠神才能行善，善性、善行、善果等一切善的东西都是神赏赐给人的。除了完全遵从"祂"的意志外，别无其他路径可以称善。同时，人之行善不是因为害怕神会惩罚恶行，而是要从神所赐的善心出发自然地做出善行来。

　　第二，没有人在神面前是善的，这是人信仰神之全善性的必要条件。人因其自由意志而以自己为动机和目的，认为善性和善行可以全靠自身来成就，当人将善行做到极致便成了善人。然而，在神面前，极善之人也是极其卑微的，其善性也是微弱的，甚至其善之于全体的善并无一点增益，因此，人之善功并没有他自己所认为的那么重要。更为致命的是，人往往因自己的小善（极善）而遮蔽和忽视了神之全善、至善，以自己的德性圆满为最大的满足，而放弃追求最普遍、最崇高的全善。人若自以为善，即认为自己是善的根源，仅仅凭借自身就可以做出善行，成为善人，那么这种善在神眼中，与恶无异，因为人将神赋予的善视为自身所有，这是一种僭越，继而夸大自身行善的主观能动性，最终会推论出人无须神也能做出善行，这在神看来与人行恶没有本质差别，都是在漠视甚至无视神及其诫命和律法。因此，人之善非但没有达到全善，反而成为达致全善的一种障碍，善人非但没有成为真正的善人，反而变成道德上傲慢和自我满足之人。然而，善与不善只能相对于神及其全善而言，在神面前是善的，方才是真正的善人，完全按照神之意志、言语、道而行善，其行为才是善的；

① 中国基督教协会：《新旧约全书》，中国基督教协会 1989 年版，第 426 页。

更为不幸的是，"时常行善而不犯罪的义人，世上实在没有"（《旧约·传道书》）①，也就是说，世间不存在纯善之人，纯善只属于神，因此，人若要成为真正的善人，除了全身心地信仰神之外别无他途。由此，"没有行善的，连一个也没有"（《旧约·诗篇》）②，人不具有将神之全善完全实现出来的能力，反倒是人所做出的、最微弱的善行，也是神的功劳；即使人具有善性，也是神赋予的，善性不源于人自身，更不消说，人在全善之神面前有资格论断自己是善人。

综上，人要成为神面前的善人，即在信仰神及其所启示的经典前提下，忏悔曾经的罪行并行善，既要信仰神之全善性又要把神赋予人的善性实现出来。若一个人知道善、神之全善却不行善，神将惩罚他。人为了做出神所要求的善行，即使忍受最大的苦痛也是值得的，神最终会将这些行为视作善的，因为这是为神而忍受的，故而为神所喜悦，"为神的喜悦而做的事"一定是善的。然而，最终说来，一个人无论行了多大的善，对神永远都有亏欠。

三　根本恶

义（righteous）与罪（sin）、义人与罪人、义行与罪行侧重于表述人在神面前的状态；而善（good）与恶（evil）、善人与恶人、善行与恶行侧重于表达人自身的品性和人与人之间的行为关系。但是，在信仰独一神的语境中，后者最终的规定性源于前者，因为神人关系是人人关系的根据，善恶也是由神来判定的。

唯有神才具有定罪和赦罪的权柄。第一，神"救赎祂仆人的灵魂，凡投靠祂的，必不至定罪"（《旧约·诗篇》）③。在独一神眼中，世界上只存在两种人，要么信"祂"，要么不信"祂"，信与不信都是毫无保留的，信则全信，不信则全不信，而不存在"中间地带"。不信神的含义为，神的存在与否对于人和这个世界来说没有丝毫影响，其实质是从实在性方面否定了神，这是对神的最大否定。否定神便否定了神所启示的经典、言语、神迹和神所指派的天使、先知，取消了人对神的客观见证，由

---

① 中国基督教协会：《新旧约全书》，中国基督教协会1989年版，第624页。
② 中国基督教协会：《新旧约全书》，中国基督教协会1989年版，第515页。
③ 中国基督教协会：《新旧约全书》，中国基督教协会1989年版，第527页。

此否定了神之实在性和真实性，使神沦为人所设定的一个想象物，没有任何真实的力量。对于一个想象物，人自然无法产生敬畏和崇拜之心，因此，也无法约束并提升人的心性和行为，神至多只是一种乌托邦式的概念。既然神是一种空想概念，那么无论肯定"祂"抑或否定"祂"都是无足轻重的，人们可以从否定神之实在性继而否定神之价值性，亵渎、羞辱神。此外，与把恶性赋予神的预设相比，不信神是更严重的罪，因为从人的立场出发论说神具有恶性，并不是在否定神之实在性，而是在承认神之真实存在的前提下，提出了"恶从何而来"的质疑，如前文所述，若神是实在的，那么，"祂"就能够凭借其全能克服这一悖论。概言之，不信神就是最大的罪，不信神的人就是罪人。

第二，信神的人在其自由意志的作用下，想通过自己的行动成为神那样的存在者，由此，人犯了"原罪"。原罪并不是指时间上最早的罪——原始之罪，而是每一个人在本性上对神的永久亏欠——本质之罪，"世上没有不犯罪的人"（《旧约·列王纪上》）[1]，人作为神的受造物，不但没有尽心尽性地感恩神，没有全心全意地侍奉神，没有以神之荣耀为行动的动力和目的，反而觊觎神之位置，企图获得神一般的永生和能力，因此，原罪位于每一个人的本性之中，是每一个人必然且正在对神犯着的一种罪，无论人怎样行动，都无法避免这种罪，也即，必然存在着的原罪使每一个人先天地亏欠了神。正因人之原罪先天必然地存在着——人之本质欠缺，所以，神之救赎和恩典就是普遍必需的，并且处于原罪中的人无法完成自救，他绝对地依赖神之拯救，必须彻底地向神忏悔，彻底地信靠神，将自己的一切交托给神，最终由神来化解人的原罪。

第三，人除了必然会犯原罪以外，还会违背神之旨意、自作主张而远离神，犯下种种具体的罪。人不遵从神的诫命、命令、律法、规矩，违背了与神所立的约，人不听从神，做了神吩咐不可做的事，由此，人亏欠了神，得罪了神，人在神面前犯了罪，神由此给人定罪。既然人之罪由神来判定，那么罪之化解自然也由神来赦免，唯有神才能完全清除、洁净、除尽人的罪，将人从罪里拯救出来，使人与神之间得到调和，因为神是怜悯人和爱人的，而人必须向神祷告、忏悔和认罪，不自傲，自觉有罪，寻求神的帮助，敬拜、侍奉神。

---

[1]　中国基督教协会：《新旧约全书》，中国基督教协会 1989 年版，第 331 页。

与罪不同，人只能对人或其他生命存在者行恶，而无法对神行恶，然而最根本的恶不是源于人与人、其他生命存在者之间的彼此否定，而是源自人不信仰全善之神，失去了善恶判断的绝对标准。除了恶以外，神把应当给人的一切都给了人，即神把应当给予人的一切美好的、正面的东西全都给了人。而人之所以作恶，正是因为神将自由赋予了人，于是人有了自由的意志和能力，凭借这种自由的属性，人既能够做出善行，又能够做出恶行。善行是属于神的，善行所带来的荣耀也是属于神的，然而恶行却不属于神，因为恶行之所以发生，全在于人不信仰神，不敬畏神，而以自己为判断是非的标准，认为自己是善的源头，同时也认为自由是属于人的，也就是说，人将自己确立为一切正面价值、自由理念的确立者和拥有者，僭越神的权威，而这恰恰是最大最根本的恶。由此可见，最根本的恶是最大的罪，最大的罪是最根本的恶，因为没有了神或者不信仰神，人之善恶、义罪都是相对的，当把相对的、有限的标准上升为绝对的标准时，便将导致善与恶、义与罪之间的混乱乃至颠倒，由此，非但不能促成更多的善行，反而打着善的名义、依照自己的私意行大恶。

一个人之所以成为恶人，原因在于：其一，他认为"没有神"存在，没有比自己的综合能力更强大的存在者存在，即便自己心存恶念，世间的律法也无法约束和惩罚自己，而一旦自己做出了恶行，最多只是今生受罚，而不会面临永恒的惩罚；其二，即使承认神是存在的，他也"不怕神"，因为超自然的权能被诸神分散了，它们没有结合在无上且整全的独一神之中，他看到的是诸神之间的争斗，当诸神之中最公正者没有胜出之前，他便可以无所惧怕地行恶；其三，他更不知道独一神之全善性是什么，即不知道什么是善本身，无法判断什么是恶，继而"行我（神）眼中看为恶的事"（《旧约·耶利米书》）①，要么是无意行恶，要么是有意作恶，不信全善之神而有意作恶的人是最愚蠢的，"愚妄人以行恶为戏耍"（《旧约·箴言》）②，不是因为其智力低下，而是全善之神在其眼前却视而不见，由此错过了被拯救的资格。所以，"离弃……神，不存敬畏我的心，乃为恶事、为苦事"（《旧约·耶利米书》）③，由于神是善本身，

---

① 中国基督教协会：《新旧约全书》，中国基督教协会 1989 年版，第 707 页。
② 中国基督教协会：《新旧约全书》，中国基督教协会 1989 年版，第 606 页。
③ 中国基督教协会：《新旧约全书》，中国基督教协会 1989 年版，第 689 页。

人远离神是在接近恶，背弃神则是直接在作恶。在神面前，人自己造出了最大的恶源，由此恶源导出了种种具体的恶行，比如崇拜人造偶像，诽谤、伤害、侮辱、迫害甚至杀害他人。神将记录下人的全部恶行，最后"祂"凭借自己的公义来惩罚恶人。既然恶源于人对于神的背离，恶行完全由人自己造成，那么人要脱离恶，就必须重新信仰神，向神忏悔，并按照神的戒律行动，"恶人若回头离开所作的一切罪恶，谨守我（神）一切的律例，行正直与合理的事，他必定存活，不至死亡"（《旧约·以西结书》）①，也就是说，人因自己所行的恶而失去由神而来的生命，同样人唯有在绝对信仰神的前提下行善，才能获得神之拯救、净化和新生，重新成为善人。

罪是人对神犯下的恶行，而且是最大的恶行，但是对神犯下了最大的恶行不等于说对人犯下了最大的恶行，因为人是通过自己的自由意志而不是为神所决定而行恶的，也就是说，一个人的恶行只由他自己承担。但是，一个人对神都敢做恶事，那么他对人行恶便越发肆无忌惮，因为人对人的恶行导源于人对神的罪行，人若完全按照神的要求对待人，那么人的行为将是全善的，因为神即善本身、正当性本身。

第三节　灵魂不死

一　人的属灵生命

依据神在神圣经典中所启示的内容，神的创造活动形成了三大类成果：物质世界、自然生命和属灵生命（精神生命）②。物质世界包括天、地、水、光、土等非生命存在者，属灵的生命为人和天使所拥有，其他的生物只具有自然生命。神通过"说"来创造世间万有，神之"说"并非纯思维形式的言语表达，而是具有将任一"语词"转化为客观实在的能力，此"说"的客观呈现是神之"气息"（breath），"说"的内容被实在化为气息的具体运动和变化，即神之气息是演化出天地万有的本原之气，因此，物质世界、自然生命和属灵生命都是由神之气息活动直接生成的。

---

① 中国基督教协会：《新旧约全书》，中国基督教协会 1989 年版，第 771 页。
② 在独一神信仰中，神之"灵"或"圣灵"是神的神圣精神，因此，本章中的"灵"和"精神"是同义词。

神之气息并没有将生命赋予物质世界本身，因此，生命不是物质世界的本有属性，而当神之气息使物质世界中的部分客体具有生命力时，就产生了两种存在者，一种的生命力会随着物质载体的消亡而消失，另一种的生命力则会在物质载体消亡之后继续持存，前者是自然生命存在者，后者是人，二者的区别在于是否具有属灵生命。既然属灵生命可以完全脱离物质载体而实存，那么没有物质实体的纯灵生命也能够单独存在，此即天使。由于现实生活中的人逃脱不了自然规律、自然必然性意义上的死亡，因此，人本身一定包含着死亡的自然生命。由此，一个整全的人是由相应的物质载体、自然生命和精神生命结合而成的统一体。

作为造物主，神不但创造了人的身体（body）或肉体（flesh），而且将气息（breath）或生命（life）、灵或精神（spirit）赋予了人，由此可见，人在诞生之初便获得了神的特别恩宠，成了世间的最高贵者。"赐气息给地上的众人，又赐灵性给行在其上之人的神"（《旧约·以赛亚书》）①。"祂""用地上的尘土造人，将生命的气息（the breath of life）吹在他鼻孔里，他就成了有灵魂的活人（a living soul/being/creature）"（《旧约·创世纪》）②。神用泥土做成了人的肉身，然而人若只有这副躯壳，那么他跟纯物质事物之间是没有本质区别的，因此，神通过向人的躯体吹"气"，不但使人具有了与肉身必然联系在一起的自然生命，更为重要的是，神将自己的圣灵部分地赋予了人，这样人便获得了属灵生命或灵性生命。由于属灵生命的存在，人之灵才可能通向神之灵，也唯有在与神的精神性联结中，人才能自知自己的本质性规定和使命是什么，并将自己与神的其他创造物区别开来。同时，人之灵是神对于人的特别恩赐，凭此灵性生命，人成了天地之间最尊贵的存在者——地上的王，人可以统领万物，其他存在者都以人为中心。当然，正因人享受了最大的恩宠，人才必须承受最重大的责任，即照看万物，维持、促进万有之间的最大和谐。然而，无论人拥有多么大的特权，他都不可能成为神那样的存在者，不可能具有神所拥有的全部权柄，因此，神一定没有整全地把灵性生命赋予人，人只是部分地分有了神的圣灵，尽管这种分有对于神自身来说是微不足道的，然而对人而言，却是丰富和充足的，能满足人之为人的全部规定性和需求。

① 中国基督教协会：《新旧约全书》，中国基督教协会 1989 年版，第 666 页。
② 中国基督教协会：《新旧约全书》，中国基督教协会 1989 年版，第 2 页。

　　神创造了世间万有和人之后，如何与"祂"的造物发生联系？对于"祂"自身而言，这不是一个难题，仅仅取决于"祂"的意愿，因为全能的神可以用无数种方式与其造物发生关联。然而在这个世界上，除人以外的其他生物，神并没有赋予它们灵性生命，即使它们获得了部分灵性生命，也不如人的灵性生命充足，并且还要受到人的管理和安排，所以，它们只需单纯地服从自己生命的本能和神所制定的法则就足够了，无须主动寻求其自身与神之间的联系。其中，人是一切例外中的例外，比起其他事物，人被赋予了最大程度的自由。神因为最爱人类，故而将世间最宝贵的自由意志和自由权利给了人，由此，人类获得了最强的主观能动性。凭借这种能力，人类狂傲地做出了否定神、背弃神、侮辱神的恶事来，因为从已有的全部事实出发，都无法确证神是实在的，或者即使神是存在的，人也无法完全知晓"祂"，无法确证什么启示才是来自神的真理，因此，人类认为与其猜测神的旨意，不如依靠人自身的意志去决断万事万物。

　　由此，问题从"神如何与其造物发生联系"演变为"神如何与人发生联系"。此中的关键在于：神如何准确地向人，而且是以人能够理解的方式呈现"祂"自身？神无所不在，却不在任何一处，神是其所是，不是任何一物却包含万有，且没有任何遗漏，因此，神只有向"祂"自身呈现的时候才是完整而准确的，因为唯有神自己能完全理解"祂"自身。人之为人的一个基本悖论是，人自己都无法完全认识自己，更谈不上认清比自己高上无穷倍的神圣存在者。因此，为了使人能与"祂"相通，"祂"在创造人的时候，必须从自己的灵生出人的灵，以便人的灵与"祂"的灵具有同质性。反言之，人所理解的神，一定是作为灵性生命本身的神，即圣灵（The Holy Spirit），神即灵——神圣精神，也即，人必须通过灵（精神）和真理来崇拜祂，人也只能在自己的灵与圣灵可以相通的意义上理解神。然而，人与神毕竟是不同的，人必定有一个有限的躯体，而神即使有躯体，它也必定是无限的。虽然人的灵与圣灵之间可以相通，但是人的灵不具有绝对的主动性，从人的角度讲，人永远只能通过一个"孔洞"去窥视作为全体的神。因此，"遵守神命令的，就住在神里面，神也住在他里面。我们所以知道，神住在我们里面，是因祂所赐给我们的圣灵"（《新约·约翰一书》）①，"如果神的灵住在你们的灵里，你们

---

　　①　中国基督教协会：《新旧约全书》，中国基督教协会1989年版，第275页。

就不属肉体，乃属圣灵了"（《新约·罗马书》）①，由此，人唯有将自己的灵性生命全部地奉献给神，绝对地信奉神，以圣灵为绝对的依靠，圣灵才能在人的灵性生命中发挥作用，并由圣灵来成就人的永生和福祉。

　　人的灵性生命之于人本身到底具有什么意义？从消极方面讲，可以从人的心灵上限制恶行的发生。如若人没有灵性生命，那么在人的自然生命死亡之后，人的灵也随之消亡，无灵的肉体开始朽坏，人最终沦为一抔无生命力、无精神的尘土，既然如此，人在生前便无须行善去恶，只需规避现实生活中来自规范和法律的惩罚，因为无论善人还是恶人，他们死后都是没有感受、没有精神的物质颗粒，更不可能去承担相应的责任，即便有神存在，"祂"也不可能惩罚一堆作过恶的尘土，由此产生了一种价值虚无的人生观，不谴是非，只追求及时行乐。但是，若人先天地具有属灵生命，而且此生命不以人之肉体的实存为根据，那么当人的自然生命终止之后，人的灵性生命便能够脱离人的肉体而存在。虽然人的灵性生命本身是圣洁的，但是为了最终评判人的自然生命和肉身的所作所为，人的灵性生命必须将它们一一地记录下来，并成为它们的载体。当神把人的自然生命和肉体复活之后，人才能成为真实的责任主体，并对之进行客观公正的审判。其中，作恶者的下场是痛苦的刑罚，由于复活之人具有真实的灵魂和肉身，因此，作恶者在精神和肉体两方面都将真实地感受到巨大的痛苦——生不如死。既然作恶者死后依然会面临永恒而真实的痛苦，那么基于对此种痛苦的无限畏惧，人在生前必将惧怕做恶事。

　　从积极的方面讲，可以促成人从心灵出发主动地去行善。人的属灵生命为人行善提供了最强大的动力和保障，因为人的属灵生命来自圣灵，圣灵既是全善的又是全能的，再加上人的灵性生命是圣灵最好的展现通道，因此，圣灵之善性保证了人之所行是善的，圣灵之全能保障了人之所行一定是善的。也就是说，人的属灵生命使人可以完全信靠神，从而在神的引导下做出善行来，人之所以做出善行，并不是因为人自身的善性和能力，而是其灵性生命在荣耀圣灵，并将神之善性呈现了出来。

　　所以，如果一个人没有属灵的生命，那么他的一切将随其自然生命的结束而消失，虽然别人依然可以判断其生命价值的大小，但对于他本人而言，因其在实存方面已经完全成为"虚无"，一切价值判断也将失去效

---

① 中国基督教协会：《新旧约全书》，中国基督教协会 1989 年版，第 174 页。

力——价值判断的作用在于促使人弃恶从善，而如果一个行恶之人以死就能赎罪的话，那么他大可不必改过迁善。但是，人之属灵生命却使人永远担负着自己的罪恶、恶行，由于属灵生命的存在，它迫使人必须在其自然生命持续的时候努力行善，因为神将依据人在此期间的善恶来审判人，对善给予奖赏，对恶予以严惩。

二　人的自然生命

人的灵性生命由永恒常在的圣灵确定，因而它是不死的，或者说其存在还是毁灭，只能由神来决定。与此不同，人的自然生命恰恰是由其必死性来界定的，即由人之死来限定人之生。现实世界中的生与死一同属于自然人的本质规定，因为人的自然生命以其肉身的存活和机能为物质前提，即它依附在肉体之上。由于自然规律决定了肉身必然走向衰竭和死亡，因此，人的自然生命也必然随之变得衰弱，最后消失不见。由此，人之自然生命的生和死与其肉体的存活和死亡是同步的。

在神创论看来，神通过对泥土（或类似之物）赋予特定的"形式"而使之成为人的躯体，即人的躯体来源于泥土的聚集和神的赋形，而且泥土本身也是由神创造的，因此，作为质料的泥土和作为形式的"人形"经由神之工作而成为人的肉体，也即，人的肉体是神的作品。然而，人之肉身的本质形态是微尘和泥土，是无数的物质颗粒，因此，人之肉体是泥土的偶然形态和过渡形态，它最终会复归为泥土。人之肉体因泥土的聚集而实存，因其分离而消亡，泥土的聚集需要神来有意为之，但泥土的消亡却无须神之劳作，其微粒状态即其常态，由此，就人之肉身是泥土的一种聚集状态而言，其存在必定具有时间限制。虽然人的肉身被造好了，但是它并没有"活"起来，其实质仍然是物质性的泥土，在此神不过是在制作泥像罢了，如果神的创造活动停留于这个阶段，那么神只是在玩一种"同义反复"的游戏，因为若没有自主生命力的存在者作用于神的活动，则神的活动永远只是神自己在活动。因此，为了使肉身成为一种自主的存在者，神将"生命之气"赋予了人的肉身；而让人"活"起来的这种生命气息，它必须与人的肉体纠缠在一起，离开了肉体，它将不复存在，或者以一种不属于人的方式存在着，最终来说，复归为神之气息。由此，在人的现实生命周期中，其肉体的死亡就是其自然生命的死亡，在一个人的肉体死亡之后，其自然生命即便有可能继续存在着，但它对于这个"死人"而言没有任何意义。

死亡是人之自然生命的本质属性，现实生活中的人是一种必死的存在者，正因如此，人的自然生命只有一次，人生意义的求取只能在这有限的一生中完成，没有第二次机会。因此，人必须从自己生命的终点出发来筹划自己的人生，为了自己能好好地死，就必须好好地活。正因自己的自然生命和躯体终将朽坏，故而在这一生中必须不懈地追求永恒。死亡作为生命的直接否定面和人生无法消除的缺憾，将人置于绝境之中，此绝境逼迫人把自己的生命竭力提升到最高端，将人生的意义推廓到死亡之外，正因否定性的存在，才需要不断地加强积极性，正因缺憾是无法弥补的，才需要把没有缺憾的地方做到极致，所以，人的自然生命必定无法克服死亡，唯有人生的意义才能超越死亡。问题在于：人如何行动，才能使自己的人生获得最大的意义？人类对意义的求取，要么来自一种比死亡更强大的理念，诸如善、正义，要么来自独一神的启示和安排。前者说到底是以人自身的能力和品质为根据，而后者则把人生意义的实现奠基在神的能力之上。由于人类确立了不同的终极理念，并给出了不同的论证体系，导致了不同理念体系之间的争论，又由于人们执着于自己的立场，无法寻找到更具普遍必然性的理念，因此，这些体系之间的争论是不会停息的，这一情况极大地限制了人们对人生意义的追寻。相比于人自身所确立的种种意义之路，神所启示的道路更加简洁明确，更具有超越性——人只需要信仰神，并依照神圣经典而行动，其他的事均由超验的神来保障和完成。

人生的意义在于追求和实现人生价值，而价值是由善好（good）来确定的，因此，善好是人生的意义之源，唯有追求善好的行为才具有意义。而在一切善好行为中，善行和恶行对人生意义而言具有决定性的意义，因此，把行为的重心放在善恶上，将能为人生的意义奠定基础。然而对于什么是善恶，人类同样没有明晰的界定，仍然处于争论状态，虽然在具体的场域中，人类可以大致判断出行为的善恶，但是对于人的一生而言，判断善恶的标准却无法获得确定性，由此，人类把目光投向了全善的神，希望通过神的启示获得关于善恶的真理性知识，并能引导人类做出客观的善行来，即人在信仰神的前提下行善。同时，正因人的自然生命周期是短暂的，行善就显得极为紧迫，人类必须将善性与自己的生命融为一体，将行善作为自己活动的常态，由此才能在有限的一生中，尽可能地创造出最大的意义。

人若只拥有自然生命，当他死亡之后，就无法再继续作为"主体"：因为他的肉体朽坏了，成了物质颗粒；他的自然生命也同时消失了，成了无法被确知的存在；他不再是一个统一体，更谈不上具有稳定的同一性。人生的意义超越了死亡，因而值得奖赏，人生的罪恶同样也超出了死亡，因此，必须予以惩罚，不论对一个人进行奖赏抑或惩罚，由于他不是作为"活人"来承受，对于他本人而言就是无效的，即使是神，"袘"也无法对没有同一性的"死人"进行审判。神之所以要创造人，并不是"袘"太无聊了，因而发明一种把人作为玩偶的游戏来自娱自乐，而是在进行一场严肃的、有意义的工作。在神创造出人之前，"袘"实际上已经为自己立下了一系列约定，这些约定一旦确立，"袘"自己也不能违背，其中最重要的一个约定是：把人创造成自由的存在者，至少在善恶问题上，人是自由的。

神一旦将自由置于人的心中，人便具有反对神、否定神的意愿和行动能力，神将直接面临着一种否定性的力量。但是根据约定和约法，神不能凭借自己的无上力量把人全部摧毁掉。在人的自然生命历程中，神是在引导而不是强迫人跟随"袘"的启示，因此，人类依然可以不服从神的意志，而遵循其他非神的事物所生发的规则而行动。正因作为自由存在者的人具有犯错、作恶的能力和行动，神创造人的活动才是有意义的。神并不是想把恶创造出来，而是因为善不能永远停留在单纯的自身同一中，人也不是因为被造成为纯善的便与恶绝缘了。既然恶永远是一种潜在的威胁，与其拒斥，不如承认其实在性，在善恶交织的世间，人克服恶的过程不但彰显了人的价值，同时也显明了神创造人是一件有意义的劳作。然而人自己无法审断自身的善恶，因为只要人还活着，他自身的善恶状况就没有达到最终的确定性，并且也无法完全彻知另一个人心意和行动的善恶，因此，对人的审判必须在其自然生命终结之后，也唯有神才有资格做这件事情。但是如果人在其死亡之后完全消亡，也无法对之进行审判，因此，保持一个人之为他自身的载体是另外一种生命，此即属灵生命，唯有人的灵性生命能保持人的人格同一性，由此，人才能作为完全担负道德责任的主体，才能作为行善受赏和行恶受罚的主体。

三　人的复活

人唯有完全依靠圣灵才能做出纯善的行动，但是人却没有天然地遵从圣灵的要求行动，因此，其行动不但不是纯善的，而且甚至可能是恶的。那么，是什么在阻隔人的灵性生命与圣灵之间的良好联系？

由于人由物质性的肉体、自然生命和属灵生命三部分构成，因此，需要从这三方面寻找相应的原因。人的肉体服从自然规律和自然的必然性，如果人的感性、欲望和理智以肉体的本能需求为前提，那么人只需像生物那样把"自保"作为最高的行动原则，这在人身上就体现为完全以自我为中心，由此将导致人与人之间的恶性竞争，导致人们互相交恶，彼此伤害，甚至相互杀戮。人的自然生命是指属人的生命、意识和活动，即人之灵，对于人类整体而言，它将人置于世间万有的中心，对于个人来说，他将"自我"作为行动的根据和目的，人们以各自的善恶标准评判他人的是非善恶，以有限的、关于善恶的现象推论出善恶本身，都以正义自居，由此，以善的名义做出了恶行。毋庸置疑的是，如果人的灵性生命与圣灵完全一致，那么人一定能做出纯善的行动，但是人的灵性生命并非整全地分有了圣灵，对人而言，将会出现两种极端的状况：一端是觉得自己在神面前太渺小了，故而不敢轻易地运用自己的灵性生命，这是忽视灵性生命的信仰；另一端为既然圣灵是无法被全知的，那么与其关注神，不如将重心放到人的自由决定权上，这是无视信仰的灵性生命。

正因为人本身不是全善的，人也无法必然地做出全善的行为，而且"全性"是只属于神的性质和能力，所以，人的复活才具有不可或缺的作用，因为人在复活之后：一方面自己的善恶行为会被神彻底地清算——赏善罚恶，否则人的自然生命过程便只是一场与价值无关的游戏，在此游戏中，人只有依规则而来的胜负，而没有价值的高低和善恶之分辨；另一方面神能让人获得正确的引导，惩罚恶行不是为了彻底地否定人，使他永陷万劫不复的痛苦状态，而是给行恶之人提供忏悔和赎罪的机会，因为没有惩罚，人的恶行便无法被化解，恶人就无法被转变。所以，神使人复活，是为了褒扬善和惩治罪恶，罪恶只有得到了惩罚才会减弱。单纯宽容罪恶是远远不够的，因为宽容只能从主观上包容罪恶，而无法从客观上消除罪恶本身。如果罪恶无法被彻底地消除，那么恶人永远也无法获得重生的通道，若真是如此，那么现实中作恶的人将对拯救不抱任何希望，并由此继续堕落下去。

若人自身纯然是善的，其所作所为也是善的，那么人便无须被神复活，也无须领取奖赏，因为人所生活的世界已经是纯善的世界了，人复活之后进入的天堂也同样是纯善的世界，既然都是纯善世界，那么复活人便只是在做重复性的工作。而在纯善的世界中，人依从自己的善性，无须克服困难而自然地做出善行，不会遭受作恶的风险，因此，无须对人的自然善行进行奖励。如果人是纯恶的，那么神只需直接把人摧毁干净，便清除了人所行的全部恶迹，在此情形下，神也无须复活行恶的人。因此，人之所以需要被复活，是因为人做出了善恶两种行为，并需要对它们进行区别对待。复活这件事情的发生，充分证明了人是一种既能行善又能作恶的主体，更证明了人是一种自由的存在者，因为只有当人能够自由地行善作恶的时候，他才需要为自己的行为负责，行善必须克服恶念，作恶必定违背善念。

人如何才能复活？神依据人的不死之灵性生命，而不以必死的自然生命和肉体为根据对人进行复活，因为人的肉体会朽坏，其自然生命会死亡，唯有其灵性生命才能承载起人的一切作为。虽然神具有为人创造完美"新灵"的能力，"祂"可以用新灵来置换犯下罪恶的旧灵，把染污的灵净化为纯善的灵，但是由此人生前所作所为的善恶属性将变得毫无意义，因为一方面已死的肉体和自然生命无法继续保存人的行为，另一方面人的灵性生命一旦被神改变了，便无法再作为其人格同一性的载体，或者说人丧失了自己的人格同一性。然而即便神是无所不能的，"祂"也必须遵循自己与人所立的约法，不能在终极审判之前把人的善恶抹平，而要让人完全自由地成为其善恶行动的主体，必须是"行善的，复活得生；作恶的，复活定罪"（《新约·约翰福音》）[1]，即使人在自由的状态下为自己的行为承担相应的后果。

只有当人是一个"活人"的时候，神才能对其进行审判，因此，人必须具有不死的属灵生命；唯有对有善有恶的行为进行审判才是有意义的，因此，人的属灵生命必须记录下人的全部善恶活动；神的惩罚不仅要给人造成灵性上的痛苦，还要给人造成实在和真实的痛苦，因此，人的复活不仅指人之灵魂的重生，而且包括人之肉体和自然生命的重生，即重现一个完整的、活生生的人，由此，神对人的惩罚才能对人造成真实的痛苦，这种痛苦对现实生活中的人形成了巨大的威慑力，使人对神产生敬

---

[1]　中国基督教协会：《新旧约全书》，中国基督教协会1989年版，第107页。

畏、恐惧之心而不敢轻易作恶。所以，人的灵性生命是人之复活的存在根据，人之善恶是人之复活的价值根据。而人的灵性生命来自神的赋予，人的善恶以是否信仰神为标准，因此，人的复活以神之实在和全能为终极保障。

第四节　恩典与终极审判

一　善与恩典的一致性

在人身上，善体现为善心、善言和善行三种形态。从善的本性上讲，善心和善言也属于善行，因为同善相关的意识和言语与客观的善行是一体的，都是围绕善的概念而生发出来的活动，所以，真正的善必须是人之心意、言语和行动同时达到善的状态，任何一方面的缺失都将破坏善的完整性。因此，一个人即使呈现为善的状态，如果其心意、言语和行动不具有同一性，那么他也不是善人。在信仰者看来，人之善在于信仰神之善，因为神的启示、话语是关于善的真理性知识，因此，无须人自己去思考什么是善，只需遵从神的要求，在心里认受神，言语上赞叹神，行动上荣耀神，人就是在行善，也由此，人才能成为善人。所以，不信仰神，人便不知道善本身是什么；对善本身没有知识，人便无法做出善行；没有行善，人便不是善人。

人之善以信仰神为绝对开端和绝对前提，以做出真实的善行为客观确证。人若不信仰神，那么其所行之善便缺乏基础和根本保障，因为人无法彻知全体之善，即使能全知整体之善，也不具有将其完全实现的能力。单纯信仰神对人之成善来说也是不够的，因为"信心（信仰）没有行为也是死的"（《新约·雅各书》）[1]，有关于善本身的认知而没有相应的善行只是一种空谈，空谈善是无法使其具有客观实在性的，也就是说，人没有在其心意、言语和行动三方面同时做到绝对地信仰神。反言之，如果神之善只停留在人的心中或只呈现为人的言语，而没有在现实世界中被实践出来，那么，人对善的认知本身已然不具有完全的真理性。由此，人之善是信仰神和行善的统一体，或者说信仰本身必须是知行合一的。

当理解了人之善及怎样行动才能成为善人之后，需要探讨的问题是：

---

[1]　中国基督教协会：《新旧约全书》，中国基督教协会 1989 年版，第 261 页。

行善的意义是什么？成为善人的意义何在？从人的立场出发，行善和成为善人都是他自己的选择，他可能是为了追求善本身而行善，也可能是通过善去追求某种自我满足，前者是将善作为其行动的目的，后者则是把善作为达成另外目的的某种中介，无论这两种方式多么不同，它们都属于人所进行的自我成就活动，这种活动需要人一生的努力，也就是说，人在其死亡的时候才是其生命的完成。同样，人的自我成就活动也必须在其死亡之时才会停住，所以，行善是贯穿一个人一生的行为，成为善人需要其持续一生的善行来确证。人既无法超出他自己的死亡来审视自己的全部行为，也不可能对其行为进行客观的价值判定，说到底，人从自身出发无法确定什么是真正的善行，践行人所认知的善无法保证人成为善人，因此，人不可能依靠自身来实现自我成就。真正的自我成就不单单包含人的道德圆满，还包括与道德相适应的幸福具有同等程度的丰富性，由于人无法完满地呈现自身的善行，因此，人也不能享受相应的福祉。由此，单靠人类自身，其善行、成为善人及能否享受幸福都无法被完全地确知，因为它们始终处于未完成状态。

　　从信仰神的角度来看，人行善和成为善人都是在荣耀神，正因善人将神的美好属性展现了出来，因此，神要赐福于善人。但是，为什么神要特别赐福于荣耀了"祂"的善人？最根本的原因是善的对立面——恶——出现了，在善与恶的缠斗过程中，神的态度必然是认同善和否定恶，进一步的论述如下：从神之全体本性上讲，恶不可能独立地存在于神之外，但就其全善的价值本性而言，"祂"必然要惩罚恶，简言之，恶可以存在却不为神所认同；全善的神不会创造出恶，恶只能由受造物造成，并且是具有自由意志的受造物如人才具有这类能力，他们可以违背神的旨意，按照自己的意志做出恶行，并且在现实生活中，人出于自己的自由意志已经做出了真实的恶行；人的自大、背弃和作恶玷污了神之纯善，神赋予人自由意志原本是希望人行善，人却将自由凌驾于神及其善性之上，最终失去了约束，作恶成为其必然的取向；同时从人的自由意志生发出来的善性也是极其微弱的，人往往通过这类小善来批判甚至否定神之善，由此，人的善转变为罪和恶；既然人之恶是不可避免的，无法阻止它在现实生活中产生出来，那么与之相对，人必须不断地肯认对于神的信仰，明白神之恩典全时全在，信靠神便能无限地增强行善的力量。

　　神无所不在，"祂"永远处于在场状态。由于"祂"要遵循与自由人而不是纯善之人所达成的约定，因此，"祂"不会强行把人改变成纯善的存在者，即直接赋予他们一个全新纯善的灵魂，而是通过其他方式去引导人行善。神每时每刻都在将自己的恩典、恩泽给予信仰神和行善的人，或许人们看到的往往是善人、善行没有得到相应的好报，原因有两类：其一，善是人所认为的善，但与神之善并不完全一致；其二，神是在有意地考验人之信仰的坚定性和坚韧性，只有经历苦难的善才是最珍贵的，也就是说，神将人作为自己最看重的"作品"，为了使这个作品成为最珍贵的，神无所不用其极，在各种极端状况下锻造人。

信仰神并依神之旨意行善的人得到了神的赐福、奖励，其罪恶被清除了，他将升入天堂、乐园或幸福园，在其中享受幸福的生活，并且最先行善的人，最先受到善报。神希望每一个人都能获得最终的善报，"祂"无时无刻不在引导人、保佑人，派众先知来开悟人，使其信仰神，做善行。不是神远离人，而是人远离甚至背叛了神。一个人若信仰了神，却没有做出任何善功，这是不足以享受最终的善报的。信仰神却不按照神之启示经典和意志行动，其信仰便不具有客观实在性。因此，人若没有做出具体的善行，即便是神，也无法给予其丰富的善报，至多因其不作恶而不会遭受惩罚。

为了使人的德福达到最终的一致性，神给整个世界设定了最终期限——"末日"，要对人的所作所为进行终极审判。当然，在神那里是没有时间性的，"祂"永恒常在。只是对人而言，时间被规定在神创造与毁灭万有之间，其目的是给人树立一个绝对的死期，反过来促使人觉悟神之绝对能力和全善性，使人在其此岸生活中信神行善，即虽然神之终极审判位于彼岸世界，但是进行终极审判的依据却在此岸世界中。神依真理即事实本身准确地、精确地裁判人，"人所做的事，连一切隐藏的事，无论是善是恶，神都必审问"（《旧约·传道书》）①，神不但审判人的行为，还要审判人的心意和言语。神客观而精准地呈现人所行的事实本身，既不夸大亦不减小，然而神据此对人的奖惩却是加倍的，其目的是促成人更多地行善。

信仰神和行善的人必定会得到神的报酬、善报和福佑，因为神给予了人通过行善来荣耀"祂"的机会，所以，人信仰神和行善的本质是神的自我证明，看似人在显现和完成神之善性，其实质却是神在自我成就。

---

① 中国基督教协会：《新旧约全书》，中国基督教协会 1989 年版，第 627 页。

二 恶与惩罚的一致性

与人之善相对应，人之恶也具有三大形态，它们分别是恶念、恶语和恶行。同善心、善言一样，恶念、恶语都是恶的运作或"行动"。与真正的善必须同时满足心意、言语和行动三方面都是善的不同，由于恶念已经是一种活动，即便它只停留在人的意识层面，仍然对进行意识活动的主体形成了坏的影响，因此，恶念已然是一种恶，恶言亦是如此，即只要在人之意念、言语和行动中任一一方面是恶的，人就是在行恶。在独一神信仰中，恶人之为恶人，不单是依据其行动被判定为恶的，而是从人产生恶念的时候便开始了，在此，人的恶念是人不信仰神而否定神，崇拜偶像。即使是在人的意识世界中，否定神和崇拜偶像已然是最大的恶了，更不消说，从言语上诽谤神、启示经典和先知，从行动上违背神的律法、焚毁启示经典和迫害先知。

如果说神之恩典针对的是人的善行和善报，那么，神的终极审判便着力于人的恶行和恶报。此处的终极包含两方面的含义：一是指神拥有最高的审判权，唯有神才是最高标准的制定者；另一个为终极审判即末日审判，只有神才能创造和毁灭人。它们建立于神之全能、全知和全善上：因为神是全能的，故而"祂"能无条件地创造出万物和人；创造人的过程即彻知人之每一组成部分及其运作的过程，也就是说，神明晰属人的任何东西，"祂"是人之肺腑心肠的洞察者，"祂"全知人的心意、言语和行动，在神面前，人是透明的。由于神是全善和至善的，神之善即善本身，是善的最高标准，因此，以神之善为参照自然能判定人之善恶。概言之，神因其全能性而能全知人及其全部心意、言语和行动，由此，神能完全掌握关于人的全部客观事实；又因作为善本身的神是评判善恶的标准，据此，人的行为可以准确地分判为善恶两大类，因此，基于全部的客观事实和最高的善恶评判标准，神对人的终极审判必然是至公至正的。

对于善人，神一直在赐福给他，在终极审判中，神也只是在延续自己的赐福行动而已，是在奖励而不是审判善人及其善行。而对于恶人而言，在其死亡之前，神并没有放弃他，而是一直在引导他，并不停地赐福于他，希望他忏悔赎罪、改过迁善，重新回到神的善性中。因此，无论对于善人还是恶人，在他们能够自主地决定自己人生的时候，神的赐福和恩典都是充足的，只是恶人终其一生都不愿觉醒，一直沉溺在恶行里，在神把所能给人的一切善都给予每一个人之后，依然违背神的意旨而行恶，由此，神无法宽恕这样的恶人，必定在世界末日的时候，给予恶人最严厉的惩罚。

依据作恶的类别，可以从如下方面来论述恶行与恶报之间的一致性。在启示经典中讲到，神眼见一个人正遭受着痛苦折磨，心生不忍，于是就降下自己的恩典来减弱或消除其痛苦，然而这个人却认为这一善报的获得是因为他平日所做的善行，他因其善行便自然配得上此善果，由此，他因自己的善行而变得自傲，认为只要自己行善，神就必定且必须奖赏自己，以善来邀功。但是，这种人忘记了自己之所以能行善，是源于神的赋予和恩赐，若没有神将善的观念植入人的心里，人连"善是什么"都不知道，更何谈如何行善！既然善性、善行是神对人的眷顾，那么人去行善只是在显现和荣耀属于神的全善之性，人在行善中愈加领悟到的是神的伟大，而不是忘记神之无上恩典，夸赞自己的伟大。所以，对于这样的人，神将否定其自傲，并对其进行相应的惩罚。

如果人崇拜偶像，信仰独一神之外的其他神祇，那么人的善功、善业将会被神取消，因为除了独一神是全善的外，其他任何事物于善都是有亏损的。人不能崇拜和信仰不是全善的事物，因为它们不能作为判断善恶的标准，在它们的指导下，人所行的善行、所做的善功是有缺陷的，甚至是恶的，并且由于独一神是全能的，"祂"自然有能力惩罚与自己意志不一致的人。与此相对，人如果信仰独一神，并按照神所启示的经典行善——真正的善本身和善行，那么人的善行便可以抵消罪恶，因为全善、至善、纯善之念能化解恶念，若人只有善念，没有恶念，人自然能行善，而神会用人的善行去抵消人的恶行，饶恕其曾经犯下的过错、恶行和罪行。由于恶行的减少和化解，将促使人更积极地行善，甚至人若为信仰神而牺牲自己的生命，那么神将加倍地赐福于他。而不信仰神，信仰后又背叛神的人，作恶的人都将受到神的惩罚，堕入地狱、火狱，遭受酷刑。

第五节　总论德福的超验同一性

一　义理结构

对于信仰神的人来说，人类无法单凭自己的力量完成自身的德福同一，原因在于三点。其一，道德的根本规定性不在人身上，人无法完全认识什么是善本身，继而无法给善本身下定义，由此，人类不能保证自己的意念和行动是绝对善的。如果人只拥有相对的、有限的善心，并只能做出相对的、有限的善行，那么，如何可能将其判定为道德主体。既然人不是无条件的道德主体，其在道德方面始终存在着缺陷，那么，如何可能去论述一个人的德福同一性，因为他本人并不具有完全的道德资格。其二，如果说人因其有限性而无法定义自身的善，那么，人的幸福因定义太多也无法确定下来。因为人的幸福总是与人的个体感触相关联，也就是说，幸福总是具有个体性特征，只要个体的差异性存在，那么幸福的歧义性也就与之共存，所以，没有统一的幸福概念，人类也就无法清楚地论述德福之间的确切关系。其三，即便人的道德和人的幸福可以被确切地定义，人也不具有将两者精确地统一起来的能力，因为人无法彻知他人的道德动机，无法对他人进行绝对客观的道德评价，而且人之自然生命的长度是短暂的，于此有限的生命周期中，人无法将德福同一的状态全部实现出来。

由此可见，人自身的德福同一性超出了人的全部能力范围，与其就此放弃人自身的努力，不如将全部的希望寄托给全能的神，由神来彻底和圆满地成就人的德福同一性，而人唯一需要做的事就是毫无保留地信靠神，完全顺从神的意志和安排。虽然人无法完满地定义什么是道德和善，但是神可以完成这项任务，人只需绝对地相信神的言语和启示是全善的，以此为道德和善的完满定义，继而完全遵照这些定义去行动，自然能做出道德行动和善行来。之所以能如此肯定这种行为是全善的，是因为行为过程的保证者是神，神为这类行为的全善性、道德性负责。至于幸福，没有任何一种幸福可以与神之赐福、恩典相提并论，因为人是神之创造物，没有神之劳作、恩赐和博爱，便没有人的生命、意志和感受能力，人之幸福更是无从谈起，没有神预先赐福于人，人不会存在于这个世间，人不会比虚空更多，将人创造出来就是神赐予人的最大幸福。然而人往往从人的立场出发，寻求种种有限的世俗幸福，例如财富、健康、平安和快乐，由于世俗幸福没有确定性可言，因此，无法准确地寻求到它们与道德之间的一致性联系。与此相反，一个人无论多么缺乏尘世的幸福，但他只做荣耀神的事，并为此受尽苦痛折磨，甚至献出自己的生命，这是真正的道德行动，由此，他必将获得神的恩典和赐福，在此永恒神圣的幸福中实现德福的完全同一，而尘世的幸福只是过眼云烟，最终说来不过是虚无罢了。然而，如果人不具有不同于自然生命的另外一种生命——属灵生命，那么死亡之人便也无法消受永恒幸福，反言之，一个人之所以在现实生活中无法实现德福的同一性，原因之一便在于他忘记了自己的属灵生命，汲汲于寻求自然生命的满足。人的属灵生命来自神，满足属灵生命的需求才是人对于神的使命，尽管属于自然生命的幸福可能会遭受损失，但荣耀神的人却得到了神之福佑。综上所述，由神确立的道德和幸福才是无条件正确的，凭借神的大能，人将在自己的属灵生命中实现德福的终极同一性，一言以蔽之，人只需信仰神，便能做出道德行动、享有神之赐福并能实现其道德与幸福的彻底同一。

　　既然神是无所不能的，那么"祂"为什么不将"信仰神"这个命令直接植入人的心灵中，反倒将自由意志赋予了人？或者说，既然神是全善的，"祂"为什么不把人制造成纯善的？因为人之自由意志恰恰给人去行恶留下了缺口。假如人的一切思想、言语和行动都被神预先决定了，那么人既无须为自己的恶念、恶言、恶行负责，又不会因自己的善心、善言、善行受赏，即与人相关的善行恶行只是一种无意义的徒劳，是神在自娱自乐地做着的一种游戏，如果真是如此，那么神根本无须把人创造出来。在人看来，最宝贵的理念是自由，因此，神将人认为最好的"自由"给予了人，神宁愿不创造完美的人和完美的世界，也要把自由能力赋予人。由此，人是通过自由理念，而不是在神的强制下走向和信仰神的。

　　由于人是自由的存在者，因此，人既可能做出善行，又可能做出恶行，而善恶最终由神来判定，即坚信神对善恶的判断是正确的，所以，人因信神而行善，因背离神而行恶。世间众多恶的存在说明神并没有强迫人必须立即信仰"祂"，"祂"只是以人的自然生命为限度，希望人能自由地信仰"祂"，因此，"祂"给先知降下启示经典，通过启示经典和言语来引导而不是强制人类弃恶从善，虽然人类一直拥有背离神的自由。同时，虽然神尊重人的自由权利，不强力介入其生命活动，但神不会放任人去作恶，因为神全知人的一切心意、言语和行为，即便它们是隐微难测的，无法被人洞见，也逃不过神之洞察力，因为神能察明人的"肺腑心肠"（《新约·启示录》）①。神不急于惩罚无信仰者（不信神的人）的恶

---

　　①　中国基督教协会：《新旧约全书》，中国基督教协会1989年版，第284页。

行，而是将其恶念、恶言、恶行如实地记录下来，并由众天使作证，这样做的目的，一方面是给无信仰者戒恶从善、忏悔赎罪的机会，另一方面以便在无信仰者的自然生命结束之后，依凭这些记录来公正地审判他们，也就是说，神之所以宽容无信仰者，是为了捍卫人的自由权利。由于人拥有自由意志及自由行动的能力和权利，人才能无条件地对自身的恶行负责，而没有任何可以推诿的借口。因为善只能来自神，所以，人行善只是在显现神的属性，是在荣耀神，而不是在彰显人的高贵。全善之神不行恶，恶行要么来自恶魔，要么来自人的自由选择和自由行动，因此，恶魔必须为自己的恶行负完全的责任，同样人也必须为自己的恶行负全责。

若人在其自然生命终结之后便不复存在，那么人将无法作为自身行为的主体，因此，在人的自然生命死亡之后，人的生命将继续存在，一方面为人的自我同一性提供保障，另一方面人才能成为神之审判的对象。人的死亡并不意味着与之相关的一切消散为虚无，因为"人之所以成为人"全在于其自身的恒定人格，即人之中有一个"我"，如果没有这种人格，那么人的心意和行动便没有确定的承载体，继而没有稳定人格的人也无法为自己的行为负责。在信仰者看来，此种稳定的人格只能来自神，是神赋予人的灵或精神，它并不会随着人之自然生命的结束而消亡，因为它是属神的，只有神才能决定其存亡。然后虽然人的精神生命来源于神，但它却是自由的，一个人如何去塑造它取决于他自己的意愿。所以，人的精神生命既是其人格同一性的保证，又是其一切意念和行动的载体。神既没有否定人的意志自由，也没有左右人的选择，那么人的意志和行动便完全属于人自身，其善恶也完全由人自己决定，正因如此，人才无法推脱自己的责任。同时，人的心意、话语和行动全都被如实地记录在其精神生命中，当人复活之后，神只需秉持公正的态度，便能使每一个人为各自的心意、言语和行动负完全的责任。

二　内在缺陷

道德与幸福的超验同一性是终极的、彼岸的同一性，把二者同一的希望完全寄托于神和神所在的彼岸世界。因为神是全能全知全善的，"祂"能彻底解决德福的分离甚至相悖，以及通过最后的审判消除所有的不公正，又由于人希望得到神的福佑和恐惧其惩罚，由此，人就有了最根本的动力和理由去遵循神的诫命——启示道德——而行善积德。然而，在此过程中始终存在着一个无法回避的问题：既然神是唯一的或是同一个神，那么，为什么神所启示的经典不是唯一的？

实际上，无须人的承认，神的自我承认便能保证其自身的全部属性及其正当性，保证启示的真理性，因为一切由"祂"所创造、受"祂"的维持、最终复归于"祂"，但是依然存在着三方面的难题。其一，即便神是在准确无误地传达自己的意旨，但人并不能保证其自身能准确无误地接受这些信息，否则人类有且只有一部启示经典存在着，然而现实世界的情况却是，人类根据不同的启示经典建立了不同的甚至相互冲突的一神教。由于神是不可能犯错的，那么启示经典之所以存在差异，其原因就在人身上——人之有限性，抑或神有意想造成这些差异，其理由可能如下：或者制造困难以检验和磨砺人之信仰的坚韧性，或者是为了惩罚人曾经和当下对神的僭越，或者为最终的审判做准备，或者有其他不为人所知晓的计划和安排……。其二，启示的经典由人类的语言文字记录，即便语言文字最终是由神赋予人类的，但也无法完全保证人类能够毫无差错地运用它们，也就是说，神的启示本身没有任何问题，然而人类的记录却可能存在误差，更不消说，在原初的启示经典被转译为其他语言文字的过程中，必然会发生误差、遗漏、增添乃至歪曲。其三，针对上述两种困境，如果说神凭借其超能力可以最大限度地减小它们的负面影响，那么当神创造并赋予人类自由意志的时候，便决定每一个人都只是他自己，他依据自身的自由能力在感受、理解和认识一切存在，包括神及其启示经典。于此，极可能会引发一种倒转，即人在不同的启示经典中领悟神，形成一种比较性的批判目光，从而建构出一种新的启示经典，甚至消解掉神及其启示经典的无上神圣性，比如以物质（基本粒子）概念及其实存为基础，将神置于其下，使神沦为一种物质性的存在者，其本质是无神论。

可见，神是没有任何过错的，所有的误差和错误都在于人类自身。更为根本的是，神会容忍人类在信仰神的事情上犯错误甚至反对神的存在和实在。在信仰者看来，唯有神才具有如此无限的包容力和忍受力，因而神是最爱和最怜悯人类的，唯有神之爱和怜悯才能无理由、无条件地包容一切否定性、负面的东西。但是，人并不具有如神一般的包容力，每一种有神宗教的信徒总是固守于自己所理解的神及其启示经典，问题的关键就在于，信仰者信仰的是他自己所理解的神，至于信仰的是不是神本身，则已然超出了他的全部能力范围。这就是说，神将自己启示给人的同时，一并把自由能力赋予了人，人在自由中领悟神，必须经过自由才能走向神，而不是像其他事物那样与神的安排直接同一，这便为信仰的差异性提供了主体性根据。

不同的启示经典涉及人对神之启示的不同理解，正是这些不同理解显明了人的主体能动性，因此，对神的信仰和对神之戒律的遵循都有人的主动性在其中发挥作用，人在对"神"的理解中信仰神，人的精神将人对神的理解和信仰包含于自身之中。将德福同一的希望完全寄托在彼岸的神身上，只是去信仰神，忽视或漠视此岸世界的德福悖论，必将导致人们对现实生活中的不幸采取逆来顺受的态度，由是观之，德福的彼岸同一性对于有限的人生而言也可能是消极的。在现实世界中还存在着一种情况，虽然一个人不信仰神——在信仰神的人看来这已经是最大的恶了，或者不知道神所启示的经典，但是他做出的行为却符合神之诫命和律法，那么他的行为仍然是恶的吗？他在人面前是善的，却在神面前是恶的吗？

接下来的问题便是，人如何从自身出发，基于其有限性而创造德福之间的无限同一？如果不是完全靠神来保证德福同一，那么追求先验的绝对价值将是必需的，而且这一价值要不断地基于人的反思认同。更为重要的意义在于，这一价值是经验世界得以成立的先天条件，正因如此，德福的先验同一性是其经验同一性的真正前提。

第五章　德福同一性的先验样态

"先验同一性"与"超验同一性"之所以不同，是因为其中的"一"不同。超验的"一"是神，德福同一性的超验样态是从神出发来思考和完成二者的同一性难题，因为人从经验世界无从达及神，甚至人无法通向神，只能由神来启示人；而先验的"一"为经验事物的形上本原，它不是经验事物却是经验事物得以可能的基础，它不像神那样可以完全超然于经验世界之外同时又在经验事物之中，而是在经验事物之中成为其本质，因此，先验的"一"不在彼岸世界，它所实现的同一性是有限而趋向无限的同一性。由于人之经验性把握是有限的，因此，形上本原只能为人的精神所把握，形上本原与人的联结是精神性的，或者说只有通过人的精神，形上本原才能显现自身，也就是说，先验同一性是从人准确地说是人的精神出发来寻求事物之间的同一。

从先验视角来看，道德和幸福的最普遍内涵都是在个人精神与全体的交互关系中确定的。虽然道德和幸福可以在经验生活中获得具体的规定，但这些规定都是相对的和暂时的；由于精神追求最普遍的全体或全体之形上根源，当道德和幸福被精神把握之后，它们将会达到自身概念的极大值，道德推廓为全体之善——形上之至善，幸福拓展成全体之好——形上之至福；同一性作为同于"一"性，存在着两大同一方式，一是将"一"扩展成比德福更普遍的存在形态——终极本原，另一种是把"一"公设为"同一规律"，即在德福之间设定普遍必然的因果联系，前者容易转变成独一神，而后者更符合人对客观规律的认同心理，由此，德福先验同一性的根本内核为"全体之善与全体之好如何借助精神的作用，尤其是通过因果律获得一致性"。儒道佛作为中国传统文化和哲学的三大主干，三者结合起来正好形成了一种德福同一性的先验范型：儒家确立的终极根据是价值性的全体——至善之道，儒家追求绝对善、绝对价值，即绝对的道德；道家呈现的终极本原是事实性的全体——自然之道，道家追求自然和绝对自由，即绝对好和绝对的幸福；佛教通过因果报应规律，在善因善业与乐果善报、恶因恶业与苦果恶报之间建立了必然的因果关联。

第一节　德福先验同一性的前提条件

道德和幸福在先验层级的形上规定性，既不同于其在经验层级的具体规定性，又相异于其在超验层级的神性规定性。在经验性的生活世界里，不但存在着道德的对立面——不道德，而且存在着与道德和不道德无关的方面——非道德，并且道德、非道德和不道德都可能引发幸福，甚至在特定的条件下，非道德和不道德所造成的幸福大于道德所带来的幸福。因为经验生活中的幸福必定与感官、感觉、感受紧密相连，幸福呈现为幸福感，而幸福的感受以生理性或生物性的"好"（舒适或舒服）为前提，因此，但凡能带给主体良好生理感受的活动，都能触动其幸福感。所以，在具体的生活场景（如服用某种违禁药物获得快感或减轻痛苦）中，如果不道德的行为所激发的良好感受，大大超过道德行为所引发的良好感受，那么道德的要求反而与不幸福联系在一起。由此，经验层面的道德与幸福之间并不具有必然的一致性。在超验视域看来，不但道德的标准、原则、戒律和律法来自神之启示和规定，而且幸福也必须由神来保障和恩赐，因此，人绝对地信仰神并完全遵照其意旨行事是道德的，而神无时无刻不在将其恩典赐予这类行动者，所以，"德与福之间的同一性"由于神之保证而具有了彻底的普遍必然性。然而，将德福同一性之希望完全寄托于神，其本质是神之德福同一性，而不是人之德福同一性，因为超验同一性默认的前提是人能够达及神，或者说人通过神圣经典能够准确无误地理解神之本性、意愿和意志，凭此保证自身活动的道德性。但是，人对神的认识能达到神对自身的自我认识吗？如果能，那么至少在认识层面，人达到了神的高度，也正因如此，德福在认识层面的同一性也只是神所认识的同一性，且不说人在行动中能否完全做到神之道德要求。因此，对道德、幸福及其同一性的理解最终必然回复到人自身，因为万事万物是人所理解的万事万物，神也是人所理解的神。由于人之精神本性在于突破界限，并追求神圣性，由此，精神深入一切事物，并力图把握既包含一切事物又超越一切事物的全体，道德和幸福及其同一性都需要上升到全体层级才能获得最普遍的规定。

一　先验道德：形上之"善"

在第一章第四节已经论述了道德是全体之善，它源于个人精神在与全体的交互作用中，对全体采取了价值态度，或者说全体可以被理解为价值性的全体。在经验生活中，对父母尽孝、对朋友尽信、对组织尽责、对国家尽忠，甚或爱护其他非人生命、爱惜物品和保护生态环境，一般认为这些行为及其原则是善的和符合道德要求的。然而，我们进行判断的根据是什么？

首先，这类行为对于人们所处的那个"场域"来说是好的，至少行为的动机、活动过程和目的是最大限度地促进此场域的好，如果没有其他行为原则比此原则更能保证此场域处于好的状态，那么，此原则对此场域来说就是所有好中的最好——最好的好，因此，不是一般的好而是"最好的好"才能作为某一场域的德目或善，也就是说，要通过比较各种德目之于某一具体场域的"善性效力"来确定哪一个是最好的德目。

其次，不同的场域对应着不同的德目，在它们各自所处的范围之内，这些德目具有最大的正当性，然而如果必须在不同的场域之间做出选择——道德悖论，那么怎样选择才是善的？此处存在着两大选择，一个是以这些场域中范围最大者的德目为标准，另一个是将这些场域置于一个更大的场域中，并寻求更具普遍性的德目。前者将导致一种德目对另一种德目的压制，在成全一种善的同时损害另一种善，这是由于每一种德目都将自身视作最根本的正当性，固守自身的善性而不知自身的限度；后一种路径的本质为，必须达到最普遍的德目，然后以此为标准，重新界定每一场域中的德目，使每一种德目既在其自身所处的范围内具有正当性，又在全体中处于恰当的位置，发挥着恰如其分的作用，即它对于全体而言也是好的和正当的。

最后，最普遍的德目只能以最普遍的场域为载体和作用范围，而最普遍的场域无过于全体，因此，最普遍的德目必须满足一个要求：它对全体而言是最好的好，即它使全体处于最好的状态。最好的好即至善或最高善，它是其他一切善的本原和评判标准，"最高"主要不是指这种善位于善之体系的最顶端，而是表明它是最普遍的善。显然，最好的好不能被限定于任一具体的场域或经验生活中，甚至经验生活的整体也无法包含全部的善，因为最普遍的善只能是善本身，与之相匹配的概念只能是无所不包的全体，因而它就是全体之善。由于经验世界是全体的一部分，因此，全体至少在逻辑上先于经验世界或形下世界，也就是说，全体作为概念是先验性的或形上的，因此，全体之善也是先验的，善只有在先验层级或形上世界中才能成为最普遍的善，而形上之善的确立为每一场域中的善或德目提供了最终的来源和评判根据。

形上之善不同于神之善或依神而来的善，前者源于人对全体之好的理解和期待，后者以神之意志为根据。因此，形上之善并不外在于人自身，更准确的说法为，不外在于人自身的理解系统，它必须与人之精神能力发生作用。由于形上之善的生成和显现，需要人之理解力和精神力量的介入，或者说形上之善可以被清楚明白地思议，尽管由于自身的有限性，人必须不断地调整其认识的准确度，但形上之善可以在人之认识的合道理性进程中显现自身，因此，人与形上之善之间不存在无法越过的鸿沟。与此不同，来自神的善是神所理解的善，它无须经过人之反思就是全善的，神之善就是善本身和最高善。然而由于人之精神具有自由本性，再加上人的有限性，所以人依然会通过自身的能力去理解神之善，使神之善成为人之视域下的神之善。由此导致的结果是，每个人尤其信仰者都以自己对神之善的理解为标准并依此行动，也就是说，神之善最终会呈现为人之善，而人之善必然要接受人自身的反思和批判。因此，唯有承认人与神之间、人之善与神之善之间存在着绝对的鸿沟，才能保证神之善的绝对性，否则，神之善必然会被人的视野限制，即依据不同的启示经典及人对启示经典的解读，来确立善或道德的最高标准。

另一方面，形上之善不会与经验之善隔绝，因为经验世界在全体之中——经验世界中的种种善也在全体里，否则某种善在全体之外，那么原本的全体之善便不是最普遍的善，所以，经验之善一定在全体之善里。与此同时，经验世界中所有善的总和也不等同于全体之善，因为经验世界是所有可能世界中的一个世界，善既可能存在于经验世界里，又可能存在于其他世界中，而能够使全部世界都处于最好状态的善才是全体之善。但是，非经验的世界无法通过感官、感性等经验性的方式去把握，它们超出了经验世界或形下世界的全部范围，因此，需要在超验或先验层面通过精神理解它们，也就是说，在趋近无限或最普遍的意义上理解超验世界和先验世界。超验世界完全超越于经验世界，因而不是经验世界的直接本原，而先验世界作为形上世界在逻辑上先于经验世界，并且是经验世界的逻辑基础，因此，形上之善是经验之善的本原。

二　先验幸福：形上之"好"

根据第一章第四节的界定，幸福的根本内核是"好"且是"对 x 而言是好的"。在经验层级，幸福一方面与好的物质形态相关，另一方面与好的非物质形态相连。物质形态的幸福是指 x 的物质性载体处于良性状态，比如人的身体健康、物资充裕、自然环境良好，对人而言，物质幸福与其身体机能直接相关，凡是能促进身体之舒适度的方案，就是在促成人的物质幸福；而非物质形态的幸福则是指 x 的精神或意识处于愉悦状态，例如压力被释放、感受到自由，对人来说，精神幸福一方面来自对自然本能的规范和控制，减小自然本能对人之心性和行为的影响，甚至使之从自然本能的强力中解放出来，另一方面是去追求更普遍的精神自由，其目的是使非物质性的精神场域进入好的状态。所以，经验层面的种种幸福同经验层面的种种道德一样，均以经验性的具体场域为载体，都以此场域之好的状态为目的，只是前者以追求自身之好——为"我"之好——为核心，却不一定追求自身之最好，也不关心其他场域的好坏状态，而后者不但追求自身之好，而且追求自身之最好，更追求使诸场域变得更好的好——更普遍的好，因为没有最好的好或更普遍的好便无法进行价值评判并形成道德原则。

随着经验场域的扩大，好之普遍性也同步扩展，从个人之好到家庭之好、组织之好、国家之好，再到整个地球之好、宇宙之好，从人之好到生物之好，再到物品之好、生态环境之好，在此过程中，幸福的种种经验形态得以一一被确立。但是，无论经验场域拓展到何种程度，它都无法将自身认作全体，因为全体包含一切存在形态，而不论这一形态是否实存于经验世界中，因此，全体不但包含着经验场域，也必然能包含非经验场域，顺此，全体之好必然包括经验之好和非经验之好。

与善的非经验层级一样，好的非经验层级也具有超验和先验两大指向。超验之好来自超验之神，神通过赐福于行善的信仰者，使其在彼岸世界（超验世界）享有永恒的神圣幸福；超验的幸福只能由神恩赐，它以对神的绝对信仰为全部前提，因此，神是超验幸福的唯一保障者和唯一给出者。在信仰者看来，出于自己坚定的信心和真诚的信仰行为，就能准确无误地领会神之启示和诫命，继而获得神的特别恩宠，然而真实的情况却是，人无法保证自身之认识完全符合神之本意、自身之所行完全符合神之戒律，因此，人无法确定自身一定具有配享超验幸福的资格。所以，人只能确切地追求和享受这类幸福，它们能够被人清楚明白地认知、理解和思考。

人所能设想的最大范围是全体，因此，其所能设想的最大之好是全体之好，而让全体处于好的状态就是最普遍的幸福。换言之，在人之精神与全体的交互作用中形成了最普遍的幸福概念，然而，它是一个有待完结的概念，因为全体本身不是一个封闭的整体，而是永远处于敞开状态，因此，全体之好或最普遍的幸福不是一个固化的目的，而是在人对"好"的追求活动中不断地生成着自身。

从人的视域出发，全体之好呈现为经验之好和先验之好两种状态，但这两种状态并不是截然二分的，因为先验领域并不像超验领域那样完全超越了经验领域，毋宁先验领域是经验领域之本之体，先验领域与经验领域是一体联通的，此即形上与形下之分别与联系，因此，先验之好是比经验之好更普遍的好，先验之好更接近于全体之好，或者说先验之好的彻底实现即全体之好。然而，先验之好是否必然呈现为经验之好？换言之，如果经验之好不存在了，那么先验之好能否存在？若存在，存在于何处？经验之好的特性在于它一定与物质性存在相连，在人身上，便是以人的身体及其感受为存在前提。正因如此，从人的精神出发，能够形成一种非经验之好，这种"好"力图超越感官和物质世界的限制，实现无待而自由的状态。由于人的身体及其相关感受、人所身处的物质世界必须通过精神才成为属人的存在，因此，经验之好始终处于人之精神的把握之下，也就是说，经验幸福不单单与人的感官能力和感受能力相联结，而且受到人之精神能力的影响和控制。而人之精神能力所追求的好就是先验的好，这种"好"使精神处于满足和愉悦状态，也由此能促成经验幸福的实现。

三 德福之先验因果律

道德概念的极大值是全体之善，即全体在价值上处于好的状态；幸福概念的极大值是全体之好，即全体在［以认识为基础的］事实上处于好的状态。虽然二者都指向全体之好，但它们内在的结构和生成过程是不同的：道德一定追求最好，并且追求最普遍的最好——最高的标准，因此，道德既要求主体对自身来说是最好的——为己之最好，又要求对其他主体或存在者而言是最好的——为他之最好。而幸福则不同，它以好而不是最好为目的，凡是能达成好的效果都可以归入幸福范畴，并且"好"与"好"之间并不存在严格的高下之分，不需要预先对幸福的原因进行价值判断和道德判断，或者可以规避事情的道德属性，主体只以好坏作为选择的根据，特别是在主体没有达到全体层级或者幸福没有普遍化为全体之好以前，幸福以"我"为中心，是一种为"我"之好。

正因为道德具有强烈的为他属性，所以，道德活动必然意味着行动主体的自我奉献和牺牲，如果这种奉献和牺牲不能得到公正的对待乃至相应的弥补，那么其他主体做出道德行动的信心将减弱。为了保证道德的纯粹性，固然不能在道德的动机里掺杂利益方面的算计和考量，同时道德的目的不在道德之外，其目的是追求最普遍的道德——最高善，而不是幸福。但另一方面，希望自身处于好的乃至于更好的状态，即追求幸福，也是人或具有自主能力的存在者渴求的目的。由于幸福关注的是具有限定性的、具体且有条件的好，而道德关切的是最好的好，限定之好比较容易达及，而最好的好基于对尽可能多的限定之好的反思和评判，因此，道德的达成具有相当大的难度，也就是说，一个道德行为的达成，必然表明行为主体主动地放弃或牺牲了绝大多数的限定之好。然而，如果没有一种平衡机制来弥补因道德行动而失落掉的幸福，那么将造成一种恶性推导——越道德便越没有幸福，甚至退变为要想幸福就必须远离道德。每一种幸福在其自身所在的领域中都是正当的和好的，然而一旦与其他领域中的幸福，或者说一个人的幸福与其他人的幸福、共同体的幸福、其他物种的福祉、生态系统的平衡之间发生了冲突，便不能单单以自我的幸福为中心，对此，道德判断就必须出场，以便能够做出最公正、最合理的安排，也就是说，幸福内在地需要道德的作用。概言之，道德的实现需要舍弃众多的幸福，而更大幸福的实现也必须借助道德的力量，这将造成道德持续地牺牲自身的幸福，因此，需要建立一套平衡系统，使道德的付出与回报具有一一对应的正相关性。

在超验世界中，道德的牺牲由神来弥补，并且"祂"会对道德行为给予加倍的奖赏，由此实现了道德与幸福的彼岸一致性。然而，人终究生活在此岸世界里，德福的超验同一性模式无法对现实的道德行为予以直接的奖励，道德行为依然在进行自我牺牲，有德性的人仍然有可能遭受沉重的苦难。与此同时，也不能将德福的同一性完全建立在经验性的基础之上，因为经验世界中的道德和幸福都处于未完成状态，它们在不同的场域中具有不同的相关性——正相关或负相关或不相关，因此，无法提炼出普遍的一致性原则。由于道德和幸福在先验层面达到了自身概念的极大值，成为最普遍的道德和最普遍的幸福，所以，在此基础上寻求二者的同一性才具有最大的必然性。

由于道德和幸福是两个不同的概念，因此，不能直接用其中一方去统一另一方，既不能道德化幸福，更不能幸福化道德；剩下的道路只能是寻求第三概念，其所具有的特性为，要么能直接统一二者，要么能连接二者。可以公设这样一种概念或理念，它将道德与幸福之间的精确匹配关系作为自身的概念本性，每一分德享有每一分福，最高善享有最大的福，由此，道德与幸福之间实现了完满的同一，此即圆善理念或至善理念。设定德福同一的理念不是最困难的事，这一理念的达成才具有最大的挑战性。然而由于人的有限性，即使人贡献了最大的努力，也只能实现二者的部分一致性，对此，需要超越性存在者或神的介入，由"祂"来完成德福同一的最后步骤，这种同一性方式的本质为：人在道德方面可单凭自力做到自律，在德福之同一方面却必须借助他力，即人力与神力的合力才能达到圆善。然而，一旦引入神及其力量，那么人将失去自己在道德方面的自律，人的道德和幸福及其同一性最终都将被纳入神的意志之下。因此，为了使人的德福同一性完全成为人自身的德福同一性，人成为完全的道德主体，为自己的行动承担完全的道德责任，并因其道德行动必然地享有相应的幸福，需要公设这样一个概念，其内涵为道德与幸福之间存在着普遍必然的因果联系，道德为因，幸福为果，由因果规律本身的强制力来保证德福之间的一致性。这里的关键在于，人必须自己去创立道德因，也就是说，德福因果律只是提供了德福同一的可能性，其现实性必须由人的道德活动和行动去实现，每一分道德必然能够得到相应的幸福。德福因果律的另一面为，不道德的"因"一定会造成不好的"果"，由此，德福因果律迫使人必须为自身的行为负责，必须做出道德行动。

四 德福同一性的先验范型

从全体或人对全体进行理解的精神哲学观点来看，道德与幸福要达到最大程度的一致性，必须具备三大基本条件：最普遍的道德、最普遍的幸福和最普遍的同一法则。这里的"最普遍"不是神之普遍性，而是人之普遍性，且以"最普遍"为目的，不断地推进已有的普遍性；在经验层面，事物的存在方式是一个个体，因此，即使存在普遍性，它也被限定在个体之中，因而不具有绝对的普遍性；对普遍性的追寻必然要突破经验领域的限制，而向普遍性本身推进，或者说对普遍性的追求过程即普遍性本身，由于先验世界既是经验世界的本原，又超越经验世界的界限，因此，普遍性本身一定位于先验领域。由此，就人而言，最普遍的道德是先验之善，最普遍的幸福为先验之好，最普遍的同一法则是善恶之先验因果律。

中国传统文化的三大主干——儒道佛——正好分别对道德、幸福及其同一法则进行了最彻底的先验性思考：儒家把全体视为善的和价值性的，将至善置于最高地位，建构了一个道德世界、价值世界；道家认为道、自然是天地、人和万物的本性，揭示了一个本体或事实世界；佛教凭借空性、因缘、因果律、菩提心、涅槃等概念显明了一个亦价值亦事实、超价值超事实的世界。虽然三家对道德概念和幸福概念及二者的同一性形成了不同的阐述方案，但是，从总体上看或就各自的侧重点而言，儒家对道德（善、morally good）概念的理解是最彻底的，道家对幸福（好、good、well-being）概念的理解是最彻底的，佛教对两者同一性的理解是最彻底的。概言之，儒家贡献了至善（纯粹善），道家贡献了至福（至乐），佛教贡献了善恶因果律（业报与轮回）。因此，在中国文化中理解和解决德福的一致性难题，这三家缺一不可，因为它们可以结合成一个有张力、有弹性的统一体，形成一种"形态"或"范型"，从而使一个［中国］人无论在什么境遇下，都能践行道德并享有相应的幸福。

第二节　儒家的至善幸福

在探讨道德（善性、善行）与幸福的一致性方面，毫无疑问，儒家将道德置于了绝对的优先地位。没有道德、德性和德行，一定没有资格享有幸福，即使享受了这类幸福也是不正当的和偶然的，得之侥幸，失之必然。一个人幸福与否，不是通过道德之外的东西来衡量的，也就是说，在德福的同一性问题上，儒家最关注幸福是否具备相应的道德资格。其原因在于：儒家用道德和价值性的眼光审视全体，使全体成为价值性的全体，据此，道德概念在全体层面获得了最大的普遍性，"依儒家的看法，道德秩序（moral order）即是宇宙秩序（cosmic order），反过来说，宇宙秩序即是道德秩序，两者必然通而为一。见此即是见道"①。"至善在宇宙的范围内获得圆满，孔子最终形成了关于完全充满着价值的存在之全体的普遍本体论。这是一种真正的价值中心本体论。"② 因此，儒家视野下的世界是道德世界，其所建立的世界观是道德世界观。据此，幸福被道德化，因而幸福不在道德领域之外，道德行为的完全实现即最大最圆满的幸福。由此，极端地讲，在儒家这里道德与幸福之间没有同一性问题，因为道德一旦实现为道德行动就具有了相应的道德幸福，无须在道德行为之外给予其他幸福作为奖励。

一　作为价值全体的至善之道

在理解"道德"准确地说仁义礼智信方面，儒家学说比其他学说更为彻底，如上所述它将全体整个地视作价值性的，由此，道德获得了最普遍的规定和领域。在儒家看来，全体的价值属性优先于或高于其存在属性，价值之善比事实之真更为根本，或者说，不存在没有善性或不导向善的真。为了彻底说明全体是善的，儒家首先要将其终极概念设定为善的，继而从终极概念的善性推演出天、地、人、万物、万事都具有一以贯之的善性。"儒家精神，是超越而内在的理性主义。在其内在的方面肯定了个体；在其超越的方面肯定了全体。全体表现于个体之中，无另一悬空的全体。每一个体涵融全体而圆满俱足，无所亏欠，所以个体之本身即是目的，而非以另一东西为目的……儒家则从人伦日用中之道德实践上立论，以圆满之个人成就全体，以合理之现在开辟未来。个体之对于全体，现在之对于未来，乃'当下即是'，绝无阻隔。"③

那么，儒家学说的最根本、最普遍概念是什么？哪一个概念能够作为价值本原？是天、天道，还是道，抑或是仁？儒家所论说的"天"至少

---

① 牟宗三：《牟宗三先生全集》第 29 卷，台北：联经出版事业股份有限公司 2003 年版，第 439 页。

② 方东美：《中国哲学之精神及其发展》，匡钊译，中州古籍出版社 2009 年版，第 79 页。

③ 徐复观：《徐复观文集》第 2 卷，湖北人民出版社 2002 年版，第 69 页。

包含了神性、自然性和义理性三大方面。[①] 但儒家不是从人格神的主宰力、自然的自发力来阐释天的神性和自然性的，而是十分理性地描述和探讨了天的种种德性，力图清楚明白地解释天的神力和自然力，而不是轻易地诉求于无限的神和不断演化的自然整体。儒家认为天的本质规定最终由其义理性来界定，天之神性和自然性必须以天之义理性为合理性基础[②]，天之可敬可叹并非因其高远难测，而在于其德性至广至深。况且儒家为了树立人的道德主体性和主动性，必须极力弱化天的前两种性质，而特别强化其义理性。最重要的是，人通过自身的德性修养可以与天之德性相通，因为最终说来人之德性由天所生，人之德性只能得自天之德性，由此，人可以闻见和体贴到天的义理性，当然并不能据此断言人能通晓天之全部内涵。

与天的混合属性不同，天道是天之神性、自然性和义理性所遵循的普遍轨则，因此，它更接近义理之天，因为义理的本质属性是要揭示普遍规律和法则。由于"天"始终面临着自己的对应物——"地"，即便它能包容地、人和万物，却无法等同于包容一切存在者的整体，即天不等同于全体，它无法统摄全体，由此，天道终究只是在表述天之道，而不是全体之道或者道本身。依据逻辑推导，若将天道之天这个限定去除，那么天道普遍化为无限定的道，天道由此回归到道本身之中，因此，唯有没有任何限定的道才能作为全体之道，也即"'道'是包括各方面的全体"[③]。虽然天道可以作为最高的道，但无法成为最整全的道、全体之道或者道本身，除非其他一切道均由天道生发，而这种情况下的天道可以等同于道。也就是说，儒家不仅仅依据天道更是从道本身来寻求万事万物的正当性，因为道比天道更普遍、更周遍，因此，道才能作为正当性本身——至当性，"壹于道则正"（《荀子·解蔽》）[④]，此即"道一"；道是至当性，而分殊

①　在儒家经典《论语》中，"天"就具有如下性质：第一，神性之天，"获罪于天，无所祷也"（《八佾》），"天厌之，天厌之"（《雍也》）；第二，自然之天，"天何言哉？四时行焉，百物生焉"（《阳货》）；第三，义理之天，"天生德于予"（《述而》），"唯天为大，唯尧则之"（《泰伯》）。

②　"德福一致之说……更像是人作为意志主体所真切体会到的一种价值信念。而孔孟荀无疑都具有这种信念。而这种信念，只有将天看作是道德、价值之源头时，才能获得。"卢永凤、王福海：《荀子与兰陵文化研究》，山东人民出版社2013年版，第70页。

③　冯友兰：《三松堂全集》第7卷，河南人民出版社2001年版，第523页。

④　（清）王先谦撰：《荀子集解》，沈啸寰、王星贤点校，中华书局1988年版，第399页。

之道为诸种正当性。① 至当性的进一步追溯便是全体的价值性，在儒家这里，价值的终极根据是纯粹至善，因此，至当性以纯粹至善为评判标准，而至善亦不外是事理之至当性。所以，儒家的"道"即至善，其"德"源于、得自至善，"道德"的内涵即至善如何成为存在者的本性，以及存在者如何体认到至善。②

实际上，儒家仍然需要从非价值的立场来认识终极真理——道，只是儒家认为，对一般人而言道本身难以被完全知晓，所谓"天道远""天道……不可得而闻也"（《论语·公冶长》）③。因此，儒家是从道的至善本性即价值性方面着手的，认为道本身难知，但道之德性却是易知的——"德性之知"。人之德性来自道之本性，道之本性亦不异于人之德性，人能弘扬和推廓自身之真实德性，便可知晓道之本性，因为若一个德性是真实的，那么它就是正当的，换言之，一个德性在人身上被证实为真，那么它在道的层面也是真的，而不像"见闻之知"那样一旦超出自己的规定范围便失去其有效性。

由于道倾向于客观的规律方面，缺乏主体的生命活力，故而儒家揭示了人心之"仁"，它表明至善之道原本即根植于人性之中。仁乃"心之德""爱之理"④，而且"仁是全体，无毫发欠缺"⑤，此德此理此爱是就全体而言的，所以，仁是心之全德、爱之全理，是德、理和爱在人心中达到并处于的完满状态。德者，人之本心、本性得之于至善之道也，此即仁道。爱是人最真诚的情感，但爱要以理为准绳，否则爱将流于情感之肆意而不得其正，爱人恶人是情感，之所以爱人恶人，其根据是理，由于理以

---

① "天道"一词在《论语》《孟子》《荀子》中各出现一次，《大学》和《中庸》中没有出现，而"道"字却出现较多，再结合相关文意，可以发现道比天道的概念范围更广。

② "天理"与"理"之间的关系不同于"天道"与"道"之间的关系。天理概念经过二程、朱熹、陆象山的学术努力才上升为新儒家学说的第一概念，由于天理概念中的"天"更多地指向最高、第一、纯粹、至上，而其神性、主宰力、自然性等意味极弱，所以，天理概念更接近于道而非天道，也就是说，天理反倒是全体之道，理是分殊之道，天理即至善本身。"宋儒所谓'万物一体'，这一个大全体则便是理，理是天之体，自然也便是万物之体了……理是一个大全体，是公的，所以称'天理'。"（钱穆：《中国思想通俗讲话》，生活·读书·新知三联书店2002年版，第37—38页）进一步可以发现，老子和孔子都从天道、具体的道去推知"道本身"，以及从最普遍的道本身出发重新推演出天道和具体之道，二者的区别在于，老子的道揭示了全体、事物的自然本性，而孔子的道则揭示了全体、事物的价值本性。

③ （宋）朱熹：《四书章句集注》，中华书局1983年版，第79页。

④ （宋）朱熹：《四书章句集注》，中华书局1983年版，第48页。

⑤ （明）吕坤：《呻吟语正宗》，王国轩、王秀梅译注，华夏出版社2007年版，第11页。

道之至当性为依据，因此，爱之理最终以至善为根据，此即仁爱。由此，仁是道和爱的结合体，是发乎至善的爱，人通过仁去爱人、行善、求至善。对人而言，其心中的仁一方面与至善之道相联结，另一方面它又生发出最本真的情感，将道、理与情结合于自身之中，由是，道和理获得了人情味，变得活泼感人，使人更容易激发自身的道德心并由此做出实际的道德行动，同时情感得到了道、理的规范和定向后，变得有礼有节、恰如其分。儒家关心现实生活，但更关心现实生活之道；儒家追求至善之道，但更追求至善之道与人心、现实的结合；所以，"仁"才是儒家学说的中心概念，它上达至善之道，下至日用伦常，促使人类合情合理地在每一事物上寻求正当性和善性。

从人性的至善性维度讲，人心依仁将生发出德性谱系。就人而言，仁心是其德性的大本源，它是最普遍也是最高的德性，因为它来自至善之道的直接赋予，当仁心完具或者上升为至善之道时，仁心即至善之道。仁心生发的第一个德性是诚，因为诚是指仁心诚实于自身所具之德性——由至善之道而来的至善本性，它强调至善在义理上的真实性，因此，诚就是人体悟和认同自身的至善本性并依此行动。仁、诚是人之德性的大本大源，它们对于个体的德性而言已然是自足的了，但人必然会与事事物物打交道，那么，如何恰如其分地理解和处理人与事物之间、事物与事物之间的关系？这需要人诚实于事事物物自身及它们之间的关系，肯定每一事物的正当性及其范围，也即寻求人与事物之间、事物与事物之间的正当性分界，由此仁、诚演化成义。如果说仁侧重于至善之道的善性，那么，义则是其至当性的体现。不过，"义"这种德性仍然停留于义理方面的正当性，它没有客观化为具体的行动法则，也即仁和义在人心中处于潜在状态，它们需要客观化才能呈现自身的普遍效力。因此，人心基于自身的善性和正当性，一方面批判和校正已有的规范，另一方面生发新的更合理的规范，由此，礼得以产生，它依仁义而来，是其客观化的显现。至此，仁（诚）、义、礼分别是人之道德的价值、正当性和客观性基础，它们不仅是道德之知，更是道德之行，然而在道德之知与行之间需要道德判断来进行衔接，这便是智德的作用，即智德能够在具体的场域中将道德之知与行结合起来。顺此，可以推出其他德目，由此形成一个以仁为中心的德性系统。

就人的实践生活而言，人通过仁爱之情与他人、万事万物发生联系。

爱人、爱物的前提是一切存在者都包含"道"于自身之中，由于儒家的道是全体之道、价值之道，因此，每一存在者均具有独立的、不可替代的价值；由于人与万物具有共通的价值性，而且它们从全体的视角上看是平等的，因此，人不能完全凌驾于其他存在者之上，人和其他存在者共同地处于一个更大的整体中。由此，一切存在者都是息息相关、一体相连的。在对每一存在者给予了价值承认的基础上，推廓仁爱将是一个自然的过程，而不是以人为中心去怜悯其他存在者，恻隐、羞恶、恭敬、辞让等情感发端于人心，其对象不仅指人，也指物，还指其他一切存在者。仁爱自孝悌之情开始，"孝弟也者，其为仁之本与"（《论语·学而》）①，其实质是以父母对于子女和家庭整体的无条件深爱为前提，父母对子女和家庭的全心全情付出，使家庭成为一个以爱为核心的实体，子女一出生便天然地生活在爱的实体中，正因如此，儒家反过来着重强调子女必须孝敬父母，在现实生活中，由孝敬之情推动的道德行动是行仁之第一步。

综上所述，儒家的道德概念体现在仁心上。仁心一方面通向至善之道，另一方面又与本真的情感紧密相连。两方面的共同作用便是道与情、理与情、道与理的结合，因此，合道合理合情的行动才具有道德价值。从光明自己的善良本性开始孝亲敬兄，"老吾老，以及人之老；幼吾幼，以及人之幼"（《孟子·梁惠王上》）②，由血缘亲情向他人推廓，仁爱他人，"与人为善"（《孟子·公孙丑上》）③，遵循忠恕之道，使天下之人和谐共处，再由人及物，爱护其他存在者。一言以蔽之，人在修身齐家治国平天下、亲亲仁民爱物中合情合理地实现自身的道德价值，使至善之道得到最大程度的实现。

二　德福的同一性：至善幸福

在儒家看来，不存在与道德、善性无关的幸福，因为其道是价值之道，其德以对价值之道的肯认为基础，也就是说，儒家所建构的是一个价值世界，或者说它将全体视为价值性的，因而不存在与价值无关的纯粹事实。根据第一章的论述，道德是价值上的好，幸福是基于事实的、

---

① （宋）朱熹：《四书章句集注》，中华书局 1983 年版，第 48 页。
② （宋）朱熹：《四书章句集注》，中华书局 1983 年版，第 209 页。
③ （宋）朱熹：《四书章句集注》，中华书局 1983 年版，第 239 页。

描述意义上的好，那么，儒家意义上的幸福便只来自对道德状态的承认和满足。因此，儒家学说最看重人的心意和行动是否是善的和正当的，认为据此引发的幸福只是一件自然而然的事情，即道德价值必然能带来幸福，只是二者之间具有多大程度的一致性无法完全由人来左右。概言之，道德是最为根本的，幸福只是伴随道德而来的结果，因此，最大的幸福是道德幸福。

从儒家学说的完整语境来看，道德与幸福之间的不一致可以从天（道）之神性和自然性来获得解释。人只需以善为标准，做符合善和正当性的事，完全无须顾及能否获得与道德行动相一致的幸福，因为作为主宰之天最终会赏善罚恶。也就是说，即使天是有神力的，它也会根据人的道德行动来保证其幸福，反言之，行动自身的道德属性才是值得幸福的根本前提。再者，对人而言，保存自己的生命是最大的自然幸福，但如果人的道义追求与自然幸福的获得相冲突，人也只需做符合道德仁义之事，而不避灾祸，乃至于"杀身以成仁"（《论语·卫灵公》）①、"舍生而取义"（《孟子·告子上》）②，最大限度地实现道德价值。可以看出，无论儒家的天、天道、道是否保留宗教性和自然性，它们最终都会回到道之义理性上，所以，至善之道才是最根本的道。儒家最大的价值目标是"止于至善"（《大学》）③，不到至善境地绝不停止自身的道德努力，达到至善又择善固执、毫不转移，即一个纯粹道德世界的达成，由此而引发的幸福和幸福感才是最纯粹的、最普遍的、最永恒的："纯粹"是指此幸福没有人之私欲夹杂其间，只来自至善之道；"普遍"意味着此幸福源于至大无外的全体；"永恒"说明此幸福与不会消亡的全体之道一并存在。由此，儒家最注重由至善之道而来的幸福。

（一）至善幸福的义理逻辑

由第一部分可知，道、仁、义是儒家学说最核心也是最具普遍性的概念，它们虽然具有不同的形态且处于不同的语境、情境中，但都以至善为内在本质，因此，善性是其共同本性。人决心立志于道，则唯道是从，既不为内在的欲望所影响和左右，也不为外在的利益所撼动。欲望的满足能

---

① （宋）朱熹：《四书章句集注》，中华书局1983年版，第163页。
② （宋）朱熹：《四书章句集注》，中华书局1983年版，第332页。
③ （宋）朱熹：《四书章句集注》，中华书局1983年版，第3页。

实现人的心理和身体幸福，然而无论是促进道的欲望（冲动）还是阻碍道的欲望（私欲），即有利于道或有悖于道，都无法改变道自身的轨则，因为人行道的动力不在欲望及其幸福的达成上，而只在于道本身。同样，人所处的自然环境和社会环境有可能是优渥的、幸运的，也可能是贫苦的、不幸的，若前一种情况与道之诉求不一致，则果断弃之，若后一种状况与道之运行规则一致，则安心于贫困，因为道只以自身为尺度，其实现只遵循自身的运行规律。由是，儒家讲人志于道而不为自己的恶衣恶食感到耻辱，谋求大道而不求取满足口腹之欲，心忧道之不行而不为贫困所烦恼，也不因贫穷而对道有所懈怠，"不诱于誉，不恐于诽，率道而行，端然正己，不为物倾侧"（《荀子·非十二子》）[1]，一心于正道，无复他求。为了保全大道或者使其在现实生活中呈现出来，如有必要，杀身殉道，尽道而死，死得其所，死得其命，这是一种最崇高的幸福。因此，就道德之纯粹性而言，一方面儒家强调人依道而行，不避灾祸凶险，亦不邀求幸福福泽，坚定地将道之善性和正当性呈现出来；另一方面，若富贵以道之正当性为前提，那么人是可以求取和享受这类幸福的，只不过它们不能作为人去行道的目的，"富与贵是人之所欲也，不以其道得之，不处也"（《论语·里仁》）[2]。

　　无论如何，道作为最普遍的价值，它需要转化为人的内在德性，使人成为道德主体，而人的情感也要得到正当的引导和规范，能将两方面的诉求结合起来的概念即仁，仁既是理也是情。情理各得其正，人的生命才能享有完整的幸福。人之"理"性即人之善性，善性现实化为善行，儒家希望通过善行来建立善的秩序，使每个人在此秩序中幸福地生活。同时，如果人的情感纯由仁心所发，则其天然地是正当的，但若仁心为所禀之气所遮蔽，那么人之情感将会被扭曲，而人之情感的畅达亦是人之幸福的重要方面，因此，不断回归仁心之本真情感，去除私情私欲，并不是在否定人的情感幸福，而是为了使情感幸福变得更加纯粹和正当。

　　对于儒家而言，若不明晰义利之辨，则道德与幸福之间的关系便难以被准确定位。义和利都属于价值范畴，只是义指向普遍性和公正性，而利偏向个体性和自私性。因为义的规定来自至善之道，所以它是普遍的、善

---

① （清）王先谦撰：《荀子集解》，沈啸寰、王星贤点校，中华书局1988年版，第102页。
② （宋）朱熹：《四书章句集注》，中华书局1983年版，第70页。

的、正当的，它尤其体现了至善之道在事事物物上的适宜性，而利的规定来自至善之道的否定面，"以私灭公，适己自便"①，在人身上便是人欲之私，它并非不是一种价值，而是普遍价值的反面——负价值。而在纯粹的道德世界中，价值只有两种倾向，要么上升为普遍价值，要么下降为自私价值，因此，义利之间没有调和的可能性，要么是公义，要么是私利。道德行动是为了达成纯粹的至善状态，道德主体必须以普遍价值为旨归，因此，利不单单是在呈现某种特定的价值，而是道德主体必须扬弃和克服的一种价值取向。而在日常事实中，利被表达为人的正常且自然的需求，甚至被理解为一种获取幸福的途径，此种界定的前提为：利没有完全处于价值领域之中。由此可见，儒家的义利之辩、公私之辩、理欲之辩并不是道德与幸福之辩，而是道德世界内部的价值抉择问题，因为儒家意义上的全体、全体之道都是价值性的，一切事物都被价值规定，因此，只存在价值的高低问题，以及它们所引发了多大程度的幸福与不幸。对此，儒家的逻辑为：越是普遍的价值越能引发幸福状态的出现，义作为最高层次的价值，它能引发最大最强烈的幸福，而利作为自私性的价值，它非但不能引发幸福，反而会引发种种不幸。如前文所述，儒家用价值性的目光评判每一种事物的正当性，力图使整个全体达到合道合理合情的状态，所以，幸福只能以行为的正当性和道德性为唯一基础，且幸福的达成也在这个价值性的全体里。

综上，儒家道德幸福的义理生成逻辑是：道给出了价值本原，仁让人之情感与价值本原结合起来而使之获得正当性，义消解了作为价值对立面的人之私欲，道、仁、义都是至善的不同显现形态，其内在本质是同一的，由此，道德幸福是由善性而来的幸福。

（二）至善幸福的现实逻辑

在儒家看来，德福的同一性必须在身修、家齐、国治、天下平、与物和谐共处、与天合德等现实生活环节中达成，因为儒家的根本取向是面对现实和投入实际生活的，因此，德福的同一性不仅仅是精神性的同一性，更是德福的现实同一性与其精神同一性之间达到了最大程度的一致。修身即发扬自身的善性、修正自身的情感和欲望，但人在修身时不是只与自身发生关联，而是需要在种种关系中寻求善性和正当性，即要在与家、国、

---

① （宋）朱熹：《四书章句集注》，中华书局1983年版，第88页。

天下、万物的关联中修身，要在人伦关系、人际关系、人物关系中修身，要在各种有利的或不利的环境中修身，其实质是将修身中生发的种种德性带入现实生活的具体场域中，使此场域中的关系更加合理和正当，由此，现实的幸福自然会发生。

人不修身则其家庭的幸福无法被保证。家庭以血缘和亲情为纽带，血缘是自然事实，是无法被更改的，亲情需要血缘，但亲情并不必然以血缘为基础，因此，对于一个家庭而言，没有血缘关系依然有可能是一个家庭，问题的关键在于：家庭成员之间是否存在情感联结，以及这些情感联结是否具有正当性。均是爱，父母对于子女的爱不同于子女与子女之间的爱，也不同于父母之间的爱，正是由于这些爱之间存在区别，说明为了保证家庭内部的和谐有序，基本的伦常规范是必要的，对此，儒家提出了父慈子孝、兄友弟恭、夫义妻贤等德性要求；作为家庭成员，要慈爱自己的子女，敬爱自己的妻子，悌敬自己的兄长和姐姐，爱护自己的弟弟和妹妹，也即，人要在家庭伦常关系中修养自身的德性；同时，这些德性以人作为人的善性品质、格致诚正之工夫为基础，也就是说，无善性则无家庭伦常之德性，身若不修善修德则必然破坏家庭的伦理规范。由此可见，达成家庭幸福的内部条件是修身之德性以及在伦常关系中修德爱人。

在儒家看来，家国是同构的，家可以自然地推廓成邦国，家庭的伦理规范可以自然地运用到国家的政治生活中，由此，国的本质不是管理家庭和社会成员，而是为家庭成员、社会成员的德性增长创造积极的条件，其实质是国家成员能够实现真正的自治和自律，国家以最小的运作成本实现社会的良序发展。"道之以政，齐之以刑，民免而无耻。道之以德，齐之以礼，有耻且格"（《论语·为政》）①，此即儒家的仁政理想。德是指人心的本然状态，用德性来导正人民只是使其回归自身的善性而已。由于每一个人天然地具有善性，因此，回归自己的善性实际上是回归真实的自我和自我回归，回归自我强调德性是人的本性，自我回归强调每一个人的德性能力是自主的，无须强制和强迫。因此，政治的最高境界是"无为而治"，弱化政治权力的作为，让人民自由自愿地认同自身的善性，并自觉自愿地遵从由善性而来的道德法则，实现道德上的自律和政治上的自治，

① （宋）朱熹：《四书章句集注》，中华书局1983年版，第54页。

获得一种外在强制极其微弱的幸福。当然，为了保障和达成社会整体的幸福，必要的礼仪规范、法制、政治力量也是不可或缺的，只是其正当性要经过德性、善性、至善之道的严格衡判。

家让人成为家庭成员，国使人成为国家公民，然而这两种身份并不能成为人的本质性规定，因为它们没有实现对人的最普遍规定。儒家的天下概念可以被理解为超国家概念，它指向国家与国家之间的和谐相处，但这并不是天下概念的核心本质。天下是指让天下成为天下人的天下，其本质是让人回到人本身——人的善性，使人不局限于在家庭、国家中追求至善之道，"君子之于天下也，无适也，无莫也，义之与比"（《论语·里仁》）①，最终实现为一个德福统一的大同社会；"大道之行也，天下为公"（《礼记·礼运》）②，当至善之道周流于天下之时，人人依善道而行，情顺善道而发，亲亲尊尊仁民，廓然大公而无私心私欲，每一个人都过上良善且富足的生活。

然而，人类不单纯是在人的世界中追求道德生活和幸福生活，他必然会与"物"即其他生命体和非生命存在者打交道，因此，与"物"友好相处也成为实现人类德福同一的必要环节。儒家尊重和珍爱其他生命体，主张少杀生，如"君子远庖厨"（《孟子·梁惠王上》）③，即使不得以必须杀生，也不能使用残暴的方式，更不能赶尽杀绝，而应使其能够休养生息，如"钓而不纲，弋不射宿"（《论语·述而》）④，"数罟不入洿池，鱼鳖不可胜食也"，对于非动物生命体亦是如此，如"斧斤以时入山林，材木不可胜用也"（《孟子·梁惠王上》）⑤；不仅要善待有生命的存在者，同样要爱惜无生命的存在物，"爱物"（《孟子·尽心上》）⑥，"物吾与也"（《张载集·乾称篇第十七》）⑦，把"物"当作朋友一样看待，这种态度来自最彻底的平等观念。儒家学说中的平等是善性意义上的德性平等，万物和人都从至善之道那里分有了同等的德性，或者说不同的德性只有类型之分而无高下之别，因为同为善性的它们都

---

① （宋）朱熹：《四书章句集注》，中华书局 1983 年版，第 71 页。
② （清）孙希旦撰：《礼记集解》，沈啸寰校、王星贤点校，中华书局 1989 年版，第 582 页。
③ （宋）朱熹：《四书章句集注》，中华书局 1983 年版，第 208 页。
④ （宋）朱熹：《四书章句集注》，中华书局 1983 年版，第 99 页。
⑤ （宋）朱熹：《四书章句集注》，中华书局 1983 年版，第 203 页。
⑥ （宋）朱熹：《四书章句集注》，中华书局 1983 年版，第 363 页。
⑦ （宋）张载：《张载集》，章锡琛点校，中华书局 1978 年版，第 62 页。

是正当的，它们是各自场域中的至善之道，所以，人类不能轻易地以自身的视野和价值系统去规定和评定其他存在者，而必须尊重和爱惜每一存在者的实存和价值，与它们友好地相处，由此实现的德福同一性才不单单是人的德福同一性。

至此，可以看出，儒家的道德幸福要从两个方向才能得到完整的说明。一是从全体层面的至善之道出发来解释万物之本性是相通的亦是平等的，由此超出人的主体限制，承认其他事物的"道—德"本性，同时超越以人为中心的价值序列，尊重每一事物的独特价值。另一个为，人唯有对至善之道抱有至诚之心，才能体悟至善的性质是什么，因为至善是全体的根本性质，只有体贴至善，才能把握全体的基本面；在对全体有了基本的领悟之后，才能体尽人和天地万物的本性。而在明晓天地生物之本性和规律之后，才可以参与、赞助天地的化育活动——最普遍的善性活动，人在此活动中若将自己的善行推廓到极致，则人在德性上便与天地合一了——天人合德，这就是人在现实生活中所能实现的最大德性，依此德性所引发的幸福必然是最大的幸福。

（三）至善幸福的范例

"饭疏食，饮水，曲肱而枕之，乐亦在其中矣。不义而富且贵，于我如浮云。"（《论语·述而》）① "贤哉，回也！一箪食，一瓢饮，在陋巷，人不堪其忧，回也不改其乐。贤哉，回也！"（《论语·雍也》）② 从常识的角度看来，吃着粗茶淡饭，喝着白水，枕着手臂休息，过着贫穷的日子，都不是幸福生活的内容，物资的匮乏、生存境遇的窘迫会使一个人的幸福感降低，因此，人们汲汲于求取美食、华服、安居等物质幸福，求而难得则忧愁烦闷，其内在的原因在于对物质的强烈欲望，因此，物质幸福建立在优越的物质条件和内在欲望的满足上。但儒家不以获得物质幸福为乐，也不因失去物质幸福而痛苦，因为它们与德性、至善之道所引发的至乐无关，即儒家学说中的幸福不以丰厚的物质条件和欲望的满足为前提，同时也不以德性引发了物质幸福这类结果而欢愉。道德之乐自在道德之内，德性、善性引发的道德幸福也自在全体之道里，不义而富贵自然没有任何价值，甚至是不正当的和恶的，义而富贵亦非道德之追求，富贵只是

---

① （宋）朱熹：《四书章句集注》，中华书局1983年版，第97页。
② （宋）朱熹：《四书章句集注》，中华书局1983年版，第87页。

行义而来的伴随物，而非道德行为的动力和目的，此即天爵与人爵之分辨处。由此，儒家不求道德之幸福，而只求道德本身是否得以实现，整个全体呈现为德性充溢的状态就是最大的幸福实境。

"莫春者，春服既成。冠者五六人，童子六七人，浴乎沂，风乎舞雩，咏而归。"（《论语·先进》）① 暮春时节是天地之间最好的时段，当其时，天气温和，人得其温暖之气而舒适恬淡，物得其温润之气而生机勃发，人和物的本性得到了如实的呈现和发展，此时天地人物处于最好的状态；受到人文、礼仪教化的人，悠游自在地走入春色之中，于清净的河水中洗去身上的尘埃，在求雨台下沐浴春风，歌咏天地之德而回归人伦世界；人文化成的行为与大自然之间没有丝毫的抵牾，自然因人的存在而充满灵性，人因自然直接展现天地之性而力求回归自己的本性。因为人性、物性都源于至善之道，它们之间原本没有隔阂，不存在高低贵贱、主动被动之分，由于人的私欲作祟，才导致人蒙蔽了自身的本性，继而让万物屈从于自己已然歪曲的主动性，所以，儒家要求人要去除私欲，朗现本然之善性；又因人之本性与物之本性相通，而且人的本然善性推向极致便可以明晓天地之性、全体之性，所以人依此便能如实地呈现物之本性。由此，最大的幸福莫过于人与天地万物共生共荣、和谐共处，这一目的必须在人之善性、物之德性的互相成就中实现。

然而，道德幸福的完全实现是很困难的，因为它需要人人都是圣人或大人。虽然儒家认为人人都可以成为圣人，人人都具有成为圣人的全部潜质，然而在现实生活中，真正能将成圣的潜能完全转化为现实的人极其罕见。那么，什么样的人才是圣人？"与天地合其德，与日月合其明，与四时合其序，与鬼神合其吉凶。先天下而天弗违，后天而奉天时。"（《周易·乾卦·文言》）② 天地人都从道那里获得了善性，善性即天地人相通相合的德性。天地使人和万物生生不息、运转不止，养护其成长，使其死而不亡、形散而不虚无，因此，唯有将自身的德性升级到天地境界、至善之道的人才是圣人。圣人能体认天地之德，故而天地之中任何存在的德性皆能被其知悉，进而可以参赞天地之化育，至此，圣人的德福同一性即天地的德福同一性。吉凶祸福在天地之中，而不在天地本身，更不可能超出

① （宋）朱熹：《四书章句集注》，中华书局1983年版，第130页。
② （清）李道平撰：《周易集解纂疏》，潘雨廷点校，中华书局1994年版，第64—66页。

天地之外，因此，圣人之道德与幸福永远是同一的，德之所在即福之所在，两者无须分辨。然而对于普通人而言，他既没有实现自身的圣人之性——仁，其已有的智慧又无法洞见全体之道，即他的德行和智慧离"必仁且智"的圣人特质还十分遥远，因此，道化为"天命"来激励人们行善。天命之于普通人而言，一方面是其德性的最高来源，另一方面是天命至大至高而难以被完全知晓，因此，个人只能不断地修身养性，光明自己的善性，以德配天命。而且天命的存在并非用来保证德福的一致性——"死生有命，富贵在天"（《论语·颜渊》）①，而是要求人行义之当行，做到极致，德与福自然便能一致。

第三节　道家的"道—德"幸福

与儒家将其最高概念和世界的本原设定为价值性不同，道家的终极概念是事实性的，它强调"事实"或"真"的自然呈现，"道家……展现了一个'真'（real）的世界"②，最大的"真"便是"道"。"道"化身为种种存在者是一个自然而然的过程，存在者亦是自然如此存在着，因此，道家的世界是一个"事实世界"。因为从道的角度承认每一存在者的存在，每一存在者在存在意义上便是平等的，这是最大的"事实"。③ 每一个存在者都在"道"这里获得了事实层面上的肯定，而且它们能按照自己的本性自然地存在着，此即事实意义上的"好"，并且是能够通向全体的好。"凡物各由其道而得其德，即是凡物皆有其自然之性。苟顺其自然

---

① （宋）朱熹：《四书章句集注》，中华书局1983年版，第134页。

② 余英时：《"哲学的突破"与中国人的心灵》，转引自［美］安乐哲《古典儒家与道家修身之共同基础》，《中国文化研究》2006年秋之卷。

③ 严格说来，道家描绘的"事实性全体"（一切事物的如其所是或自然状态）超越了"事实"与"价值"之分，且能将"事实"和"价值"统摄在自身之中并予以评判和矫正，因为"事实性全体"或道是第一层级的存在，而事实与价值的区分依附于人的主体性和主观判断，因而是第二层级的存在形态，以此为根据，道家批评儒家将第二层级的价值（仁义礼智）上升为第一层级的道，从而违背或扭曲了事物的自然本性。张廷国和但昭明学者指出，"道家之价值推及宇宙万物之生生不息，从而突破了儒家狭隘的人伦规范，后者在道家看来不过是追求世界合理性的一种机巧，而这恰恰是一种'有执'，只有超越'有执'方能达致'无执'之境界，从而成就'生'……道家之价值落实到生命本身存在的内在价值上，如此一来，天道本身便不再成为价值的束缚，恰恰相反，它成为价值本身得以存在的归属"。参见张廷国、但昭明《在事实与价值之间——论怀特海的形而上学与道家天道观》，《湖北大学学报》（哲学社会科学版）2008年第4期。

之性，则幸福当下即是，不须外求。"① 尤其是对于人而言，领悟"道"及其基本规律，继而追求与"道"合一，将是人的最好存在状态，如是，人成了最幸福的存在者。

一 作为事实全体的自然之道

道是有，是无，是有无，是无无，更是全、全体。以人观道，人因人为造作，其对道的理解和领悟不可避免地带上了自身的限定和限度，然而道不可被究极——无限而永恒，人为地认知和体悟道就是在否定整全的道，故而只能通过不断地否定人的有限性及其对道的有限理解（否定）——否定之否定，方能不断接近道，这是道的否定性规定。自道观道，则道为最大最全之存在，且没有任何遗漏，它生天生地生养万物却不左右其自然本性，"老子之'道'作为宇宙万物的生化之源与存在之本，本质上是虚无的，无始无终，无名无象。庄子则认为，'道'虽然不能为人的感官所感知，但它'自古以固存'，先于一切事物存在，是有与无的统一，由此进一步提升了本根之'道'的超越性与遍在性，宇宙万物、人的生命乃至天下国家，都是'道'大化流行的结果"②，因此，道即至人无外、至小无内的全体，因为唯有全体才是整全的，也唯有处于全体中的万事万物，其运作变化无法超出全体之外，因而全体无须作为，万事万物自然顺应其本性。

（一）以人观道

道家对道的体悟开始于这样一个永恒的难题：人如何理解一个作为全体意义上的世界？人如何为这个世界的存在给出说明？若在世界之中寻找世界的存在根据，一定会陷入无穷的因果链条，最终必然是同一系统内的循环解释，从一个存在者追溯到另一个存在者，从另一个存在者再追溯到第三个存在者，以此类推，无有穷竭。由于这些存在者相较于世界整体而言并没有本质性的分别，因此，这种对世界的解释只有量的增加而没有质的超越。如果在世界之外寻求世界的存在基础，则很难超越神创论的思路，显然这种思路早已存在于老庄之前的上古神话、殷商的天帝崇拜中。由于此类思路是基于无条件的信仰，人只需匍匐在人格神的脚下，服从其

---

① 冯友兰：《三松堂全集》第 2 卷，河南人民出版社 2001 年版，第 56 页。
② 孙亦平：《从幸福观的角度解读庄子的生命哲学》，《南京社会科学》2012 年第 6 期。

意志，这导致人的自由思考和体悟成为一种僭越。显然，老庄不愿意回到这类传统理路的窠臼中去，即便人在理解作为全体的世界时，必然带上了人的"作为"，但人仍然能够通过"否定"——损之又损——的方式去领悟这个世界，即人的作为是去除人对世间万物包括人自身的种种妄作。因此，道家的思路是第三种路向，世间万物的根据既不在这个世界之中也不在这个世界之外，而是与这个世界及其万物浑然一体而成为全体，"道家……的起点和终点都是混沌的全体（the undifferentiable whole）"①，"道家完全抛弃了有理智、有目的的天（an intelligent and purposeful Heaven）的观念，而代之以追求与浑沌的整体（an undifferentiated whole）达到神秘的合一"②：在这个世界之中，却不是其中任何"一个"，因为它是全体本身；不是其中任何一个，却又不离其中任何一个，因为"一个"必然在全体之中。由此，道家为这个世界和世间万物的存在所寻找到的终极根据，既在它们之中又超出它们。

这个终极的存在根据，人们不知道它是什么，也不知道它叫什么，"未知其名"，只知道它无所不在，但所有的东西聚合起来也不是它本身，为了对它有所理解和描述，只能勉强给它一个名称，"字之曰道"（《帛书老子·甲本第二十五章》）③；"道"只是一个临时的、言说起来方便的称谓。同时，人们对它的任何理解和描述都是有欠缺的，否定性的方式至多只能接近它，肯定性的方式甚至会远离和扭曲它。"视之而弗见，名之曰微。听之而弗闻，名之曰希。捪之而弗得，名之曰夷。三者不可致诘，故混而为一。一者，其上不皦，其下不昧，绳绳不可名也，复归于无物。是谓无状之状，无物之象，是谓忽恍。随而不见其后，迎而不见其首"（《帛书老子·甲本第十四章》）④，声、色、形、状、物、象、明暗、影迹、首尾、先后等都是人用来描述有限之物的语词，所以，严格追究起来，这些语词能否完全描述有限之物亦是存疑的，但任何一个有限之物无法全部占有这些语词所描述的性质是确定的，否则，天下就只有一物存在

---

① 冯友兰：《三松堂全集》第 6 卷，河南人民出版社 2001 年版，第 287 页；Fung Yu-Lan, *A Short History of Chinese Philosophy*, New York：The Macmillan Publishing Company, 1948, p. 341。

② 冯友兰：《三松堂全集》第 6 卷，河南人民出版社 2001 年版，第 45 页；Fung Yu-Lan, *A Short History of Chinese Philosophy*, New York：The Macmillan Publishing Company, 1948, p. 47。

③ 高明撰：《帛书老子校注》，中华书局 1996 年版，第 451 页。

④ 高明撰：《帛书老子校注》，中华书局 1996 年版，第 449—450 页。

了。由此，可以反言之，道无色、无声、无形、无状、无物、无象、不明不暗、无影无迹、无首无尾、无先无后……然而，道果真无这类性质？否则，有限之物之声、色、形、状等从何而来？其声色形状等只是人单方面的主观设定？若道无所不在，则无所遗漏，道在兹（有限之物、有限之时空）又不固结于兹，所以，道能收摄和包容一切有限性规定，却又不以任何有限性规定为限定。

以人观道，则"有以为未始有物者，至矣，尽矣，不可以加矣。其次以为有物矣，而未始有封也。其次以为有封焉，而未始有是非也。是非之彰也，道之所以亏也。道之所以亏，爱之所以成。果且有成与亏乎哉？果且无成与亏乎哉"（《庄子·齐物论》）①。"以为"是人在以为，人的主观认知无法断言道之本性，只能通过自我认知的绝对否定来指向道。从人出发，他首先面对的是人的自我规定，即人之为人的认知和行动，有规定便有肯定，有肯定便有否定，有否定便有遮蔽，人在肯定自身的种种规定性时，其规定性之外的东西被人为地排除在人之外。人从自身出发去判断物的是非对错，那么是非之别源自什么？源于人对物的规定——规定其范围，认为物在一定的范围内才是其自身。此规定的前提是什么？存在着有别于人的存在者——物，人将自身与物区分开来，认为二者是不同的。而这个不同以什么为前提条件？人去除自己的主观认知、判断和行动，达致物我不分、物物不分的原初状态，即让道自然呈现自身。何谓未始有物？"未始"既不是时间上的开端，也非逻辑上的最初前提，而是指道的自然状态即如此。因为时间和逻辑上的开端都是由人来设定或推论的，且道作为全体，它既没有时间上的开始和结束，也没有逻辑上的层层推导，否则，它便是有限的和有自己的目的的，这样道反倒会打破自身的自然状态，继而干扰物的自然状态。所以，在道这里，无所谓分与不分、开始与结束、目的与手段，它只需顺应自己的和万物的自然本性，因为它作为全体，能够包容一切。

然而，人如何领悟和通达大道？此问题的实质是人如何一步步地扩充自身的普遍性：由于最大的普遍性只能属于包含一切的全体——道，因此，体道、悟道就是在追求最大的普遍性；规定越少，少之又少，直至无规定、无限定才能达到最大的普遍性，由此，人悟道的经过是由近及远、

---

① （清）郭庆藩撰：《庄子集释》，王孝鱼点校，中华书局1961年版，第74页。

从有形到无形、始于种种规定终至无规定，简言之，自"有"归"无"。"人法地，地法天，天法道，道法自然"（《帛书老子·甲本第二十五章》）①，人对道的领悟始于身边的器和物，如碗之虚空、水之无定形、溪谷之虚己处下，器物以"有"为质地、规定、界限，以"空""无"为大用，然而若没有"用"，则器物将不再是其自身，如实心之碗、固化之水、平坦之溪谷，以此为范例，人亦要虚其心，不断去除自我之执着和人为之造作，"虚静恬淡寂漠无为"（《庄子·天道》）②，方能扩大自己的生命和精神。近人身之极大者莫过于地。大地既承载和包容一切万物——最高大者和最卑微者、最高尚者和最卑鄙者，也承载和包容万物的一切，包括其生死存亡、辉煌暗淡，大地好比给万物提供了一个舞台，无论万物有什么样的表现，它都对其少有作为，尽量做符合自己本性和万物本性之事，所以，人直接应当效法的是大地。但大地终究是实，而其大用之虚须由天来成就，因为无天之覆盖，那么便没有承载万物的虚空。与大地相较，天更加无形无象，更加无规定性，因而更具普遍性，它更少对万物形成规定，即其作为更少，所以，地应效法天之虚远少为。可是，天依然是有所作为的，譬如云行雨施，它通过自己的作为来表明自己的存在，但其作为不一定完全符合大地、人、万物的本性，因此，天之作为也存在妄作的可能性。唯有到了最整全、最普遍的道这里，天地、人、万物才能完全成为它们自身，因为道把最大的虚空、最无为的无为、最大的自由给了它们，它们只需依照自身本具的自然之性存在就足够了，所以，天要成为不妄作的天还须效法道之自然无为，即一任事物之自然本性而不有意去作为。

（二）自道观道

若没有人对道的体悟，没有人对自身不合自然本性之所作所为、所思所想的否定，而直接言说道本身或者自道观道将是一种独断。自道观道的前提是论证道外无物（包括天、地、人、万物），或者物自道而来。对此，道家最为逻辑严整的论述是"道生一，一生二，二生三，三生万物"（《帛书老子·甲本第四十二章》）③，确定此句中"生"字的含义将成为

---

① 高明撰：《帛书老子校注》，中华书局1996年版，第451页。
② （清）郭庆藩撰：《庄子集释》，王孝鱼点校，中华书局1961年版，第457页。
③ 高明撰：《帛书老子校注》，中华书局1996年版，第442页。

阐释整句话的关键。若将"生"理解为"创生""产生",那么此过程所揭示的是道在生成或生出物,然而道只生出了"一",却没有直接生出"二""三","一"和"二"几乎可以只凭借自身的力量完成自己的生成作用,由此,道便不是无处不在的,也无法成为全体。也就是说,把"生"理解为"生成",将导致道只能成为其所生之物的开端,沦为更大整体的一个部分。另一方面,"生"对应的状态是"死""灭",有生便有死灭,而道若是全体,则它必定无时不在、永恒地存在着,一旦言"生",便将不生不灭的道纳入了有限的时间序列之中,以大的有限(有限之"道")来说明小的有限(每一具体事物),终将陷入数量上无尽的追溯和推导。既然道是全体,它无处不在、无时不在而内在于一切物,但又不限于一时一地而超越于一切物,那么"一""二""三"和"万物"便只能被理解为道的自我限定,准确地说,它们是道在进行自我限定的过程中所形成的各个环节,道将自己一步步地呈现和显现为阴阳、天地、人,以及万物,由此既可以表明道的全体性,又能说明每一存在者都具备道的规定性。

何谓道?"有物混成,先天地生。寂呵寥呵,独立而不改,可以为天地母。"(《帛书老子·甲本第二十五章》)①此处的"物"不是指万物、事物、物质等,否则它只能后于天地而存在,勉强可以用 X 来代指它;X先天地而存在说明它比人所知的最大整体更宏大、比最悠久的存在者更恒久,它超出了人类所知的全部之"有",而向一种"虚无"推进,其实质是在天地之前之后之外存在着更大的"有",它"自本自根,未有天地,自古以固存"(《庄子·大宗师》)②;X需要通过否定天地是最大的"有"来达及,其所表现出来的情况似乎是在否定"有"或一切存在者,但实际上并非如此,它只是通过"无"的否定作用来达到全体之"有"。当道是全体时,其声充塞天地万物,没有一种声音可以超出道之声外,由于作为全体之部分的人并不具有聆听最普遍声音的能力——无限的耳朵,故而只能听到种种特殊的声响,反倒听不到这些特殊之声音的终极来源——"道之声";同时,道也是无声的,因其可以包容无声,故而其声才能存在。当道为全体时,其形无所不在,任何一个特定形态都不是它的完整面

---

① 高明撰:《帛书老子校注》,中华书局 1996 年版,第 451 页。

② (清)郭庆藩撰:《庄子集释》,王孝鱼点校,中华书局 1961 年版,第 246—247 页。

貌，同时"无形"也是一种特殊形态，全部的有形和无形所结合起来的整体才是"道之形"。进一步，道没有与它对立对等的存在者，因为它是包含一切存在者的全体，若它不是绝对的、独一的、整全的，它将以另一种存在者的存在为前设，这样在道之外还有一种存在者，而这是与道作为大全的本性相矛盾的——道外无"物"；但同时道也不在每一存在者之外，因为它们由道的自我限定而来，它们只是道的不同显现形态，所以，道是"道"与"物"相交融的全体。由于道不离"物"，因此，它能随一切存在者的变化而变化，顺应它们自身的运行规则，道只是随"物"而变却没有自身的作为，因此，道得以保持自身的本性，保存自身在全体意义上的不变，也就是说，道能将一切变化和运动包含于自身之中，从而得以保全全体的不变，使"物"成为"物"自身，也使自己成为全体，由是，道永离危殆也。"'道'生于天地万物之前，它既是超越时空的无限本体，又无所不包，无所不在，表现在一切事物之中。"① 既然道外无物，物皆在道中，那么道便是天地、人、万物得以呈现的本原。"万物虽不相同，但是都'有所然'，'有所可'，这一点是一样的。它们都是由道而生，这也是一样的。所以，从道的观点看，万物虽不相同，可是都统一为一个整体，即'通为一'（one）。"②

　　在理解了道曲成或自我限定为天地、人、万物的"有为"之后，才能领悟其"无为"。道为什么可以无为？因为它已经将天地、人、万物的本性赋予了它们，其无为是以其最大的有为为基础的。那么，道是如何作用的？"道氾呵，其可左右也。成功遂事而弗名有也。万物归焉而弗为主，则恒无欲也，可名于小。万物归焉而弗为主，可名于大"（《帛书老子·甲本第三十四章》）③。道作为全体，既充溢有，又灌注无，它无所不在，也无所不至，天地、人和万物都受到道的浸润，其本质是道自限为它们，所以，无道则无物。有了道，物便拥有了自己的本性，这是道的作用，但道却将物之本性视为物自己造就的；道贡献了最根本的作用却不据为己功，否则，道在物成之后必然会对物采取新的作为，这些作为相对于已经自足的"原初作为"来讲是多余的，它们会导致物离自己的自然本

---

① 孙亦平：《从幸福观的角度解读庄子的生命哲学》，《南京社会科学》2012 年第 6 期。

② 冯友兰：《三松堂全集》第 6 卷，河南人民出版社 2001 年版，第 102 页；Fung Yu-Lan, *A Short History of Chinese Philosophy*, New York：The Macmillan Publishing Company, 1948, p. 113。

③ 高明撰：《帛书老子校注》，中华书局 1996 年版，第 452—453 页。

性越来越远，同时也离道越来越远。物以道为依归和存在根据，但道却不凭此成为物之主宰，继而侵扰乃至左右物的自然状态，因为道的本性决定它不会改变物的自然情状，对此，它宁愿毫无作为，更不消说使用强力，由此，道即是无、无为。然而，道对物之自然状态的无为恰恰在于，道在成就万物之初便使其本性是完全的、完整的，道是万物得以存在、万物之为万物的最终根据，而且万物成为自身之后亦莫不在道中，即道既成就万物又包容万物，因此，道是至大之全体。

自道观道是道之自观，其实质是将人的视野上升到道的高度，然后展示道的自我演化过程。人之所以可以悟道，其原因在于人具有体悟和思维全体的能力，这种能力可以不断扬弃有限存在者的界限，并通向无限的全体。道即全体，则天地、人、万物及它们集合成的整体仍然没有达到全体，由此，人只能通过否定的、无有缺漏的方式表达道，"道，可道也，非恒道也。名，可名也，非恒名也"（《帛书老子·甲本第一章》）[1]。就其究极而言，除了说"道是全体"外，其他的表达都是有缺陷的。

二　得道之德

在道家这里，"道德"是指由道到德，从全体之道演化为天、地、人、万物的本性——德性，从全体到个体，其视角是自道观道、以道观物，立足于道的角度观察自身演变为有道之存在者的过程。与此相反，"德道"即"得道"，描述的是有限存在者获得道的历程：自然存在者顺应自身的自然本性而存在，它们由道赋予的德（"道德"）与自身所行的道（"得道"）是一致的。但在人（作为此类存在者的代表）这里，上述两方面却不是一致的，人天然地具有道德却不一定能得道，或者说在人这里，得道才成为一个问题，原因在于：人只能按照自己对道德的理解，而无法依照道德本身来寻求自己的得道之路，人具有违背自身自然本性的能力和作为。

何谓德？"道生之而德畜之，物形之而器成之。是以万物尊道而贵德。道之尊也，德之贵也，夫莫之爵，而恒自然也。道生之、畜之、长之、育之、亭之、毒之、养之、覆之。生而弗有也，为而弗恃也，长而弗

---

① 高明撰：《帛书老子校注》，中华书局 1996 年版，第 448 页。

宰也，此谓之玄德。"（《帛书老子·甲本第五十一章》）① "道和德的关系，是全体与部分的关系。"② 道作为全体，它将自身限定、显现为物，物是道之自我演化的产物。然而任何一个物都并不完全地拥有道之全体，物只能成为它自身而不能成为道，它是道的部分显现形态，只具有道的部分性质。由道而来的性质构成了物的基本规定，由于物的规定性自道而来或得自道，它是一种得性、德性，所以，物物各有一德性。同样，物之德性也从道而来，但德只是部分之道，德性与道之间存在距离，所以，每一物不能将自己的德性上升为道，而必须遵从自己已有的德性，顺应道的安排而活动，由此，作为全体的道才能安顿好每一存在者。物之所以有限，是因为它有确定的形态，它在此形态中才是它自身，否则就成为另一物。物之"形"并非以人是否可见为判断标准，因为在人看来是无形之物，但由道观之，它仍然是有"形"的，因为与道相比，它存在于某一"限度"中。如果物之形是物的本质规定和基本条件，那么，"器"便是物成为物的具体条件和实质内容。由此，一"物"必须通过得道、存蓄德性、获得形态和质料才能成为其自身，究极地讲来，都是以道的活动为根源。从人的角度看来，道在生、畜、长、育、亭、毒、养、覆万物，然而，道何曾只是如此活动，也何曾只有这些活动，其活动是深妙难测而无法被完整地描述的，唯有一点是确定的：它只遵从它自己的本性而活动，即它只是自然如此地活动着。而且道生、畜、长、育、亭、毒、养、覆的是全部物，无一遗漏，同时每一物又具有专属自己的德性。由于物的德性自道而来，所以，物的自然本性、原初德性、上德、玄德与道的本性是相通的，只是前者属于个体，后者属于全体，继而上德无须刻意求索——它自然就在物中，无须刻意作为，便能成就、护持一个物，因为它顺适物自道而来的本性使物成为其自身，而不是通过自己的力量去宰制、控制物的生成。这种德性似有还无，有是因为它得之于道，无是因为它的一切作为都符合道的本性而显得无所作为。因此，原初的德性就像道一样，"孔德之容，唯道是从"（《帛书老子·甲本第二十一章》）③，玄妙幽远，无可名状。概言之，道是万物整体的自然本性，德是每一物的自然本性。

---

① 高明撰：《帛书老子校注》，中华书局1996年版，第443页。
② 冯友兰：《三松堂全集》第7卷，河南人民出版社2001年版，第284页。
③ 高明撰：《帛书老子校注》，中华书局1996年版，第451页。

以上论述的是道与物、物之德的关系，这里的物包含了天地、人和万物等，而在属人的生活中，人还要遵循具体的德目，那么，它们如何与道、德相关联？"上德不德，是以有德；下德不失德，是以无德。上德无为而无以为也。上仁为之而无以为也。上义为之而有以为也。上礼为之而莫之应也，则攘臂而扔之。故失道而后德，失德而后仁，失仁而后义，失义而后礼。"（《帛书老子·甲本第三十八章》）①　在道家看来，人最好的生命和生活状态当然是与道合一、"与道为友"（《文子》卷五《道德》）②，唯有如此，人才是最自然的、整全且恒久的。然而，人就其本性而言只分有了道的部分，他必须顺从自道而来的德性生活才能无限地接近道。若一个人能完全领悟道和德，那么他将不会采取任何作为去追求道德，而会安于自身本有的德性，与此相反，一个人若认为自己的德性是有缺陷的，他便会寻求其他的德目来补充，不停地有意作为。既然自道而来的德性对人而言是自足的，既然顺适道和德生活已然是最大的作为了，那么，人何需去追寻其他德目和有意造作？道作为全体，它显现自身便是整全地展现——一体呈现，但这对人来说是无法直接把握和领会的，因此，人要寻求与道最切近的东西，通过对它们的领会来领悟道本身。而上德是与道最为切合的，因为上德自知其性自足，无须造作也无待外求，若道的作用是无为，那么德的本性即自足。既然德满足于由道而来的性，那么它只会顺应其自然本性而为，而不会自以为是，以自己的作用去改变自然之性。所以，德性是自足、无为而无自以为的。与德性的自然无为相反，仁义礼都是有为的，是人类有心为之的产物，它们源于人为而非道和德：仁虽然有所作为，但其作为是不得不为，而并非出于刻意和分辨之需要；义之作为因其评判、分辨之需求，而必然树立人为的标准；礼既并非出于人性之自然，同时又通过种种人为规定来限制甚至压制自然人性，由此会导致人们只是表面上按照礼的规定行事，却无法真正地认同它们。在人类的现实生活中，如果仁义礼能与人类的自然本性一致，那么它们将有助于人类向自身的德性回归，继而使人类与道相契合。

三　自然之福

在道家这里，最大的幸福莫过于与道一体。因为道是全体，所以，

---

①　高明撰：《帛书老子校注》，中华书局1996年版，第441页。
②　李定生、徐慧君校释：《文子校释》，上海古籍出版社2004年版，第207页。

它是最普遍的、最恒久的，同时又是清静无为的，若能与之合一，或者在精神世界中领悟道的自然本性，将使自己的境界不断获得提升，去体验一种至大的永恒幸福和自由。"享受自由的人必须要克服人为与自然的分离，实现这两者的统一，这就是'一即全体''全体即一'的世界观……'凡物无成与毁，复通为一'……'天地与我并生，而万物与我为一'……只有在'一即全体'的世界观中，我们才能消解一切相对性，才能获得绝对的确定性或自明性。唯当我们把自己或主体理解为'一即全体'的世界观视野中，才能真彻底地脱离和消解二元论。如此说来，获得自由的过程也就是'天人合一'的过程或'一即全体'的过程。所以说，所谓自由就是自己如此然的、无为的、超越束缚的、没有相对的、通达无碍的状态或境界。"① 显然，自道观道、天地、人、万物本是无祸福吉凶的，因为道只是顺着自己的自然本性显现为它们。道本身并没有偏好，"道不私"（《庄子·则阳》)②，只是自然地显现为这一物或另一物，某物只是碰巧被演化得"好"或"不好"，对此，道并没有有意为之，因为道只是一任自然，不凸显也不压制任何一物，而是让物成为其自身。这样道作为全体方能得以保全，否则物中的最强大者必然为了"私利"而破坏其他物的自然状态，继而打破道的自然状态。既然物的本性是自然地被赋予的，那么任何一物都应尽量保持自身的自然状态，否则一旦妄作，其自身和周遭环境的自然状态一旦被打破，它将深陷生死存亡、祸福难料的境地。

所以，祸福有两层含义。从道作为事实性全体的意义上讲，它必须能够承受一切矛盾，包容一切对立、相反的东西，所以，道既是福也是祸，既不是福也不是祸，它包含祸福关系，却又不等于祸福关系。在道中，祸福是自然存在着的，也是必然能够存在着的，道对祸福是无意而为的，这类祸福可以被称为"自然祸福"。而对某一物特别是人而言，祸福具有主观性，人以自己的主观认知和行动为依据，将会导致人为的祸福状态出现，从局部和短期来看，人造的福对某个人或人类整体是有益的，但从更大整体甚至全体和长期来审视的话，它们带给这个人或人类的很可能是祸乱乃至于灾难，因为整体的自然状态一旦被打破，局部的祸福关系将变得

---

① ［韩］张闻洙：《庄子的自由理念》，《辽宁师范大学学报》（社会科学版）2004年第4期。
② （清）郭庆藩撰：《庄子集释》，王孝鱼点校，中华书局1961年版，第909页。

更加微妙难测，这类祸福可被称为"人为祸福"。

由此，"祸，福之所倚；福，祸之所伏"（《帛书老子·甲本第五十八章》）① 包含着双重视角，一个源于道之自然性，另一个来自人之人为。自然意义上的祸福关系或者规律是无法被改变的，因为它是全体的无心作为。一方面人对于全体是无法全知的；另一方面对于无心无为的东西，人一旦去认知它们便是有心有为的，原本自然的祸福关系就被理解为人为的祸福关系。因此，人最好上升到道的高度，以道的全体视野来审视祸福变化，即便无法消除但是可以避开部分灾祸。在人化环境中，人不求福就没有祸，"祸福无有，恶有人灾"（《庄子·庚桑楚》）②，因为人之性自道而来，它对人而言是自足的，所以人安于自己的本性，自然便能享受清静的生活，清静便是最大的福。然而，人总是不满足于自己的清静之福，不喜欢虚己，而喜欢发挥自己的主观能动性，欲求得到更多的福，不断通过人为活动去造福，但是"祸莫大于不知足"（《帛书老子·甲本第四十六章》）③。真正的无祸只能以无福为根本前提，有福便有祸，若无对幸福的欲求，那么灾祸只能来自全体之自然情状，否则灾祸就源于自己求福的种种活动，以及求福不得而引发的种种痛苦。由此，知自己的本性是自足的，自己满足于得之于道的德性，因为德性与道最为切近，故而回归自己朴素自然的德性，便是向清静无为的道回复，这对人来说是最大的福、至乐："德性实践、至乐的状态或者说幸福，从根本上说是来自于我们的内心——一处最终无比接近于永恒和真实的所在。"④ 当一个人体会到了这种永恒的幸福和快乐，他对人为幸福的欲求便将降到最低程度乃至于无——不动心，有则有也，无则无也。最终来说，人也不会执着于追求道、永恒幸福，因为这是一个自然而然的过程，顺应道的规律和自己的本性，幸福的事自然会发生。

四　德福同一性：自然幸福

在理清了道家的道德概念和祸福观念之后，便可以探讨二者获得同一

---

① 高明撰：《帛书老子校注》，中华书局 1996 年版，第 444 页。

② （清）郭庆藩撰：《庄子集释》，王孝鱼点校，中华书局 1961 年版，第 790 页。

③ 高明撰：《帛书老子校注》，中华书局 1996 年版，第 442 页。

④ ［希腊］帕诺斯·艾烈珀洛斯：《基提翁的芝诺和庄子的德性与幸福》，彭荣译，《商丘师范学院学报》2015 年第 1 期。

的路径。上文已经指出，道必然包含着祸福关系，既然这个层面的祸福是不可避免的，那么就只能尊重其客观存在性，即若人无法左右这种全体层面的祸福转变，就只能尽量理解和适应其转化规律。既然至大的道都无法避免矛盾，那么作为道之部分的物必然面对着种种矛盾，因此，每一物都处在自己的祸福境遇里。由于每一物所遭受的祸福情况只有其自身完全知晓，又由于人无法洞悉一切物的祸福状况，所以，人只能以自身的德性和祸福为中心，继而理解和促成自身的德福同一性。

在道家看来，人依道、依德而行，才能实现道德与幸福的最大同一性。德福的同一过程就是复归于道的过程，同时也是回归自己本性的过程。道是普遍性（全体）和个别性（德性）的统一体，道由普遍性演化为个别性，而人在作为个别性存在者的同时又能体悟无所不包的全体，因此，人总是从自己的德性出发，力图达及普遍的道。然而，人要直接达到全体之道，是极其困难的，也存在着巨大的风险——人以自己体认到的道为道本身，而切近的路径是回归自己的自然本性，因为自己的德性来自道，它与道是同质的，它天然地具有道的基本性质。由此，在道家这里，德福同一性的本质为人的"德性"与"福"统一于"道"。虽然人类无法全知其他物的德和福，但它们没有人的主观能动性和造作是确定的，所以，它们的德、福，以及两者的同一性都是自然而然的，无须人力来促成，除非人类的行为已经伤害和破坏了他物的自然状态。

那么，人的德性与福如何获得同一性？也就是从人的角度看，如何去体道悟道而将自己的心灵、精神境界提升到道的境界？体道悟道是人必要的作为，但最终达及的是如道一般的无作为，而且在体道悟道的时候也不能过分执着于要达到道，因为这是一个自然的过程。在此方面，圣人或至人即有道者无疑成了悟道得福的典范。

道家所谓的圣人，其内涵包含两大方面。一是悟道最深的人。他最了解道的本性，因而也最能领悟道之作为和效法道之不作为。他明晓道已经给天地、人、万物赋予了自然本性，在此方面他无须作为，依顺它们的本性便可，"恒德乃足，复归于朴"（《帛书老子·甲本第二十八章》）①。二是拥有现实权力的"上位者"。然而这个权力不是用来开展各种作为的，而毋宁是用来限制作为和保障不作为之效力的。若没有现实的权力和位

---

① 高明撰：《帛书老子校注》，中华书局 1996 年版，第 452 页。

分，圣人的不作为便只是个体性的，只能造福于他个人和能理解他的人。反之，如果家、国、天下是人无法逃脱的生存空间和现实对象，那么圣人就可以居上位，凭借其对道的觉悟能力，减少权力对人之自然本性的扭曲，从而减少权力之妄作而造成的社会灾难。概言之，一方面与道亲近、回归自己的本性就是福，即自然是福；另一方面，少妄作、少人为、转变不幸也是福，即少灾、避灾是福。所以，圣人因其本性（道和德）自足、其行无为，其福便自然而来。圣人治家、治国、治天下一任道之本性、民之本性，使其返璞归真、少私寡欲、清静而不自以为，由此，民在家、国、天下里少灾少难是可以实现的。

圣人具体通过什么方式促进德福的同一性？就其个体方面而言，悟道是最根本的，这是圣人之作为。"致虚极也，守静笃也，万物并作，吾以观其复也。夫物云云，各复归其根。归根曰静，静，是谓复命。复命常也，知常明也；不知常妄，妄作，凶。知常容，容乃公，公乃王，王乃天，天乃道，道乃久，没身不殆。"（《帛书老子·甲本第十六章》）[1] 致虚是人不断去除或者悬置自己主观的、人为的见解——主见，因为这些主见是人通过自己的人为建立起来的，它们已经逐渐地将人的心灵和意识塞满了，其后果便是人离自己的自然本性越来越远，最终人将活动在一个人造、人化的封闭空间中。由于道赋予人的德性是足够的，人无须再去求取，所以，人要把填充在心灵中的"人造物"——清除掉，让心灵开阔敞亮起来。不断地去除主见，对其损之又损，主见少到极致则心灵虚空到极致，虚之再虚而近无，无才能无限地包容天地万物。虚才能近似无限地容纳天地万物。虚面向的是作为全体的道，全体之为全体就在于它能包含任何事物，不为任何一个事物改变自己的本性，同时也不去改变任何一个事物的本性，它自己不变也不改变它物，因此，它是静态的。在静中，天地、人、万物都处于自己的本性状态，"清静可以为天下正"（《帛书老子·甲本第四十五章》）[2]，所以，人若要让天地万物处于其自身之中，也须使自己的主见静到极致。在人的静观中，物的产生、变化、循环往复和归宿都是自然而然的，当物顺应自己的德性而生灭、存在和消亡，正好说明它们是与道一致的。因此，对人而言，不对物作评判的时候，物才能复

---

[1] 高明撰：《帛书老子校注》，中华书局1996年版，第450页。

[2] 高明撰：《帛书老子校注》，中华书局1996年版，第442页。

归于自己的本然状态。所以，圣人知晓了自己的本性，知晓了天地、人和万物的本性，继而体悟了作为全体之道的本性，"性修反德，德至同于初"（《庄子·天地》）①，才能获得最大的满足——至福。同时，圣人深知全体之道包含着辩证规律（如矛盾、正反），但他"内省而不穷于道，临难而不失其德"（《庄子·让王》）②，也明白对人而言，其他事物和人事中也包含着辩证法则，只有尽量避开人为造作的祸福——否定的途径是无为、无执、去甚、去奢、去泰、为而不争，肯定的路径是慈、俭、辅助物之自然本性，才能获得源于自然本性的幸福。

　　就群体的德福同一性而言，圣人亦是通过效法道之无为和有为来促成的。在无为方面，"圣人之言曰：我无为而民自化，我好静而民自正，我无事而民自富，我欲不欲而民自朴"（《帛书老子·甲本第五十七章》）③。无为、好静、无事、无欲是圣人效法道之本性而来的，道无为、好静、无事、无欲才能保证全体、天地、人和万物的自然状态，其实质是为每一存在者的存在给予了足够的理由和尊重，也对所有存在者的本性给予了足够的信任。因此，当存在者成为它自身后，道对其本性是无为的。同样，圣人信任人的本性是朴素自然的，无须人为的矫正，百姓会自然地回归自身的质朴状态。由此，"圣人恒无心，以百姓之心为心"（《帛书老子·甲本第四十九章》）④。圣人无须以为了百姓之幸福的名义而制定种种所谓好的举措，因为百姓追求幸福是其自发的行动；圣人只需顺应其内心的需求就足够了，而且百姓朴素的本性将自然地保证其行动是适宜的，因此，圣人不会将自己的主观决断加诸到百姓身上。由此，圣人无为无心，百姓自能质朴地求福得福：圣人无为，恰恰为百姓发挥自身的主观能动性提供了最大的可能性，即圣人通过无为而治促成了最大的有为。圣人无心的本质是将百姓的心愿和需求放在了最重要的位置上，而不以当权者和有功者的身份在每个地方体现自己的意志和作为，最终自己的心和主观做作虚到了极致，百姓的心被包容在圣人之心中而成为圣人真实的心。

　　另一方面，百姓作为人，他具有人为、主观妄作的可能性和能力。对

---

　　① （清）郭庆藩撰：《庄子集释》，王孝鱼点校，中华书局1961年版，第424页。
　　② （清）郭庆藩撰：《庄子集释》，王孝鱼点校，中华书局1961年版，第982页。
　　③ 高明撰：《帛书老子校注》，中华书局1996年版，第444页。
　　④ 高明撰：《帛书老子校注》，中华书局1996年版，第443页。

此，圣人需要一定的作为，来帮助其回归自己的自然本性即德性之中。"见素抱朴，少私而寡欲"（《帛书老子·甲本第十九章》）①是百姓在现实生活中获得幸福的根本途径，因为它与道和德的性质是一致的，对人而言素朴本身便是最基本的德性之一：一则回归素朴、无私、无欲状态，即回到自己的自然状态，进而接近于道，与道亲近则为最大之幸福；二则回归质朴、少私寡欲的状态，能促成德性与现实幸福（少灾、健康、长生等）之间的一致。从否定方面讲，圣人绝弃圣智、仁义、巧利，不过度丰富百姓的感官享受（看五色、吃五味、听五声等），不贵难得之货物，内不激发其欲望，外不立贵贱高低之标准，"同乎无知，其德不离；同乎无欲，是谓素朴。素朴而民性得矣"（《庄子·马蹄》）②。从肯定方面讲，圣人"善者善之，不善者亦善之，德善也。信者信之，不信者亦信之，德信也。圣人之在天下，歙歙焉，为天下浑心。百姓皆属其耳目焉，圣人皆孩之"（《帛书老子·甲本第四十九章》）③。圣人不因现实生活中之善、诚信具有相对性，便对其采取完全否定的态度，而是承认其存在意义，这源于圣人的慈爱之心，"慈"故能包容相对的善与信，也能容纳不善与不信，最终民自然会自化而得福。

第四节　佛教的善恶业报

在寻求道德与幸福的同一性方面，佛教最独特的贡献在于通过"因果报应"，准确地说是"善恶业报"这样一条客观规律来保证二者的完全同一。也就是说，善恶业报作为善恶因果律，其客观效力必然能实现德福的一致性，如果没有达成这一目的，此规律便绝不会停止其作用。由此，德福同一性的圆满实现不以"有情众生"的今生今世为限度，而以善恶业报这一规律将自身的必然性力量完全释放为终极前提。因此，有情众生必须将自己的存在形态向过去和未来两个方向延伸，否则便不存在承受善恶业报规律的主体或载体，由此导致此规律无法对现实生活中的有情众生形成约束。而且善恶业报规律包含着严格的奖惩效力，有情众生若能行善

---

① 高明撰：《帛书老子校注》，中华书局1996年版，第450页。
② （清）郭庆藩撰：《庄子集释》，王孝鱼点校，中华书局1961年版，第336页。
③ 高明撰：《帛书老子校注》，中华书局1996年版，第443页。

便可进入善道，继而超出六道轮回而升入极乐清净世界，成菩萨成佛，若作恶就堕入恶道，成鬼成畜生，遭受各种苦痛折磨。所以，佛教以善恶业报规律、超人生超人身的主体、轮回流转的奖惩机制为理论核心，开创性地思考、解释和从学理上解决了德福的同一性难题。

一　善恶业报的本体论和认识论基础

（一）空性

如果说道家的本体概念是道，那么空就是佛教的本体概念。道和空都是终极性的概念，并且是属于同一层级的概念，换言之，它们只是全体的两种呈现形态。全体必定是无限空的，凭此它具有无限的摄容性，能容受一切存在者，所以，全体之空性是一切存在者赖以存在的普遍前提。同时，与永恒无限的全体相比，每一存在者都是微小和刹那存灭的，当一定的条件和场域得到满足时，某一存在者就成为其自身而存在着，反之，此存在者将不复是其自身，而转变为其他存在者或其他存在样态。唯有全体才具有最普遍的规定性——空性，永恒地融摄一切存在形态，而具体的存在者没有永恒常驻的自我，没有恒存不变的自性，即它们存在着却没有自性，因此，它们不是究竟真实的，其本性是"空"的。

由此，佛教的空有两大含义：一是指全体的本性为空，不空便无法包容所有存在者；二是指一切存在者的自我同一性都是暂时的和有条件的，当构成某一存在者的主"因"和辅"缘"发生变化或者消解时，此存在者便成为"空"的了。从全体的角度理解空，由是才能解释佛教的根本教义——三法印或四法本：前者的表述为"一切行无常，一切法无我，涅槃寂灭"（《杂阿含经·卷第十·二六二》）[1] 或"诸行无常、诸法无我、涅槃寂静"[2]；后者的内容是"一切行无常……一切行苦……一切法无我……灭尽为涅槃"（《增壹阿含经·卷第二十三·二六八》）[3]。有为法是具体的、暂时的，自我、我之实体都是我执的产物，并不存在永恒的"法"和不变、同一的"我"，唯有清净寂灭才是空的本性，它超越一切有为与无为、我与非我之对待。有为即无为（无助于自身的永恒存在）

---

[1]　中国佛教文化研究所点校：《杂阿含经》，宗教文化出版社 1999 年版，第 214 页。
[2]　慈怡主编：《佛光大辞典》第 1 册，高雄：佛光出版社 1988 年版，第 571 页。
[3]　中国佛教文化研究所点校：《增壹阿含经》，宗教文化出版社 1999 年版，第 368 页。

即非无为（不是涅槃寂灭意义上的不为），有我即非我（刹那生灭之我）即非非我（不是永恒不灭之我），反之亦然，所以，一切有为、我执、造作都与空的清净本性相违背。

空要么作为全体之空，要么指事物的永恒流变性，它无法被整全或确定地描述，所以，认识主体只能通过"中道"（否定之否定）的方式来体悟全体的空性和事物的本来面目。对此，佛教采用的基本逻辑推导模式为"说/言 a，[即] 非 a，名 a"（《金刚经》）①。"说 a"是指对 a 进行言说和文字表述，这是以主体的认知能力对 a 发生认识作用为前提的，"被言说之 a"既不是认知主体的纯主观建构，更无法等同于 a 自身，而是一个刺激主体发生认识作用的"x"。认识主体姑且将之称为"a"，所以，"说 a"并不是对 a 自身的如实认知，而是对与认识主体发生交互作用之 x 的认知。既然"说 a"不等同于 a 自身，那么"说 a"中的"a"同时即"非 a"，"非 a"并不是对 a 的否定，而是对"说 a"的否定和补充，认知主体将"说 a"和"非 a"结合起来才可能更接近 a 的真实面目。由于"说 a"和"非 a"都是片面的，而且并不是 a 一分为二的两面，因此，它们的结合不必然是全面的，其结合体还需要不断地被否定和补充，这样一个不断进行否定和补充的否定序列才成为 a 的本质规定性。"说 a"和"非 a"都是对 a 之"名"的认知，同时对 a 的认知又无法采取其他路径，所以，对 a 的认知既需要"说 a"和"非 a"，但又不能执着于它们。反复地运用这一逻辑推导模式，作为存在者或"有"的 a 将必然被推向空，"说有，即非有，是名有"，同样"说空，即非空，是名空"，空也必然被推向非空，所以，既空又非空、即空而非有非空才能不断接近全体及其所包含事物的真实状态。由此可见，佛教并非为了空而观空，而是通过对执着妄想之我、有为造作之法等有限虚妄东西的不断否定和修正，来达到对宇宙人生万物的如实了解。空是为了真实，而不是为了虚无。

（二）因缘和因果定律

如果说空观是从否定性的路径来揭示世间万有的真实相，那么事物及其轨则由因缘而发生，便是从肯定性的角度来说明其真正成因。万事万物之所以是如此这般形态，其原因在于它们是由内因和外缘结合而成的，然而主要条件和辅助条件的结合不是永恒不变的，而是处于不停的聚散变化

---

① 参见陈秋平译注《佛教十三经：金刚经·心经》，中华书局 2010 年版。

状态。与此同时，一旦生成某一事物的内因和外缘是充足的，那么此事物作为结果必定会呈现出来；反言之，一旦结果形成，则其产生原因一定是完全具足的。所以，原因（因缘）与结果是相互依存的，"若有此则有彼，若无此则无彼；若生此则生彼，若灭此则灭彼"（《中阿含经·卷第二十一·说处经第十五》）①。任一原因的变化都会引发相应结果的发生，而此结果又是其他结果的原因，没有穷尽。由此，世间万有、万事万物就形成一个彼此联结又互相影响的因果网络，在《华严经》中被表述为"'法界缘起''互即互入'。因和果不再被看作是直线条的，而是一个网，不是平面的二维之网，而是多维度、全方位相互交织的无穷无尽的网络系统……一是呈现在全体里面，全体亦呈现在一里面……'一即全体，全体即一'"②。"一切法都不是以个体的方式独立存在，而是在相即相待、相互联系中作为宇宙全体而存在，故一具一切，一即全体，没有时空分界，只有随业感缘起而产生的状态上的隐、显变化，没有生灭存亡"③。对这个网络的整体而言，每一因、每一果都是同等重要的，其中并不存在一个决定性的、具有无上主宰力的原因——第一因，只是在具体事物那里，才有主要原因与次要原因之别。由此可以推知，万事万物与全体相比较而言，它们不是永恒常驻的，而是刹那生灭的。它们既无永恒不变的自我又无恒常不易的轨则，因而它们是空的，正因为它们可空，凭此万事万物之间的转化和依存才是可能的。虽然万事万物可空，而且必然空，但因果网络本身不是空的，继而作为全体的空本身也是不空的。

因果不空除了能说明世间万有的真实本质和状态，即揭示了世间万有之真外，其进一步的意义在于使众生向善、行善。在佛教看来，自然道德律（natural moral law）是依凭自然律（natural law）而证成的④，根据因果铁律，一定的因必然引发相应的果，善的因引发乐（好）的果，恶的因引发苦（坏）的果，非善非恶的因引发中性的果，也就是说，因果规律作为一种"自然律"不仅对于现实世界来说是必然的，而且对于价值

---

① 中国佛教文化研究所点校：《中阿含经》，宗教文化出版社 1999 年版，第 379 页。

② ［法］一行禅师：《一行禅师佛学讲演录》（下），明洁、明尧译，中国国际广播出版社 1999 年版，第 235—236 页。

③ 张岱年主编：《中华思想大辞典》，吉林人民出版社 1991 年版，第 394 页。

④ 参见释昭慧《有关"自然律"与"自然道德律"之佛法观点》，载弘法寺编《行愿大千》，宗教文化出版社 2006 年版。

世界而言亦是必然的，由此证成和揭示作为"自然道德律"的善恶业报规律。在现实世界中，众生之所以无所顾忌地作恶，原因在于他们认为惩罚、恶报不具有无可逃脱的必然性，此种观点源于他们不知道世间万有的真实本性，不知道世间万有皆因缘和合而生、因与果必然相依相存，种恶因、造恶业一定得苦果，由此，既然善恶因果律具有必然的、不可抗拒的力量，那么，反过来它将能有力地约束众生的恶念和恶行。

（三）菩提心

根据上文，空不是指空无虚幻，也不是存在方面的绝对空无。全体的空是为了能让一切存在者按照因缘法则、因果规律呈现自己，而每一存在者的空是为了说明任一存在者都无法等同于全体。也就是说，每一存在者对全体而言都是同等重要和同等不重要的，因此，从全体的视角来看，一切存在者在存在意义上都是平等的。从万物皆空可推论出万物平等，即万物在空或者存在层面是平等的，这是以因缘的和合与分散为基础的，因此，"众生平等"的最普遍含义是一切存在者在存在层面是平等的，"佛的平等主义，是全宇宙界、全众生界的平等主义"①。"众生"即一切存在者，它包括佛、菩萨、声闻、缘觉、有情众生和无情众生（植物、无机物等）。此外，狭义的"众生平等"指佛、菩萨、声闻、缘觉、有情众生在生命和佛性上是平等的。由此，佛教的"众生平等"从全体、空性的角度来看，不仅指有情众生之间是平等的，而且无情众生与有情众生之间也是平等的——两者都是因缘聚合而成的，并不存在价值上的高低之别。由此，佛教的平等是绝对的、最彻底的平等，是最平等的平等。

由于有情众生具有生命和情识，因此，它们可以成为认识和行动主体。佛教将主体扩展到人之外的真实目的是让人行善。因为人作恶，不仅要受苦报，而且要堕入地狱、饿鬼和畜生三恶道中，沦为鬼和畜生，受尽种种苦痛；反之人若行善，将升入善道，甚至超出轮回之苦。由此，人与其他五道众生便是相通的，而且人作为人的资格只能通过种无量的善因、做无量的善行来成就，甚至成菩萨、成佛也必须经由此路径。这里存在一个无法回避的问题：既然诸法无我，人自然亦是无我的，人之中并不存在一个永恒同一的"我"，那么当人的自然生命终结之后，人将以何种形态

---

① 释太虚：《太虚大师全书》第 1 卷，宗教文化出版社 2004 年版，第 195 页。

处于轮回之中？他又如何超出轮回？在佛教学说内部，可以从神识和阿赖耶识（藏识）等角度来探讨此问题。然而，这两大类回答方式都会承认某种永恒的存在者——灵魂或种子识——存在，这与"无我"的基本教义相矛盾。而如果神识或阿赖耶识依然是因缘和合而成的，那么它便是空性的，它存在着却没有自性，由此，善恶自造、苦乐自受中并没有永恒同一的"我"。既然无"我"，那么谁来承受苦果？

有情众生是无始以来因缘和合、善恶因果作用而成的，其生命虽然有生有灭，但不是无，而是相续的。由此，一切有情众生是相互依存、共同生长的，并不存在一个完全孤立自存的有情。但同时每一有情并无永恒之"我"——主体性，也由此，苦果将不是由某个确定的"我"来承受。而是由所有的"我"来承受。也就是说，虽然只是某个"我"作了恶，但由于这个"我"不是永恒同一的，而且善恶因果律必然会将苦果实现出来，因此，其他的"我"与此恶行及由此带来的苦果绝非毫无关系。由此，每一有情必须生发同体大悲之情，生发无上菩提心，修习无上菩提心，将其他有情众生的苦难视作自身的苦难，将其他有情众生的恶念、恶行视作自己的恶念、恶行，将其他有情众生的善念、善行、欢喜视作自己的善念、善行、欢喜，把它们全部内在于自身之中，认为单个"我"的解脱不是真正的解脱，一切有情众生都解脱了才是圆满的解脱。至此，整个世界将呈现为全由善因乐果构成，一切有情众生都证得无上正等菩提和佛陀果位，即一切有情皆成佛。此即佛教"观于空无，而不舍大悲"（《维摩诘经·菩萨行品第十一》）[1]，"虽行于空，而植众德本"（《维摩诘经·文殊师利问疾品第五》）[2]，"普欲度脱一切众生"[3]的根本关怀，进一步，"'无情有性''依正不二'将佛性所被范围扩展到无情器界，草木土石、山川大地亦有佛性，人与自然一体不二、相依相存，因此，人应尊重生命、敬畏自然，人应与其他生命形态和大自然和谐共处"[4]。我们"要学菩萨行（菩萨的生活），对于一切法明了通达，且于一切法不执著，尽心尽力

---

① 赖永海、高永旺译注：《佛教十三经：维摩诘经》，中华书局 2010 年版，第 177 页。

② 赖永海、高永旺译注：《佛教十三经：维摩诘经》，中华书局 2010 年版，第 88 页。

③ 参见（曹魏）康僧铠译《佛说无量寿经》，宗教文化出版社 2021 年版。

④ 张有才：《论汉传佛教和谐伦理之建构》，载觉醒主编《觉群佛学 2012》，宗教文化出版社 2013 年版，第 324 页。

去帮助别人。何以要帮助别人？此是源于诸佛菩萨的'同体大悲，无缘大慈'。因为只有佛菩萨晓得，尽虚空遍法界，所有一切众生与自己是同一体……现前我们迷失了自性，不知一切众生与我们是同体，同一个真如本性。所以，在此分自分他、迷惑颠倒、起惑造业、自作自受、苦不堪言。佛教给我们破迷开悟，把这些迷惑颠倒统统打破，才能看到事实真相，帮助一切众生就是帮助自己。慈悲心、爱心是从'无缘慈，同体悲'而发，不谈任何条件的"①，要学习佛菩萨"样样为众生……念念为一切众生，不要为自己"②，"舍己为人，念念为社会、为众生、为人群"③。

以空性、因缘、因果规律和菩提心为基础，佛教论证了善念、善行对于有情众生离苦得乐的必要性，也就是说，有情众生遵循道德的初衷和目的是获得解脱，达致真正的幸福。佛教的幸福是用福报、乐果来表达的，最终极的幸福是涅槃寂静、永恒安乐、自由清净，也就是无恶纯善或超善恶的状态。在此状态中，有情的心（无上正等正觉）是清净无为的，他无须起善心、动善念、行善行便自然是善的了，因为其心自然是善的，又无种种烦恼、苦恼，故而是清净常乐的。

二　从因果报应过渡到善恶业报

（一）因果报应

在佛教看来，因果、因果定律是全体的真如状态和本性之一，它们是客观真实的。世间万有无论是有情众生还是无情众生，都处于彼此相依的因果网络之中，且必然服从因果规律，这是以缘起性空、因缘和合的世界观为基础的。在因果关系中，"因"实际上包含了内在原因（因）和外在原因（缘），而其引发的不仅有直接后果还有间接后果，其中内在原因和直接后果与自身直接相关，而通过外在原因和间接后果可以与自身之外的其他存在者相关，就像基因和种子是内在原因，其与周遭的生长环境、其他物种的关系等是外在原因，两种原因的共同作用使它们成长为成熟的个体。与此同时，它们在生长的过程中也改变了周围的环境和其他物种，由

---

① 释净空：《认识佛教》，伊犁人民出版社 2003 年版，第 140—141 页。
② 释净空：《认识佛教》，伊犁人民出版社 2003 年版，第 118—119 页。
③ 释净空：《认识佛教》，伊犁人民出版社 2003 年版，第 299 页。

此，世间万有都是因缘和合并依因果规律而存在的。所以，因果、因果定律在存在意义上是一切众生（存在者）的根本规定，也就是说，因果、因果规律在事实层面具有最大的普遍性，因为无情众生也必然遵循因果定律。

因果、因果规律如何转化为因果业报？这里并非由于因果、因果规律发生了价值转变，而是因为因果、因果规律就其普遍性而言自然包含了价值维度，而业报是以主体的能动性为基础的，因此，只有有情众生才能成为业因的发起者和果报的承受者，而无情众生天然地服从因果法则，或被有情众生影响和改变。"一切诸报皆从业起，一切诸果皆从因起"（《华严经》卷七十七《入法界品第三十九之十八》）①，有因才有果，有业才有报，有因必有果，有业必有报，这是由因果规律的必然性决定的。因为业也由因、因缘所造，其主因乃是有情众生之身行和意行，所以业依顺因果定律而具业力，业力若没有完全实现出来便不会消失，落实在有情众生身上便是相应的果报。同样，无业无报、无因无果也是符合因果定律的，从最严格的意义上讲，有情众生不作业是最理想的状态，因为在此状态下，他们没有"我执"及由此生发的种种行动，甚至作善业也成了多余。然而，实际的情况却是，有情众生无始以来不停地妄想分别执着，既贪又嗔还痴，不断地形成坏的、恶的业力，继而造成无量无边的苦果。这些恶业和苦果在六道中流转不止，相互感召而不断增强，因此，有情众生单单停止作恶业是远远不够的，他们还必须作无量无边的善业，正所谓"虽知诸法无业无报而修诸善行恒不止息"（《华严经》卷七十五《入法界品第三十九之十六》）②，"虽无所作而恒住善根"（《华严经》卷二十四《十回向品第二十五之二》）③。守住善根，所造善业越多，其业力越强，其所来招感的乐报便越多。由此，善的总量在增加，其力量在增强，而恶的总量由于恶业得到了相应的苦果和惩罚而减少，其力量也减弱了，如此一来，"苦海"变淡，"福海"无边。

（二）善恶业报

从逻辑上讲，业存在善业、恶业、非善非恶业和无业四类，因此，有

---

①　（唐）实叉难陀译：《华严经》，林世田等点校，宗教文化出版社 2001 年版，第 1384 页。

②　（唐）实叉难陀译：《华严经》，林世田等点校，宗教文化出版社 2001 年版，第 1332 页。

③　（唐）实叉难陀译：《华严经》，林世田等点校，宗教文化出版社 2001 年版，第 452 页。

情众生除了能造善业、恶业、不作业之外，还能作既不是善的又不是恶的无记业，其根据在于因果、因果定律具有非价值性内涵：有情众生因无明、贪嗔痴而造恶业、不善业，因去无明、断贪嗔痴而造善业；有情众生所造之业若与无明、贪嗔痴无关，那么，它们便是价值中立的无记业。因此，因果业报包含了善恶业报和不招感果报的无记业。在探讨道德与幸福的同一性问题上，道德必然属于价值范畴，它以善恶判断及其行动为根据，所以，严格来说，善恶业报理论才是在直接解答德福的同一性难题。

善恶业报的逻辑生成顺序为：有情众生无始以来的恶业造成了无量苦果（不幸福），淡化苦果的积极方法是种善因、造善业（道德），通过因果法则的必然作用（同一性力量），有情众生得以脱离苦境，报受乐果（幸福）。由此可见，善恶业报规律的特质在于使善得乐，让道德获得福报，使恶得苦，让不道德得到苦果和遭受惩罚，由是，道德与幸福、不道德与不幸实现了精准的一致性。

依据因果定律，一定的业因必然会招感相应的业报，业报不见，业力不消。若在当世当身未报，那么，在来生、来来生甚至千万生也一定要完成受报。这既给了有情众生（作业的主体）约束又保留了希望，因为造恶业必得苦果，有情众生将受到苦的报应，堕入恶业道，而一旦堕入此道尤其是地狱道，将受到极其痛苦的惩罚，其自我拯救之路将变得极其艰辛和漫长。与此相对，即使身处地狱道的有情众生，若能行善业，不断地强化善的业力，那么，他们仍可以重新上升到三善道。"若有故作业，我说彼必受其报，或现世受，或后世受。若不故作业，我说此不必受报。于中，身故作三业，不善与苦果受于苦报。口有四业，意有三业，不善与苦果受于苦报。"（《中阿含经·卷第三·业相应品第二·思经第五》）[1] 存在一种情况，有情众生所作的业，不一定会受到报应，即此业不是出于自己的有意为之，这里强调了作业的自由本性。有情众生只有在自由的状态下作善作恶，才必须完全承受相应的善恶果报，否则，被强迫去作恶与有意作恶便没有分别了。虽然恶业最终会受恶报，但这两种情况所受恶报的程度一定是不同的。

那么，业是如何被造的？佛教从身、口和意三大方面探讨了有情众生（以人为例）故意作业的途径，身有杀生、不与取、邪淫三恶业，口业有

---

[1]　中国佛教文化研究所点校：《中阿含经》，宗教文化出版社1999年版，第45页。

妄言、两舌、粗言、绮语四恶业，意有贪伺、嫉恚、邪见三恶业，三者分别对应行动、言语和思维。可以看出，思维方面的恶念、恶业是最难被消除的，因为恶的言语和行动没有被客观地呈现出来便没有形成恶因，然而意识中的恶不转化为客观的言语和行动一样可以作恶业，而且恶的言语和行动往往是在思维有意作恶的意识引导下形成的，所以，佛教特别强调有情众生作业是否是有意的，其最终目的是从思维意识中消除恶念。

在六道的有情众生中，人是最关键的，人身是最难得的，成为人的因缘是最殊胜的，这是因为通过人的善恶业报便可以解释和理解其他五道，并发现和光大自身的佛性。人之身口意若犯了杀盗淫中任意一业，都将堕入地狱，成为地狱众生。所以，地狱并非它造，而由人自造，地狱中的众生要尽受比其造业应受痛苦多得多的惩罚。在地狱中受完罪报、苦报之后，造业者还要沦为诸种鬼类。在鬼所造之业尽得其报之后，此类众生才能重回世间，投身为畜生，以此来偿还往世欠下的债……所以，恶业来自人自身的虚妄执着，源于人的智慧清净心被自身的虚浮妄想蒙蔽了，它们完全是人自己造成的，而不是来自天灾人祸，因此，人必须自己去承受。也因此，"善恶报应，祸福相承。身自当之，无谁代者。善人行善，从乐入乐，从明入明。恶人行恶，从苦入苦，从冥入冥……生死不休，恶道不绝。如是世人，难可具尽。故有自然三途，无量苦恼，展转其中，世世累劫，无有出期，难得解脱，痛不可言。如是五恶、五痛、五烧，譬如大火，焚烧人身，若能自于中一心制意，端身正念，言行相副，所作至诚，独作诸善，不为众恶者，身独度脱，获其福德，可得长寿泥洹（涅槃——引者注）之道。是为五大善也"（《无量寿经·浊世恶苦第三十五》）[1]。有情众生通过行善可以超出轮回之苦，因为善业招感光明、福果、乐报，远离众恶道和诸苦，使有情众生的生命和境界不断朝善（道德）、好（幸福）及二者同一的方向发展。

综上所述，善恶业报由善恶和业报联结而成：善恶相对出现的前提为，有情众生及其身处其中的六道世间，无始以来便不是全善的或者清净无垢的，因为不是全善的所以要不断地造善因、断恶业，因为不是清净的所以要断分别妄想执着，让心回归清净无为的状态，让世间回到自然状态。业报的根据在于因果规律，业是因，报是果，什么样的业因一定会产

---

[1]　陈林译注：《佛教十三经：无量寿经》，中华书局2010年版，第200页。

生相应的果报，由于造恶业将使有情众生不断堕落，在地狱中遭受无尽折磨，痛苦不堪，毫无幸福可言，所以，有情众生若要获得幸福、极乐和清净，唯有行善这一条道路，因为清净心也需要依凭善因的积累才可能达及。善恶业报以因果业报为基础，两者的区别在于前者是价值规律，后者既是价值规律又是事实规律。因果、因果规律和因缘、因缘生法都揭示了世间万有的空性，因缘侧重于它们的构成条件及其生灭关系，因果侧重于世间万有之间及构成万有之诸条件之间的作用关系，这些都是以佛教的空观为基础的，不能解空，便无法为因缘生法、因果网络立论。

三　业因业报同一性的终极形态：涅槃

（一）造善业

达致涅槃、圆满寂灭是佛教学说的终极追求和最后境界，遵循善恶业报规律是有情众生通向涅槃的必要条件之一。有情众生无始以来因贪嗔痴、妄想分别执着等情识而生种种恶业，这些恶业招引种种恶报，造成了无量无边的苦海，使有情众生受无尽的轮回之苦，苦即无福、不幸福。一方面，根据因果定律，灭因才能灭果，果报之后业力才消失，因此，要想不得苦果，就必须不种恶因、不造恶业。另一方面，幸福的求得还需积极地种善因、造善业，因为行善得到的报应是乐果，善多则乐多。正因人间、世间恶业深重，为善艰难，由此善念、善行的作用和价值将获得加倍提升，反倒在佛国净土世间中，因其本身几乎是全善无恶的，所以，行善只是一种自然行为，"广植德本，勿犯道禁，忍辱精进，慈心专一。斋戒清静，一日一夜，胜在无量寿国为善百岁。所以者何？彼佛国土，皆积德众善，无毫发之恶。于此修善，十日十夜，胜于他方诸佛国中，为善千岁。所以者何？他方佛国，福德自然，无造恶之地。唯此世间，善少恶多，饮苦食毒，未尝宁息"（《无量寿经·如贫得宝第三十七》）[1]。当恶业得到了报应、善业做到极致时，苦便全消，乐便充满整个世间，由此，世间成为极乐世界，在其中幸福获得了最大程度的实现，善与幸福达到了最大的同一性。

然而，基于善恶业报而实现的德福同一性还不是最圆满的，它并未达到涅槃境界——涅槃境界之实现必须空性、因果、菩提心三大条件的共同

---

[1]　陈林译注：《佛教十三经：无量寿经》，中华书局 2010 年版，第 205 页。

作用：悟空和深信因果以智慧为基础，悟空才能清净不造作，深信因果才会行善，生菩提心才能自度度他。也就是说，"必须学习着超越求福避祸的利己思惟，亦即体悟'三轮体空'（为德之我、受恩之对象、施德之事物三者都只是因缘生法，并无常恒不变、独立自存、真实不虚之自性可言），必须不着四相——'无我相，无人相，无众生相，无寿者相'（无所计较于为德之我、受恩之人、广知吾德之众生、未来可以酬偿德行之乐报）。这样无所求而为德，反倒会在不自觉间，招感来广大无量的福报"①。从缘起性空可见万事万物之如实真相，事物如如呈现，无须依情识而主观揣度，情识不生、意念不起便无恶念亦无善念，念不生则不灭，念不恶则无须念善。然而，无始以来恶念、恶业已生，因果法则丝毫不爽，苦果便成，唯有发无量无边之善念、作无量无边的善行方能造就乐果。由于有情众生都是因缘和合而生的，每一有情众生并不内含一个永恒常驻之"我"，既然无我，就无须执着于恶因是不是自己亲自造成的，因为即便不是自己亲自造成的，它们也会感召自己的无明和恶念。因此，唯有世间全善或者无善无恶，所有有情众生才能超脱，否则，个体之解脱、涅槃亦是暂时的，仍然很容易重新堕入六道轮回中。由此，每一有情必须以一切众生得以解脱为誓愿和目的，生菩萨心，"以一切众生病，是故我病；若一切众生得不病者，则我病灭"（《维摩诘经·文殊师利问疾品第五》）②。有一有情未离苦海，自己便不入涅槃，要让世间成净土，让染污心成菩提清净心，"却后百千万亿劫中，应有世界，所有地狱及三恶道，诸罪苦众生，誓愿救拔，令离地狱恶趣、畜生、饿鬼等，如是罪报等人，尽成佛竟，我然后方成正觉"（《地藏菩萨本愿经·阎浮众生业感品第四》）③。

（二）正法与涅槃

由"恶法"（不善之意、念、语和行）而趋向恶、恶趣、恶道，反之"善法"则是趋向善、善趣、善道，然而"善法"仍然没有超出六道轮回的制约，有情众生还需要通过完整的"正法"步骤才能通向涅槃。"善法"包含十条。一法向善趣（不以恶心加于众生）。二法向善趣（戒具、

---

① 释昭慧：《有关"自然律"与"自然道德律"之佛法观点》，载弘法寺编《行愿大千》，宗教文化出版社2006年版，第574页。

② 赖永海、高永旺译注：《佛教十三经：维摩诘经》，中华书局2010年版，第80页。

③ 宣化法师：《地藏菩萨本愿经浅释》，宗教文化出版社2007年版，第218页。

见具）。三善根（无贪善根、无恚善根、无痴善根）。四法向善趣（不爱语、不恚语、不怖语、不痴语）。五戒（不杀、不盗、不淫、不欺、不饮酒）。六敬法（敬佛、敬法、敬僧、敬戒、敬定、敬父母）。七法向善趣（不杀生、不盗、不淫、不欺、不两舌、不恶口、不绮语）。八世正见（正志、正语、正业、正命、正方便、正念、正定）。九无恼（彼已侵我，我恼何益？已不生恼，今不生恼，当不生恼；我所爱者，彼已侵恼，我恼何益？已不生恼，今不生恼，当不生恼；我所憎者，彼已爱敬，我恼何益？已不生恼，当不生恼，今不生恼）。十善行（身不杀、盗、淫，口不两舌、恶骂、妄言、绮语，意不贪取、嫉妒、邪见）。"正法"的内涵也包括十点。一法将向涅槃（能精勤、修身念处）。二法趣向涅槃（止、观）。三三昧（空三昧、无相三昧、无作三昧）。四念处（身念处、受念处、意念处、法念处）。五根（信根、精进根、念根、定根、慧根）。六思念（念佛、念法、念僧、念戒、念施、念天）。七觉意（念觉意、择法觉意、精进觉意、猗觉意、定觉意、喜觉意、舍觉意）。八贤圣道（正见、正志、正语、正业、正命、正方便、正念、正定）。九善法（喜、爱、悦、乐、定、实知、除舍、无欲、解脱）。十直道（正见、正志、正语、正业、正命、正方便、正念、正定、正解脱、正智）（《长阿含经·卷第十·一二》）。①

　　"善法"从否定"恶法"而来，从自价值视角来看，在世间和六道轮回中，只存在善与恶、道德与邪恶之分，不善即恶，不恶即善，因此，不存在孤立的善法，善法与恶法处于相对相待的状态；而善法的本质是造善因、善业，凭借因果规律的作用，形成乐果，最终实现的是一个纯善的世界。然而，纯善世界依然是有情众生执着的产物，有情之意念仍然处于活跃状态而有所偏执，这正好说明有情必须行善才能应对六道中的恶，即善法位于善恶相对的层级上。与此不同，"正法"既不与恶相对立，也不与善法相等同——或许善法的最后阶段可以与正法的初始阶段相联结，它与善恶不在同一个层面上——毋宁是超善恶的，而是直接同最终的涅槃境界相连通，它是通向涅槃的"直道"，正因如此，涅槃境界也超越了善恶、苦乐之分辨。涅槃本身具有四重境界，"如我去欲、恶不善法，有觉、有观离生喜、乐，入初禅……如我灭有觉、观，内喜、一心，无觉、无观，

① 中国佛教文化研究所点校：《长阿含经》，宗教文化出版社1999年版，第165—167页。

定生喜、乐，入第二禅……如我除念、舍、喜、住乐，护念一心，自知身乐，贤圣所说，入第三禅……如我乐灭、苦灭，先除忧、喜，不苦不乐，护念清净，入第四禅……此名第一泥洹（涅槃）"（《长阿含经·卷第十四·二一》）①，从去除欲望、不作恶到生喜乐，从灭苦到灭乐，从不苦不乐再到清净寂灭。进一步，也不能对"正法"形成执着之心，因为依照"正法"而来的"有为"是为了达致永恒、极乐、无我、清净的"无为"状态或者说纯粹的寂灭。最终来说，有情对完全寂静的涅槃本身也不能形成执着之心，"至于涅槃，不著涅槃，不起涅槃之想"（《增壹阿含经·卷第四十·三九五》）②。因为涅槃本身也是空，有情一执着便无法熄灭心中的"欲火"，即将"永恒的寂灭"作为自己追求的对象便无法寂静下来，并且涅槃并不位于世间之外的彼岸世界，即涅槃在有情所处的世间之中，因此，有情无须刻意向外求取永恒的安宁，而只需以善法和正法为中介，"舍有漏成无漏，心解脱、慧解脱。于现法中，自身作证：生死已尽，梵行已立，所作已办，更不受有"（《长阿含经·卷第五·三》）③，在世间成佛。

佛教最圆满、最圆融、最究竟的境界是事事无碍境界，此即佛的境界。"apratihata……'无碍'……就是拿一个根本范畴，把宇宙里面千差万别的差别境界，透过一个整体的观照，而彰显出一个整体的结构，然后再把千差万别的这个差别世界，一一化成一个机体的统一。并且在机体的统一里面，对于全体与部分之间能够互相贯注，部分与部分之间也能互相贯注……整个的宇宙，包括安排在整个宇宙里面的人生，都相互形成一个不可分割的整体。"④相较而言，其他众生、凡夫的思言行"是片面的，不是全体的，所以到处是阻碍；如果是全体的，他就无碍……只说一面，那一面不说，他就有碍。所以全体和无碍是相连的，事事无碍，一定从全体上来讲才事事无碍"。由此，佛的境界是全体的。"佛的境界不光是佛，而是全体都有的境界，佛的境界里头就包括菩萨的境界、声闻缘觉的境界，也包括地狱的境界、饿鬼的境界、畜生的境界、人的境界、天的境界在内。"在佛的境界中"摄一切入一，举一全收……一入一切，一切入

---

①　中国佛教文化研究所点校：《长阿含经》，宗教文化出版社 1999 年版，第 256—257 页。

②　中国佛教文化研究所点校：《增壹阿含经》，宗教文化出版社 1999 年版，第 658 页。

③　中国佛教文化研究所点校：《长阿含经》，宗教文化出版社 1999 年版，第 95 页。

④　方东美：《华严宗哲学》，中华书局 2012 年版，第 413 页。

一"。"佛的境界……就是法界的境界，可以无限大无限小。这个无限是全体的无限，无碍的无限。全体的无限，无碍的无限，也就是空性的无限。"佛"不受任何法的约束，不受任何立场的约束。要绝对自由，才能够无碍，无碍才能够全体。他能够不执著不偏，能够圆融，他才能够全体"①。"完全自由是法身，就是无障碍法界本身，也就是宇宙全体。"②既然在佛的全体境界中，一切无碍，那么道德与幸福之间的一致或不一致就都不是最重要的，关键在于德福之间的转化是畅通无碍的，道德与幸福原本就处于互入互摄、融通无碍的状态。

概言之，有情众生需凭借其清净心、善心和菩提心而到达涅槃境界，获得最大而永恒的乐报和幸福，然而"所谓解脱相、离相、灭相、究竟涅槃常寂灭相，终归于空"③（《法华经·药草喻品第五》）。

第五节　儒道佛合一的德福同一性样态

一　德福先验同一性的"中国哲学范型"

在追求道德与幸福的先验同一性方面，中国传统文化的主干——儒道佛——既给出了各自的德福观和同一性方案，又在经过漫长而充分的排斥与对话、批判与交流、扬弃与吸收之后，互容互摄成一个与中国社会的现实状况、中国人的生存境遇和中国民族心理结构高度匹配的德福同一性范型。其中，儒家依至善建立了成就道德的价值序列、价值系统和价值世界，道家顺应大道呈现了自由幸福的事实系统和自然世界，而佛教描绘了德福一一对应的因果网络世界，三者从"全体层面"为德福的先验同一性提供了三大基础条件，因此，三者的德福理论融合起来形成了一个完备的德福同一性方案。④

事实上，世界上没有任何一个其他的体系性文明能够像中国传统文化这样，为德福的同一性尤其是先验同一性贡献如此充分且圆融的智慧和实践。占据世界文明之主导地位的基督教文明、伊斯兰教文明，除了运用政

---

① 吴信如编著：《大圆满精萃》，中国藏学出版社 2005 年版，第 227、228、228—229、229、235 页。

② 释太虚：《太虚大师全书》第 1 卷，宗教文化出版社 2004 年版，第 208 页。

③ 王彬译注：《佛教十三经：法华经》，中华书局 2010 年版，第 171 页。

④ 参见任春强《道德与幸福同一性的儒道佛形态》，《江海学刊》2018 年第 6 期。

治、经济、法律等手段保障德福的经验同一性之外，它们极其迅速地将德福的终极同一性交给了神，正因如此，它们文化中从形上本原的角度寻求德福同一性的努力就显得极其微弱。实际上，在绝对信仰神的基础上，把各种难题交给神，其背后的运思逻辑是遵循"思维经济原则"——用最少的概念和原则形成最强的解释力，将"神"树立为最强大的存在者，"祂"自然能够解决人的德福同一难题。从正面讲，这种思维模式能够对真正的信徒形成强有力的道德约束；从负面讲，它既体现了人的懦弱——对神的无条件服从，又体现了人的懈怠，不去充分发展人自身的智慧和能力，继而充分地担负起属于人自身的责任。与此不同，中国传统文化只做了一件事情——彻底发动人自身的全部智慧和一切能力，尽管它们探讨的对象是全体层级的终极真理，但它们是用属人的、不断超越人之有限性的方式去逼近这些对象，由此形成最严密、最细密的解释系统，它们对待任何一个难题亦复如是，此中的关键不在于是否给出一个完满的解决方案，而在于人在解决问题的整个过程中是否作出了最大的努力①，相应地，德福先验同一性的中国哲学取向就是：面对此一难题，人究竟能够彻底地应对到何种极限程度？

二　"中国哲学范型"的内在特质

（一）儒家的贡献

在德福同一性的中国哲学范型中，为什么儒家的"至善幸福"理路会居于主导地位？最根本的原因在于，儒家作为中国传统文化的主流和主干，其德性气质决定了它所给出的德福同一性方案，必定以道德为绝对核心。因此，需要追问"为什么儒家成了中国传统文化的最重要选项？"在自发而非权威决断的状况下，某一"选项"成为某个社会的最基本选择，一般而言存在着两大可能性：要么它与社会的现实生活最为契合，即它对现实生活的理解是最充分和最准确的；要么它是社会现实生活的理想，即它在社会生活中是极为稀缺且珍贵的"事物"。

一方面，儒家对人类社会和人类文明存在的基石——血缘和家庭——作了最充分的说明和辩护。如果人类世界的原初状态与动物世界完全一样，那么人类在随后的发展过程中，除了其智力增长外，人类的部落化及

---

① 道家采取的方法是一种去掉"人为"（正向努力）的反向努力。

以血缘为基础的家庭单元的出现，是导致其脱离纯自然状态而形成人类社会的决定性环节——只有在部落和家庭中，人才可以过一种专属于人的社会生活，甚至可以说，家庭是人类文明和社会生活的第一"策源地"。因此，儒家将家庭作为其学说的出发点和本源，并不是一个理论设定，而是把它视为一个最基础、最普遍的事实，充分地尊重这一事实，并为之进行系统性的理论说明，由是，在家庭中生成了最基本的德目和最基本的人伦关系。同时，自西周开始，中国社会确立的政治原则是"由家及国""家国一体"①，儒家学说更加系统地论述了家庭内部的原则如何拓展成国家的建构和治理原则。再从人类个体生命的发展史而言，个人一定是从血缘和家庭中成长起来的，离开血缘和家庭，其生命便失去了原初的庇护所。由此，无论依据人类文明的发生史、人类自然生命的成长史，还是根据中国社会生活的现实状况、中国政治生活的基本原则，家庭都是这一系列"事件"的核心，即家庭及其原则不但是中国文化生命的"自然基因"，更是其"精神基因"，这一"基因"决定着中国文化的基本形态，因此，破译了此基因的"编码"，也就破译了中国文化的主要特质。正因儒家牢牢地锁定家庭，近乎无限地肯定家庭的价值，使其立于颠扑不破之地——否定"基因"便否定潜在的一切可能性，所以，对每一个中国人甚至对每一个人而言，其天生就携带着儒家基因，儒家通过对家庭伦常的系统性阐释，塑造着中国人的基本人格和中国社会的基本面貌。

另一方面，对家庭地位的强调只是起点，儒家更看重每个人如何从家庭的基本原则或善性原则出发，不断地推廓，直至人与天地合德，达于至善不迁之地，也即助成全体达到至善状态。对善恶不定的人性而言，人在自身中实现至善、全善状态是最为可贵的，对善恶驳杂的社会现实来说，整个全体处于至善、全善状态是最为难得的，也就是说，在人的现实生活中，个人之全善、全体之至善最为稀有。对此，儒家所做的工作是，把"善"根植于人性、人心的同时，又将"善"树立为最终理想，使每个人都具有相同的善端或善的种子，但是如果不通过真实的道德行动去推廓善端或培育善的种子，"善性"将不会成为每个人的"真实本性"，据此，与其说"人性本善"是人的原初状态，不如说是人经过最严苛的道德磨砺之后所达至的终极状态。因此，儒家关切的不是"人如何成为人"或

———————

① 参见樊浩《中国伦理精神的历史建构》，江苏人民出版社 1992 年版。

"人如何成为自由的人",而是"人如何成为善良的人":前者极容易沦为空洞的抽象思辨,似乎揭示着人的一切可能性,但其本质是人失却了任何一个明确的规定性或"基地",人流连于各种"规定"之间,没有定着,人成为偶然的、碎片化的存在者;后一种追问强调,在真实而有限的人生中,人之为人的最重要规定是什么,牢牢地把握住这一"大本大源"——善性,人才能成为一个"择善固执"的存在者,以此为基础,人才可能成为一个有原则的自由存在者。所以,儒家不仅确立了善的起点,而且论证了成善的过程和描绘了成善的终点——至善状态,极为精细地探讨了每一个环节的具体内容,由是,每个人才能把关于善的知识和行动完善地统一起来。

概言之,儒家成为中国传统文化的主干,既具有逻辑推理方面的必然性,又具有历史发展方面的必然性;既具有义理方面的必然性,又具有现实生活方面的必然性;更重要的是儒家能够将所有这些"必然性"结合起来,形成一个强大的文化解释体系。简言之,儒家抓住了对人类社会而言最重要的两大"基因"——作为自然基因的家庭和作为精神基因的善性,并且以极其精细的义理系统来解释这两大基因,通过不懈的修身养性、道德践履使它们成长为中国文化、每一个中国人的成熟品性。

(二)道家的贡献

对中国社会、中国文化而言,为什么诞生儒家学说的同时又诞生了道家学说?道家学说的持续存在说明它自身包含着极大的合理性内核,同时也说明它具有异于儒家学说或者无法被儒家学说消融的独特本质。对此,进一步的追问是,不同于儒家学说的道家学说为何没有成为中国传统文化的主干?

道家跟儒家一样,一方面它所提供的学说具有极强的现实解释力,另一方面它为现实生活中的人描绘了一个理想或自由境界——与道合一的"逍遥状态",由是,它才可能成为中国先民在文化方面的一个必然选项。与儒家从人的道德生活出发,推廓、提升到至善的全体世界,再从全体层级的至善下贯至人的道德活动不同,道家始终以全体视野为唯一视角,任何事物包括人都以全体为尺度或标准而被考量,由此,道家不会以人,更不会以人的某一种特性(如儒家的仁义)为根据、出发点和评判标准,而倾向于从整体角度直接描述全体自然而然的真实状况。对于人的求知本性而言,人类不仅要理解社会、人生的真相和价值规范,还要理解整个世界的真相，在道家看来，只有洞悉了世界整体的真相和运行规律，才能准确地为人自身、人类社会直至天地万物定位，才能明晰其本真状态。道家指出，世界的本来面貌就是其自然状态，自然状态就是自然而然的状态，然而天地万物为何呈现为如此状态？根源在于"大道"将自然本性赋予了天地万物和人，由是，它们获得了自道而来的"得性"——德性，因此，天地万物和人的全部德性就是顺应大道、顺应自身的自然本性。对物而言，它天然地与自己的本性相适应，对人特别是身处社会中的人而言，他已经远离了自己的自然状态，或者说人类所建立的社会本身就是最大的不自然，人类越是社会化，需要的人工活动或人为活动就越多，人类也就越是远离自己的自然本性，因为归根到底，人类只是"道生万物"的一个环节，其不能依靠人为活动无节制地壮大自身的影响力：从道的角度讲，这种活动破坏了世界整体的平衡；从人的角度讲，它源于人的自然本性失去平衡，发生扭曲变形。对人自身的原初状态而言，其欲望、情感、理智等处于平衡、平静状态，因而它们所构成的人性总体上处于清静状态，也就是道家所说的"朴素""赤子"和纯真状态，然而一旦它们之中的任何一个变得强烈起来，那么人的自然本性便开始被打破，其行动表现为矫揉造作，因此，人应当少私寡欲，清静无为，不生分别之心，继而不生善恶分判之心。

面对复杂的社会和人性，儒家主张用善心善行去矫正，而道家采取的路径是回归清静心，以无为对治源于人心躁动的种种有为；面对恶，儒家自强不息地追求善，不断地壮大善以对抗邪恶，而道家认为，善恶的分别是人类有意为之的产物。因此，最重要的不是培养善，而是去除"有意为之"，因为即使是对"善"的有意为之，也是成问题的：一方面，善是人之善或人以为的善，人之善之于天地万物、世界整体而言不一定是善的，而且过分追求以人为中心的善，必然会破坏世界整体的自然平衡状态；另一方面，随着培育人所认同的善，与每一善一一对立的"恶"也会一并增多，至少在观念层面是如此。简言之，儒家的特质在于不断地对"善"做加法，而道家的特性在于对"人为"做减法，无人为则无善恶之分，因此，不仅要消除人为之恶，而且要超越人为之善，对善恶"减"之又"减"、损之又损，人才会复归清静之心，然后顺应纯粹的自然本性而活动和生活。

由此可以看出，似乎道家学说在描述世界整体或者说用事实态度观察全体世界的时候，具有更大的真理性，然而它为什么没有超越儒家而成为中国传统文化、中国人之社会生活的主流？问题的关键就在于"文化"和"社会生活"都是人为产物，在道家看来，不是出于、呈现和顺应人之自然本性的文化和社会生活就是不善的；然而，现实生活本身就包含着符合与不符合人之"自然本性"的文化和社会生活，是二者的集合体，而道家给出的方案不具有可普遍化的操作性，或者完全不认同人的过度文化和过度社会化，或者完全退出由文化塑造的社会生活，或者向现实的文化和社会生活完全妥协，即要么彻底批判，要么彻底接受；这两种"彻底性"都无助于社会现实的改善，因此，人在现实生活中不会采用极端的方式去行动，至多在思想境界中保持警觉状态。儒家则与此不同，它正视现实生活，理解现实生活，深入现实生活，发现现实生活的问题，并提出行之有效的改善方案，其出发点是家庭原则和人的善端，这两大起点在现实世界中均具有十分明显的真实性，因此，它们能够为现实中生活的每一个人所理解、把握和运用，这是现实人生和生活的基本面，正因儒家抓住了这一基本面，由此，它成了中国文化、中国社会生活的主干。

在儒道结合而形成的文化结构中，儒家对现实生活中产生的问题尤其是善恶问题能够给出真实有效的举措，并将善性推廓到一切存在者身上，由此形成一个全体至善的世界，而道家描述了一种从事实角度认识世间万物的全体视野，继而使人能够在精神境界中超越善恶，活得清静、逍遥、自在，所以，儒家贡献了"道德至善的全体"，道家贡献了"自由幸福的全体"。虽然儒家和道家在各自的体系内部都论证了德福的同一性，然而儒家的幸福没有超出至善的全体，其所实现的德福同一性本质上是"德""德"同一性，而道家的道德概念和幸福概念完全超越了善恶概念，与相对的善恶无关，因此，其所达及的德福同一性是顺应事实性全体之规律（大道）而生活。由此可见，就德福的同一性问题而言，儒道两家内在的逻辑架构决定它们无法给出正面的回应，儒家只能将幸福道德化，而道家则回避和消解善恶，将"道—德""德—道"作为通向幸福的路径。对此，需要将新的学说和理论引入此问题域。

（三）佛教的贡献

尽管佛教学说的主旨远超"如何实现德福同一"，而且融入中国文化并成为中国文化的基本结构，也不单是因为它比较完善地解释和解决了德福的同一性难题，但是佛教学说的整个体系却可以通过对这个难题的解答贯穿起来，反言之，佛教是用整个体系的力量在解决此一难题，因此，必须予以足够的重视。相比于儒道的德福同一性理路，佛教所提供的方案具有如下特点。第一，清晰地区分开道德概念与幸福概念。道德是一切以善为标准的善业，幸福是所有以乐的形式呈现出来的果报，也就是说，道德是全体之善，幸福是全体之乐，道德不是幸福，幸福不是道德。"至佛教提出圆教，福德的观念顿时清楚起来。在此，福有独立的意义；不过虽有独立意义，却并非离开德，而仍是隶属于德。也就是说德与福之间是一种配称的综合关系。"① 第二，运用因果规律自身的力量将善因与乐果、恶因与苦果必然地联系起来。日常语境中的因果规律往往被用于解释自然现象，似乎是因为自然事物不具有主观能动性，只能完全服从自然规律，所以，当一个自然现象得以发生的条件具备时，作为结果的自然现象就一定会发生。而佛教认为，因果报应规律是一切存在者——无论是自然事物还是人为事物、自然事件还是人为事件、事实活动还是价值活动——都必须服从的铁律，因此，善因必然引发乐果，恶因必定招感恶果，换言之，道德因必定引发幸福的结果，不道德的原因必然引起不幸的结果。第三，将善恶业报的主体拓展为一切有情众生。除人以外，有情众生还包括一切有生命和情识的存在者，如神、阿修罗、整个动物界、鬼、地狱众生，它们同人一样可以作善作恶，也同样受善恶业报规律的制约。第四，创设一种对作恶者实行惩罚、为行善者提供奖励和解脱的机制。作恶者因其恶念恶言恶行而堕入三恶道，成为饿鬼、畜生、地狱众生，遭受各种痛苦，行善者凭借其善念善言善行而升入三善道，继而超出六道，免受轮回之苦，最终达致涅槃寂灭状态，成菩萨成佛。第五，所有众生共发菩提心，方才可能彻底地实现德福一致。以一切众生之善、乐为自己的善、乐，以一切众生之恶、苦为自己的恶、苦，以一切众生弃恶从善、离苦得乐为自己的责任，普度众生之后，自己方才成佛，所谓"地狱不空，誓不成佛"是也。所以，德是一切众生的共德，福是一切众生的共福，只要整个世间还存在着一分恶，自己就绝不独自去享受佛果。

可以看出，佛教所提供的德福同一性理论是相当完备的，不但具有很强的解释力，而且具有很强的解决力。不过，这一理论得以成立的最重要

① 牟宗三：《牟宗三先生全集》第 29 卷，台北：联经出版事业股份有限公司 2003 年版，第 329 页。

的前提是"深信因果",而在为因果报应规律进行辩护的时候,将产生两大问题。其一,为现存的不合理现象提供辩护理由,例如一个人现在遭受到的不幸、苦难源于曾经所作的恶业,这些恶业甚至出现在他的前生,今生遭受的不幸和苦难大到把这个人压垮了,是否说明这个人曾经或前生犯过滔天大罪?带着如此沉重的"先天枷锁"生活,一个人能过上幸福的生活吗?其二,迷信因果,将因果业报神秘化,例如很多因果联系已经由自然科学给出了严格的说明,却仍然凭借臆想为某一现象寻求"业因",强行在臆想的"业因"与"果报"之间建立神秘性的联结。

(四)儒道佛结合的必要性

综上所述,在解决德福的同一性方面,儒道佛既具有各自的优势,又存在着相应的缺陷,因此,需要三者之间相互支持、补充与约束。

第一,德福同一性的主体一定要聚焦到人身上。因为人本身的重要性,才使德福同一性问题显得重要。儒家最关切人的善性,道家最关心如何体悟大道,佛教深信善恶业报规律的力量,因此,三者之中,儒家对人及其善性的关注显得尤为可贵。道家和佛教都内含着从"全体"(自然与空性)角度弱化人之地位和作用的可能性,而儒家加强人之主体地位,有助于人积极地行善和承担责任,所以,应当以人的德福同一性为核心,以之为出发点,然后探讨其他主体的德福同一性。否则,直接将其他主体与人置于完全平等的地位,是无法开始道德实践和幸福活动的,因为现实生活中的人从来都没有做到绝对平等地对待一切主体,甚至连平等地对待每一个人都没有做到,与其依据一个貌似高尚却无法操作的理想,不如从包含缺陷的真实活动开始做出切实的善行。

第二,应当着力于一个人在其一生之中的德福同一性。因为对来世的清晰描绘和对灵魂持续存在的肯认,其用意原本是展示善恶行为最终受到的奖赏与惩罚,从而反过来鼓励现实生活中的人行善与限制其作恶。但是这种理路将导致一个人往往不是出于善的动机行善,而是出于对行善之奖赏的期待和对作恶之处罚的恐惧,其善行的道德价值将大打折扣,同时由于坚信善行在来世一定会获得幸福的结果,因此,极容易使其在现实生活中无条件地奉献道德,无条件地忍受苦难和不公正。儒家悬置对人死后状态的探讨,同时悬置神灵鬼怪的存在及其对人之吉凶祸福的影响,让人只专注于今生今世的德性修养,其本质是不在道德之外为道德寻求动因,纯粹为了道德而行善,不为通过道德可以得到好处、利益、奖赏、快乐而行善，也不为因行善而遭受痛苦、牺牲而有丝毫的退缩。因此，人之所以永垂不朽是因为他在有限的一生中将德行做到了极致——在种种限制之中展现了道德价值的无限性，即"与德合一"，与天地合德，而不是因为他在超越此生之后获得了极大的福报——通过结果的美满程度来印证德性的完满程度。与儒家一样，道家也只关心人的今生今世，但是道家关注的角度与儒家不同。道家追求"长生久视"和在今生今世获得超脱，其前提是能够体悟大道，在精神境界中与道为友，甚至"与道合一"，与天地一体。因此，"长生久视"和当下的超脱既表现了身体方面的幸福，也体现了精神、心灵方面的幸福。与儒家道家不同，佛教为了使善恶业报规律具有效力，它必须延长和转化人的存在状态：从肯定角度讲"延长"是为了保障善恶业报规律具有永恒的现实解释力；从批判角度讲"延长"恰恰为现实生活中所有的德福不一致提供了辩护理由。"形态之转化"说明善恶业报规律的奖惩机制在发挥作用，而对之进行批判的理由在于，低于人的众生先天地被认为是由作恶之人变现而来的，并且这些众生因严重的缺陷和深重的罪业而极难重返"人道"。所以，佛教为德福同一性给出的超人生、超人身路径，既为德福的同一性贡献了强有力的解释和论证，又可以被德福的不一致性利用，从而为现实生活中的德福悖论提供强大的诡辩之词。

第三，应当为"幸福"正名。作为中国传统文化主干的儒家文化，因其追求一个至善的全体，由是，它为中国社会、中国人的生活确立了强大的道德语境：只有具有道德价值、符合道德规范的幸福才值得被欲求，并且道德本身就能带给人幸福和愉悦，最大的幸福即来自德性的完满实现，而健康长寿、物资充裕、生活富足、免遭不幸等"幸福"则置于较低的层级上，为了善行的实现甚至可以放弃这类幸福。由此，儒家近乎建立了一个纯道德系统，幸福被压缩在一个极微弱的状态。与儒家高扬道德、压制幸福不同，道家将人的自由和幸福置于比道德更高的地位，佛教则把道德与幸福一一对应起来，最终希望达到德福圆融无碍的状态。也就是说，依凭道家和佛教的理路，中国传统文化中的"幸福"才成为与"道德"处于同一层级的概念。道家追求的是超善恶的自然状态或逍遥自在状态，只有顺应大道之运行规律和自道而来的自然本性，人方才可能实现逍遥无待状态——在道家看来，善恶源于人为，有善就有恶，善与恶永远相对而立，越是专注于人为则离大道越远，因此，人应当作反向的努力，化解人为，忘却善恶之辨，与大道之运行一致，则无往而不自由。显然，道家的"幸福"境界或概念远超与道德相关的一切价值范畴，道家认为幸福生成于人的道德还未产生之前，忘掉道德而不是通过道德才能达到最高层级的幸福。在佛教学说中，幸福包含两大内容，一是作为善因所招感的乐果，善业所引发的福报，另一个是善恶不生的涅槃清净境界。由于乐果、福报的必然存在，将反过来推动众生欢喜从善。也就是说，既然行善一定会给众生带来幸福，那么众生自然能欢欢喜喜、高高兴兴地行善。但是，幸福之所以存在，是因为善因必然存在着，而善因存在的必要性在于恶因的存在。也就是说，幸福在响应善因的同时，也证实了恶因的存在，反言之，当幸福成为多余的东西则善也成为多余的东西，善成为多余之物的前提是整个全体处于全善、纯善状态，在此全善世界中，再去生发"善念"反倒成为一种执着，因此，只需呈现寂灭、清净的状态，这种状态本身就是最究竟的幸福。

第四，从人的德福同一性向其他主体的德福同一性推廓。实际上，儒道佛三家都是面向"全体"而形成的学说体系，"全体"之中的一切存在都是其考察对象，而人天然地处于"人—人之外的存在者—全体"结合而成的架构中，因此，人的道德活动和幸福活动必然关涉着其他存在者。虽然人类无法要求其他存在者必须做出道德行动，但是其他存在者对自身的"幸福"或好的存在状态拥有天然的权利，对此，人类一方面要尽量避免对其他存在者之幸福状态的干扰和破坏，另一方面要维持和助益其幸福状态。"儒家同道家，都是认为这个宇宙应当是属于不可分割的整一，然后便可以在这里面安排人类的生命。而且每一个人的心灵人格，都是处处要同宇宙整体，在那个地方互相感应。"①尽管儒家的出发点是人及其善性，然而其最终目的是实现全体的至善状态，因此，儒家将个人之善性（单一的善）与全体之至善（普遍的善）结合起来，为具体的道德行动提供标准和规范，同时也为个人友善地对待其他主体提供行动指南。道家一方面强调"全体"的自然性，另一方面又强调个体的自然本性，因此，人应当效法大道，尊重和顺应每一个个体的自然本性，这对人自身而言是最重要的德性之一，而每一个体按照自己的自然本性生存就是幸福的。佛教依据其"六道轮回"和善恶业报学说，打通了一切有情众生（人、神、

---

① 方东美：《华严宗哲学》，中华书局 2012 年版，第 424 页。

鬼、动物等）之间的相互转化通道，根据佛性平等打通了一切有情众生成佛成菩萨的通道，基于空性和缘起法则打破了一切有情众生与一切无情众生、一切存在者之间的区隔，最终将"主体"推到极致：一切存在者都是主体，同时一切存在者都不是永恒的主体，由此完全实现德福的同一成了一切众生的共同责任。此外，道教的"承负"说可以补充儒道佛合一的德福同一性理路，它以"天人感应"说为基础，强调个人与具有人格性的天、天道处于相互感应状态，因此，一个人的善恶行动与家人的祸福、家族的兴衰、社会的治乱、大自然的祥瑞与灾异等处于必然的联系状态，这些具有必然性的联系迫使个人在现实生活中行善。

通过上述分析，结合中国社会的基本状况、中国人所面临的生存境遇、中国人的心理特性，中国传统文化必然以儒道（道家、道教）佛相结合的方式应对德福的同一性难题。这一"应对方式"的基本特点为：以人、人力而不以神、神力为中心；重视人自身的道德能力和达成幸福的能力；以人的道德行动而不是幸福的享受为着力点；以人今生今世的德福同一而不以在来世或彼岸世界的同一为重心；十分关照其他"主体"或存在者的幸福。最重要的是，这样一种经典的德福同一性方案必须以先验性的"全休"为基础。与此同时，"中国人喜欢讲全体，常喜言天地万物为一体、天地与我并生、万物与我为一……这些思想其实是彻底的个体主义，彻底地尊重个体，并不像我们所了解的一讲全体就把个体抹杀，这都不是儒、释、道三家的思想"①。所以，"德福同一性的中国哲学范型"由"普遍性的个体"与"先验性的全体"之间交互作用而生成。

第六节　德福先验同一性的内在悖论

先验思路哲学经过"认识论转向"或认识之批判和重构之后，已经从原先的"先验实在论"转变为"先验观念论"，这一过程是与第一章所说的"精神哲学的历史进程"相一致的。在先验实在论阶段，"全体"由一个真实的形上本原生长出来，甚至可以说形上本原是唯一真实的存在。万事万物作为"本""体"的形上本原之"末""用"，只是其众多摹本

---

① 牟宗三：《牟宗三先生全集》第 30 卷，台北：联经出版事业股份有限公司 2003 年版，第 117 页。

中的一个，此摹本存在与否，对形上本原来说并无根本影响。然而，一旦离缺此真实的大本大源，所有事物立即丧失其"生命"并沦为完全的虚无，虚无意味着没有任何分别，而一个事物之所以成为其自身，必须以由"分别"带来的"场域"或规定性为前提。但是，虚无并不能吞噬形上本原，否则虚无才是最终的存在，虚无的本性是消解一切存在，甚至包括它自身，否则当一切存在都虚无化之后，就只剩下虚无存在，而这是与其本性相矛盾的——消解"存在"的同时却证实了"存在"存在。与此相对，形上本原的本性是保住"存在"，最好的方式是一切存在形态由形上本原来生成，由此，万事万物便与形上本原处于有生命的血肉联系状态。因此，面对虚无，形上本原必须真实存在着才能拯救一切存在，如若没有形上本原及其生发的存在体系，那么，虚无便会因失去了需要克服的对象而沦为纯粹的、只停留于自身中的虚无。所以，形上本原不仅挽救了万事万物，而且使虚无拥有了作用对象，也就是说，形上本原是一切存在和虚无的前提。

　　然而，以上论述不可避免地带上了人之思维、语言甚至行动的规定性，规定即限定，限定即限度，限度即有限性，只是先验实在论不自觉或独断地宣称"人所认知的形上本原即是形上本原本身"。同时，即便通达形上本原的过程经受了辩证思维的严格洗礼，仍然无法逃脱人之有限性，因此，先验实在论本身必须接受人之认知能力的系统审查。问题不在于形上本原是否真的存在，而在于它是否具有存在的必要性，因为从根本上讲，人无法完全把握形上本原，或者说人的把握始终带着人的限制。由于人为其自身的意识所把握，因此，通过人的意识与形上本原发生关联已经是人所具备的最普遍的方式，也就是说，人所理解的形上本原是被观念化的产物——观念上的最普遍者，但人无法肯定观念意义上的形上本原直接等同于真实的形上本原，至多能推论到形上本原对于万事万物的存在来说是必要的，即人类必须借助这样一种概念才能系统地解释世间万有。对人而言，形上本原源于人对全体的理解之所需，因为如果不达到全体层级，那么人类的思维或精神活动便是不彻底的，因而不具有最大的普遍性，或者说无法达及事物本身的真实状况。事物的存在形态始终是"单个"，若此种"单一性"只滞留于自身之中，那么无须去追问其普遍本性，但是一旦此"单一性"与另一个"单一性"共在于同一个"场域"中，如何可能对此场域之整体进行把握和描述，继而推廓到最大的整体——全体？因此，最大的全体反而是单一事物的存在前提，即普遍性优先于单一性，普遍性包含所有的单一性，而单一性必然被普遍性渗透。形上本原是全体层级的普遍性，换言之，先验观念论意义上的形上本原是万事万物共同共通的普遍本质，并且它只能通过人的精神在观念中被把握。

　　然而，上面两种阐述形上本原的思路都包含着同一个难题：什么东西能够作为第一本原？不同的第一本原将生发成不同的"全体世界"，每一本原对于其全体世界而言都是最普遍的，但相对于其他本原及其全体世界而言却是特殊的。也就是说，每一形上本原都将自身作为最普遍者，同时将其他形上本原纳入自身之中并作为自身的某一环节，由此导致了诸形上本原之间的斗争，或者比较范围大小，或者比较价值高低，或者比较力量强弱……但是，它们中的任何一个都无法完全替代另一个，因为它们不是第一本原本身，而只是第一本原的某种限定形态。归根结底，第一本原是无法被规定的，同时人动用自身的全部能力也无法完全达及，人始终处于通向第一本原的途中，关键在于保证人之活动的每一步均是合乎道理的。然而，道理本身也需要通过第一本原来确立，由此，人将陷入循环论证之中，永远处于求第一本原而不得的状态。

　　既然形上本原本身无法被确知，那么，以形上本原为核心的先验同一性也将处于不确定状态。既然道德的规定是全体之善，幸福的规定为全体之好，那么反倒可以将形上本原公设为"最普遍的善"和"最普遍的好"之统一体，只是这种统一体仍然不是第一本原，由此，德福的先验同一性始终处于未完成状态。

结语　德福同一性之"精神哲学形态"的根本旨趣

一　精神哲学之于德福同一性的基础意义

从整个人类文化运行的历史看来，"精神"一直在寻求道德与幸福之间的一致性，更准确的说法为：在精神哲学中，道德和幸福都是精神在与"全体"的交互作用中进行自我规定而显出的"象"，由于精神与全体之间的作用方式不同，或者是价值性的，或者是事实性的，或者两者兼具，相应地形成了价值世界、事实世界和生活世界；道德位于价值世界中，幸福以事实世界为基础，二者的一致与不一致发生在生活世界里；全体之为全体在于它能包含一切，它无所谓价值与事实之分，或者说这种区分对于全体自身而言没有意义，它不需要有意地区隔出"道德"和"幸福"，继而探讨其同一性；然而，精神或依附于"个人"的精神必然会面临人的"有限性"，也就是说，个人精神不可能直接飞升到全体高度而成为"全体精神"，个人更不可能直接普遍化为全体，因此，精神必然带着人、个人的有限性（视域）与全体打交道；所以，价值与事实的区分是人之精神运作的产物，但它们不是纯主观的"想象"，而是精神与每一阶段性的"整体"——具体的"全体"——相互作用而形成的，由此，道德与幸福在不同"阶段"都获得了自己的具体"形态"。

问题的关键在于，事实本身不讲求是非、善恶之分，不关心价值上的善——道德上的"好"（morally good），而只追求如实呈现自身的状态；幸福以好的存在状态（well-being）为本质规定，而存在状态以事实状况为基础，好的事实状况以有益于 x（单个存在者）为标准，x 需要认识自己所处的事实状况，并对其进行好坏判断，也就是说，幸福与事实之好坏最为相关。道德也需要以真实的事实状况为前提，但它关切的是事实的

"正当性"，它不以 x 的好坏感受和判断为根据，而以普遍的价值谱系为标准，最终以最高的价值理念——"至善"——为原点价值。因此，德福之所以不一致，是因为价值之善恶与事实之好坏不具有天然的同一性。为了克服德福之间的不一致性，精神哲学方案的独到之处在于：通过精神把道德概念和幸福概念一步步地提升到全体高度，使两者获得了自身概念的极大值，再返回来探讨二者的具体同一性，其实质为，对德福同一性的各种方案持最开放的态度，经由精神性的批判和重新整合，培育每个人自主地建构德福同一性的能力。

　　强调和追求德福同一性的意义在于，即使没有道德，人类乃至其他物种也会本能地朝向最低程度的幸福——存活，但是如果人类只以存活为目的，那么由于生存资源的相对有限性，人与人之间将展开"要么你死要么我亡"式的生存竞争，最终在人身上，连最小的幸福也必然会被扼杀。另一方面，如果道德行动和做出道德行动的主体常常遭受不幸，那么，做出道德行动的意义何在？仅仅只是为了道德行动自身的完成吗？这里存在两种可能性，一是道德行动之外的"环境"存在着缺陷，导致道德行动没有得到公正的对待，另一个为道德行动本身不是完善的，它存在着内在的缺陷，在呈现行为之道德性的同时又引发了不道德的现象。所以，对德福同一性的强烈诉求，是能够过幸福生活的最根本前提，它既对公正地对待道德行动提出了最严格的要求，又要求做出道德行动的主体不断地反思自身行动的合理性和正当性。

　　为什么需要从"精神哲学"的角度研究德福的同一性难题？对德福同一性的研究，存在着政治、经济、文化、法律、科技等专门视角，还存在着神人平等或不信仰神的宗教、一神信仰等不以人类为中心的整体视角，前者是具体的却不是整体性的理路，因而缺乏彻底性和普遍性，后者虽然是整体性的路径，却以对普遍本质、神的无条件信仰为绝对前提，因而缺少人性和人的特性。显然，"哲学"绝不是完全独立于"专门视角"和"整体视角"之外的另一种视角，否则，哲学将成为无关乎人之具体生活和信念、信仰的"多余物"。恰恰相反，哲学最关注人的现实生活，然而，它是从全局性的高度重新解读和调整各种具体的生活门类，将之合理地整合进一个普遍的体系中，同时对于人的信仰活动，哲学坚持从人本身及其能力出发，尽量给出一种清楚明白的、可客观化的论述，防止它沦为一种丧失人性的迷信活动。那么，为什么必须选取精神哲学视角？问题的关键在于，不能将"精神哲学"理解为众多哲学流派中的一种哲学流派，而是必须将哲学直接理解为精神性的学说，更准确地说，哲学是合理的精神本身，哲学能够关注非精神性的事物，并不意味着哲学在其概念规定中必须包含非精神性的事物，所以，哲学的视角就是人的精神视角，具有合理性的精神视角即哲学视角，"精神哲学"这一术语直接显明了哲学的本性。

　　既然对德福同一性的哲学思考直接就是精神性的，那么，这种精神性的哲学思考能够为道德与幸福提供什么样的同一性方案？也就是说，精神哲学为德福的同一性贡献了什么样的理论形态和实践形态？一方面，形态与形式不同，形式是与质料/内容相对立或相对应的，而形态为形式与质料/内容结合而成的统一体的变化过程；随着形式的变化或质料/内容的变化甚至二者的一同变化，"统一体"将呈现为不同的"样态"，即成为具有普遍性的具体事物，但它在这些事物里就是在它自身之中，它仍然是它自身，能符合如此要求的统一体必定是至大无外的"全体"。因此，唯有全体才能演化出一切形态，而一切形态又在全体之中。另一方面，形态又与状态不同：状态缺乏形态中的形式，因而它是暂时的和特殊的；形态与状态都强调变与不变之间的转化，只不过形态的转化以普遍性的统一体为基础，而状态的转化则以具体事物为载体。由此，精神哲学必须从最普遍的全体层面探究德福的同一性形态，问题的关键在于，对人而言，哪些概念是全体性的？全体的基本规定为无"物"在其之外，对人类而言，全体是一个动态的"整体"，随着人类认知和实践活动的进行，其"内容"不断被揭示出来，给人造成的感觉是仿佛"全体"在不断地吞噬着任何呈现出来的"事物"，然而对于全体自身而言，一切"事物"原本就在"全体"之中，因此，全体对其自身而言是一体呈现的，因而是静止的。对此，从人类文化的经典模式和人之精神活动的极限推导中，全体要么创造出全部事物，要么生发出全部事物，前者是独一神，后者是唯一的形上本原，这是全体的两大"样态"。以这两大样态为基础，结合经验世界的共同体生活，并对之进行精神哲学解读，就能为"德福的同一性"提出一种精神哲学的解决方案：在诸"经验共同体"中寻求现实且有限的同一；凭借对神的绝对信仰在彼岸世界里获得终极的同一；对形上本原进行价值性反思，形成最高的价值理念或善恶因果规律，以道德活动和行动为根本，不断地实现真实且无限的同一。当此"三大同一性"融合成一个具有生命力的整体时，便形成了德福同一性的"精神哲学形态"。

二　德福同一性之"精神哲学形态"的根本要义

至此，德福同一性的"精神哲学形态"包含如下要点。第一，"德福同一性"的精神哲学含义为：二者统一于"全体"的整个过程，或者二者如何在"全体"中获得一致性。

第二，"全体"可以被"精神"限定为：经验层级的"家庭""组织""国家""生命共同体"和"生态共同体"；超验层级的"神"；先验层级的"形上本原"。由于全体的无限性，它可以呈现出无穷多种"形态"，因此，上述具体的"全体"只是全体的部分显现形态；如果对于德福同一性问题的解决需要更多具体的"全体"，那么，只需精神对全体进行新的界定。

第三，根据"全体"的具体形态，道德与幸福实现同一的具体过程为：在家庭中通过"伦理场"，在组织、国家中通过规则和法律，在生命共同体中通过敬畏和理解其他生命体，在生态共同体中通过"去人类中心主义"，实现德福在现实世界中的经验同一性；在有神论尤其是一神教信仰体系中，信仰者凭借对神的绝对信仰和对神圣经典的无条件遵从而获得神的福佑，神使其在彼岸世界彻底地实现德福的超验同一性；如果将一神教中的神理解为"人格化"的全体，那么对应地，存在着"非人格化"的全体，形上本原就是从非人格化的角度对全体进行理解和诠释，形上本原既不是经验事物，也不是超验的神，而是先于经验事物并能作为其创生本源，以之为根据，将在经验世界与彼岸世界之间实现德福的先验同一性。需要说明的是：其一，德福的经验同一性、超验同一性和先验同一性三者结合起来形成的有机体系才是其精神哲学形态；其二，三大同一性之间并不处于区隔状态，超验同一性与先验同一性都想把对方纳入自身的体系之中，二者必然包含相应的经验同一性，而经验同一性在某种程度上能够验证另外两种同一性的现实效力；其三，严格来说，这三大同一性只是形成了某种"样态"，而不是"形态"，因为基于诸多"具体的全体"所形成的同一性，对于根据"全体"本身而形成的同一性而言，始终是不完备的，它们只是"范例"，而不是"范型"，所以，德福同一性的"精神哲学形态"仍然处于未完成状态，需要更进一步的研究工作。

第四，由于德福同一性的"精神哲学形态"不是完备的，因此，它不具有绝对的真理性，与此同时，"不完备"即"未封闭"，"未封闭"即"开放"，所以，德福同一性的"精神哲学形态"必然对其他形态和理路保持着开放状态。而且，此"形态"也必须对其内部的各种同一性理路保持开放状态，允许它们之间的自由组合和结合，由此形成尽可能丰富且更有效力的德福同一性方案。

第五，德福同一性的"精神哲学形态"之所以优于其他同一性形态，除了因其具有可扩展性、相对的完备性和自由的组合性之外，在这个万事万物都被科学化和技术化的时代，它启发每一个人运用自己的精神力量去重建超验世界与先验世界。与那种直接给定超验领域或先验领域的独断论思路不同，"精神哲学"强调每个人独自地运用自身的精神能力，同时每个人的精神力量将引导他去思考和探究一切存在形态，直至无"物"在其之外的全体。对此，那些曾经被科学世界观、科学技术、实证方法等去魅的"神秘存在"与"神圣存在"，都将被人的精神尤其是"精神哲学系统"重新考察和审视，这要求精神对所有的存在形态持开放的审查态度，其实质是一切存在形态在精神平台上展开最充分的自由对话。因此，立足于经验世界的科学和技术，无法完全否定和解构位于全体层级的超验存在形态与先验存在形态。对于德福同一性难题的理解与解决，如果不推进到全体层级，那么至少从思维层面讲是不彻底的，如果超验世界和先验世界所包含的理路有助于此一难题的阐释与解答，那么精神必须予以严肃、严格的对待，更何况"精神哲学"的本性中就内含着对于"［超验的］神—［先验的］圣—性"的追求，这是人之生命能够不断提升的根本动力。

第六，德福在精神哲学中的同一性，其出发点是真实的个人及其精神，但这并不意味着个人只关注自身的德福同一性，原因在于个人的精神能力必然会关涉其他"对象"：极端的形态是个人将一切对象用于促成自身的德福同一性，其本质是将自身等同于全体，以便运用全体的"资源"为自身的目的服务，换言之，"全体"依然是个人或个体无法回避的终极概念，即使他将自身视为绝对中心，因此，个人不可能只依靠与自身的联系而实现完满的德福同一性，而是必须通过精神与全体发生交互作用，在此交互作用中，个人精神逐渐迫近全体层级的普遍性，全体被个人精神化为个人所需要的普遍本质，其最终形态是，全体迫使个人精神提升为普遍精神，普遍精神反过来迫使个人消解自身的个体性，而将一切存在形态尽可能地视为"主体"，由此，其他主体同样有权追求自身的德福同一性。所以，德福同一性的"精神哲学形态"不仅关注个人、人的德福同一性，而且力图保障其他非人主体的德福同一性，其实质是个人、个人精神应当促成全体的德福同一性，最终的表达是：以全体之德为自己的道德要求，以全体之福为自己的奋斗目的，以全体之德福同一性为自己的使命。

第七，"精神哲学"源于这样一个洞见：个人只能绝对孤独地体悟全体。这里的"孤独"既不是情感方面的无所依靠，也不是思想方面的无所依傍，而是一种独自承担绝对责任的勇气："我"完全认同自己对全体和全体中的一切负有责任，无论生与死、真与假、善与恶、好与坏、美与丑、崇高抑或卑鄙、自由抑或独裁、和平抑或杀戮、纯洁抑或染污、健康抑或疾病、欢喜抑或痛苦……没有哪一样"事"或"物"（包括每一个人）在"我"的责任之外，"我"不是单纯描述"事""物"状态的冷眼旁观者，也不是完全置身"事""物"之外的冷峻评判者；"我"与"事""物"从来没有分离过，因为"我们"是从共同的"本原"生长出来的，无始以来，"我们"就内嵌在彼此的存在形态和状态里，相互缠绕，相互影响，相互作用，"事""物"的"好"与"我"息息相关，"事""物"的"坏"更与"我"一体相连，"我"自身的"好"与"坏"也反向作用于"事""物"的存在状态，所以，"我"对于"事""物"的"好"与"坏"都负有内在的责任；"我"不是将"事""物"视为外在的对象，由于"同情心"发作才去关切它们的"好"与"坏"，而是因为"事""物"与"我"从来就是一体的，"事""物"的"好"与"坏"就是"我"的"好"与"坏"，而我的"好"与"坏"必然会影响"事""物"的"好"与"坏"，因此，关心"事""物"的"好"与"坏"是"我"与生俱来的内在属性和必须承担的使命；"我"不是为了达到最普遍的全体才去关注"事""物"的"好"与"坏"，而是对于"事""物"之"好"与"坏"责无旁贷的切己关怀，才逼迫自己不断突破自身的狭隘性，以求在最普遍意义上实现"事""物"之间的和谐。况且全体之为全体，它无所不包，绝不会全然超绝于"事""物"之外而独自存在，因此，虽然"我"能够从总体上设想和领悟全体及其概念，但通达全体的真实道路必须以"我"与每一"事""物"之间的血肉联系为前提和基础，不过，这一过程是精微难测的：一方面，"我"与

"事""物"一体必须首先承认"事""物"的一切状态，然后再以完备的认知系统确定"事""物"的"好""坏"，进而改善"事""物"的存在状态；另一方面，"我"如何形成完备的认知系统？"我"何以知道，"事""物"自身的"好"与"坏"不是"我"以为的"好"与"坏"？对此，全体及其概念将凸显自身的意义，因为只有尽可能从全体层面考量每一"事""物"，才可能对每一"事""物"的"好"与"坏"展开恰如其分的评判，据此，"我"才可能准确地担负起自己的责任，做出精当的行动。可以看出，"我"无法达及"全体"，因为"我"必须通过全体的概念而不是全体自身设想全体本身，然而悖谬的是，即使全体本身存在，它也不是一个完成形态，而且它必然落入人的认知系统。正因如此，对于全体，"我"与其抱着认识态度，以此为基础，才去担负责任，不如直接完成一种根本性的倒转，正因对全体及其所包含的全部"事""物"负有最深沉的责任，"我"才必须尽自己最大的努力去认识它们，理解它们，知其"好坏"与"冷暖"。所以，最勇毅的人敢于把"全体"和全部"事""物"扛在自己肩上，使自己成为独立地承受一切责任的人，这样的人注定是最孤独的，因为真实世界中没有人能够承受住如此至极的重担。因此，这种孤独不在某一个人身上，而在每一个人心中，因为每个人最终只能孤独地面对自己体悟到的"全体"，孤独地建构关于"全体"的认知系统。正是这种孤独性，使每一个人成为他自己，同时他太珍爱自己所体悟到的"全体"，想尽一切努力呵护这个"全体"，由此，"全体"和"全体"中的一丝一毫都与自己紧密相连，自然地，他乐意也必须为"全体"中一切的"好"与"坏"承担责任。所以，尽管人与人之间的"全体"存在差异，但在为各自的"全体"负责的意义上是相同的，也就是说，在每个人心中都存在着为"全体"负责的意愿、热情和冲动。最终，所有人的"全体"必然会走向融合，因为它们只是最完整全体的组成部分，每一个人在为自己的"全体"负责的同时，都自觉或不自觉地在为全体本身负责，其中，最开悟、最自觉、最勇毅的人将承担起对于全体本身及其所包之"事""物"的责任。最终达到的状态为，"宇宙一我"，"'我'是一全息的灵明（精神）、本然不二的生命；整个宇宙因一本然全息的'我'而同为一体，一个人也因是一灵明之'我'而与他人、动物生命和天地万物有了根本的同一性。从而，天再不是彼岸的天，人也不再是独一的人；人本于天，天系于人；大千世界，万类同我，天人合一"①。"我"与全体相互融通，个体以全体之至善或恶迹为自己的道德或恶行，以全体之幸福或不幸为自己的幸福或不幸，即为全体之善与幸福永恒地奉献自身，为全体之恶与不幸无限地承担责任，由是，个人与全体融为一体，其德福无间、德福无边！

三　走向德福同一性的"生态互联样态"

在全体哲学看来，全体中的一切存在形态都是共在和互联互通的，一切存在形态处于互动流通、相互作用的网络中。在全体层面，每一个存在形态作为完整网络的一个节点，具有其独特性，不能绝对地被替代，因此，各种存在形态之间具有平等性，一种形态并不必然比另一种形态重要——虽然各种存在形态是不同的，但并不具有刚性的高下之分，只是其存在的具体"形态"不同，或者说，存在以不同的形态（规定性）呈现自身。从世界整体看来，人与万有（其他存在者、万事万物）是共在的，人与万有处于相互联系的"网络世界"中，人虽然是这个"网络世界"的重要"节点"，但并不是"绝对中心"。因此，人的"道德"和"幸福"不直接是万有的"道德"和"幸福"，甚至可能出现相互冲突、相互对立的情况。进一步，万有之间的"道德"和"幸福"也是各不相同的。对此，"万有"的"德福同一性"既要协调与人之"德福同一性"的关系，又要处理与其他"万有"之间的"德福同一性"。最终说来，由于人的有限性和限度，人类只能基于自身的认知水平和实际能力，推进人与万有和谐共处，推动"人的德福同一"与"万有的德福同一"在整个"生态系统"中达致和谐状态，使人和"万有"都能获得相对美好的存在状态。

追求万有之间的一体贯通、互联互通、普遍联系，是经典哲学最为重要的特质之一。其内在基础是探究"一"与"多"之间的本质联系。对于"一"的理解，存在三大范型或类别：如果"一"是位于"一""多"关系之中的"一"，那么，"一"也是一种"多"；如果"一"是生成、统摄"一""多"关系的"一"，那么，"一"就是"全体"，无所不包，至大无外；如果"一"是绝对地超越于"一""多"关系之上的"一"，那么，"一"就是最高的信仰对象——至上存在者。在古典哲学中，第一

①　维之：《精神与自我现代观：精神哲学新体系》，社会科学文献出版社2004年版，第442页。

种"一""多"关系以佛教的因陀罗网为代表，强调万事万物之间的互通互容互摄，"一""多"之间不是绝对分离的，而是"一"中含"多"，"多"中含"一"。正所谓"一多不二"，"一为无量，无量为一，小中现大，大中现小"（《楞严经·卷四》）[1]，"一中多，多中一；一中十，十中一；一中一切，一切中一"[2]。正因这类相互包含关系，促成"一""多"之间形成普遍联系、相互映现的网络结构。第二种"一""多"关系以中国哲学为代表，中国哲学强调"生生之谓易"（《周易·系辞上》）[3]，"道生一"（《帛书老子·甲本第四十二章》）[4]，继而生成万物，"一"生生不已地生出"多"，继而"一""多"一体，本末体用一元，通过不断的生生活动，"苟日新，日日新"（《大学》）[5]，"一"与"多"共同生发出新的"多"，由此，形成不断生长且相互联通的发射状网络结构。第三种"一""多"关系以一神教信仰为代表，神绝对地超越于万事万物之上，"祂"创造、维持、宰制、审判人和万有，是"一""多"关系的创造者。神通过启示经典、符号、感触等，让人与"祂"建立联结，反言之，人凭借启示信息，在绝对信仰中，与至高无上的"一"联通起来，以此为基础，人才能与其他受造物产生真实的联结。简言之，人通过神这个"一"而与作为万有的"多"建立联系，神成为人与万有建立普遍联系的绝对前提，由此，形成以神为唯一中心的"球状网络结构"。上述三大类"一""多"关系模式，或者是实在性的、物质性的，或者是思维性的、精神性的，或者是超验的、以信仰为基础的，它们最终都朝向一种普遍的"网络结构"，力图让万事万物联系起来，形成一个系统性的有机生态整体。

从人类社会的发展现状而言，"物质生态系统""精神生态系统"和"数字生态系统"三大系统之间开始相互作用、相互交融[6]，尤其是"数字生态系统"的爆炸式发展，加速推进了三大生态系统的融合进度。如

---

① 刘鹿鸣译注：《传教十三经：楞严经》，中华书局2012年版，第169页。

② 杜友良主编：《简明英汉、汉英世界宗教译典》，中国对外翻译出版公司1994年版，第8页。

③ （清）李道平撰：《周易集解纂疏》，潘雨廷点校，中华书局1994年版，第561页。

④ 高明撰：《帛书老子校注》，中华书局1996年版，第442页。

⑤ （宋）朱熹：《四书章句集注》，中华书局1983年版，第5页。

⑥ 在非互联网语境中，"万有互联"的英文表达是"all beings are interconnected"。在互联网语境中，"万有互联"的英文表达是"internet of beings"或"internet for beings"，"万物互联"或"物联网"的英文表达是"internet of things"或"internet for things"。因此，"万有互联"的内涵比"万物互联"更加普遍，前者包含后者，后者是前者的子集。

果既认识到三大系统各自的独立性，又认识到三大系统的相通性，那么，就需要一个更具普遍性的"生态系统"来统一此三大系统。虽然从微观层面可以得出，物质运动、精神活动和数字信息都是基于"微观粒子"之间的相互作用而形成的实际效果，但是，从微观世界和宏观世界相结合的角度来看，需要更具统一性的方案来描述宇宙万有。至此，需要提出一个包容"一切""所有"的概念或系统。在"数字生态系统"出现之前，人类思想史上已经提出过表达最高、最全、最普遍的概念及其系统，例如道、大全、太一、绝对、绝对精神、梵、神，"无所不包"，"无处不在"，"至大无外"，"至小无内"，是宇宙万有的本原或创造者。这类终极概念及其系统能够包容和联系"一切"，其最大的特点是采用"集中式网络"或"集中式生态系统"，存在一个"绝对中心"，通过与"绝对中心"相联系，万有之间才能建立根本性的互联关系，以实现"天地万物一体"。与此不同，"数字生态系统"或者"互联网生态系统"的最大特征是"分布式网络"（distributed network）①或"分布式生态系统"，没有"绝对中心"，作为"节点"的万有之间可以直接相连，通过其他任何网络"节点"可以建立几乎无穷多的联结通道，由此形成包罗万象的网络系统。面对处处都能互联互通的"数字生态系统"，传统的、中央控制式的终极性概念及其系统缺乏合理的解释，而佛教的思维模式虽然倾向于"互联网思维"，但是，缺乏技术力量的支持，仍然停留于意识的设想层面。在思维活动的不断推进中，将发现"全体"概念更具包容力：第一，"全"表明至大、至小、"所有"、"一切"都在全体中，侧重于"多"；第二，"体"表明至大、至小、"所有"、"一切"都在一个"整体"中，侧重于"一"；第三，"全体"表明至大、至小、"所有"、"一切"既在整体中又在自身中，"一""多"互摄互通。"一切事物，必与其他事物形成全体的关系，同时也绝不舍弃自己的特质，所以才能达到'一即一切，一切即一'的圆融无碍"②，"存在着各种各样错综复杂的关系，它们或左或右，或上或下，向着所有

① "分布式"结构是现代互联网的基础架构。早在1964年，Paul Baran就探究了"分布式通信网络"（Distributed Communications Networks）的基本原理、效率和安全性。Paul Baran指出，根据最基本的结构类型，网络（network）可以分为三大类：一是集中式（centralized）或星形（star）网络；二是分离式（decentralized）网络；三是分布式（distributed）或网格（grid）或网状（mesh）网络。参见 Paul Baran, "On Distributed Communications Networks", *The IEEE Transactions of the Professional Technical Group on Communications Systems*, Vol. 12, No. 1, 1964, pp. 1–9。

② 方东美：《华严宗哲学》，中华书局2012年版，第782页。

的方向开放：你永远抵达不了没有处于彼此交叉关系之中的某个事物"①。由此，从"全体生态系统"的视角出发，能够更加全面地协调"物质生态系统""精神生态系统"和"数字生态系统"之间的关系。

对人类而言，"全体生态系统"的确立，并不代表"全体"是最重要的概念，"全体内部的生态互联"是最重要的目的——在现实世界中，每一个真实的、具体的、活生生的"个人"才是人类心灵的最高关切对象，同时"个人"的生命、尊严、自由、道德和幸福才是一切问题的出发点和归宿。这不是绝对的人类中心主义，也不是绝对的个人主义，而是真切地阐明，每一个"个人"本身就是一个完整的、独一无二的"世界"，拥有完整的、独一无二的"物质生态系统""精神生态系统"和"数字生态系统"。②

---

① ［美］理查德·罗蒂：《后形而上学希望》，张国清译，上海译文出版社2003年版，第34页。

② 正如克里希那穆提（Jiddu Krishnamurti）捍卫和高扬个人对自由的无限定追求，"真理是无路可循的。不管你走哪一条路，借助什么宗教，什么宗派，都不可能接近真理……真理是不受限的，没有条件的，走任何一条路都趋近不了……信仰纯粹是个人的事情，无法组织，也不可以组织。否则它就是死的，就僵化了，于是就变成教义，变成宗派，变成宗教，然后再加给别人。全世界每一个人都想这样做。那些懦弱的人，只是一时不满的人，把真理集中起来当玩物玩。但是真理却是抓不来的，反而是个人必须努力爬升才可能企及。你无法把山峰搬到山谷。要爬上山峰，你必须经过山谷，不害怕危险的悬崖，从陡坡爬上去才有可能。你必须向真理爬上去，而不是真理为你'走下来'，为你而组织……没有哪一种组织有办法引导人走向灵性。一个组织若是为这个目的而成立，就会使人依赖，软弱，束缚人，使个人残废，使他无法成长，创造自己的独特。但人之所以独特，却全在于自己发现那绝对的、毫无条件的真理……你信从了一个人，从那一刻起你就不再信从真理……我只关心一件根本的事，那就是使人自由。我想使人挣脱一切牢笼，一切恐惧，不再创立宗教、新宗派，也不再创立新理论、新哲学……我没有门徒，没有使徒——不管在俗世，还是在精神领域都没有"。"我只有一个目的，那就是使人自由，促使人走向自由，帮助人挣脱一切束缚。只有这样才能给人永恒的幸福，使人无条件地实现自我。因为我是自由的，无条件的，完整的——不是部分，不是相对，而是永恒的完整真理——所以我希望那些努力了解我的人自由，不要追随我，不要把我变成宗教、宗派，进而变成他人的牢笼。他们应该免于一切恐惧——免于宗教的恐惧，免于救赎的恐惧，免于灵性的恐惧，免于爱的恐惧，免于死亡的恐惧，免于生命本身的恐惧"。"必须把这一切摆开，向自己内在寻求开悟，寻求荣耀，寻求净化，寻求自己的不腐败……我的目标是使人无条件地自由……唯一的灵性在于自我的不腐败——也就是永恒在于理性与爱相融合。这是绝对的、无条件的真理，这个真理就是生命……真理在每一个人心里，不远不近，永远在那里。组织没办法使你自由。外在的他人没办法使你自由。组织化的崇拜，为一种主义牺牲奉献，研读经典都无法使你自由"。"自由王国的钥匙……你的自我就是钥匙。只要发展这个自我，净化这个自我，使他不腐败——这就是永恒的王国……自在、幸福、力量……这一切只有在自己里面才找得到……真正想了解，真正渴望找到无始无终的永恒。这样的人，以后会更加紧密地走在一起……由于真正地了解，所以有真实的情谊。由于有真实的情谊……每一个人才会真正地合作。这种合作不是出于权威，不是为了救赎，不是为了奉献于某一个主义，而是因为你们真正了解，并因而活在永恒之中。这件事比一切快乐、一切牺牲都伟大。""我只关心使人类绝对的、无条件的自由。"［印度］克里希那穆提：《全然的自由》，廖世德译，上海三联书店2016年版，第86—87、88、89—90、91、92页。

我们只有切实地善待眼前的每一个"个人",才可能善待其他生命、其他存在者,进而善待"天地万有"。我们尽最大努力理解"物质生态系统""精神生态系统"和"数字生态系统",继而理解"全体生态系统",并不是为了把每一个"个人"还原为宏大生态系统中无足轻重的微小元素,恰恰相反,是为了凸显"个人"在宏大生态系统中的无可替代性和自主性,没有"个人"的努力,"全体生态系统"极难从"物质生态系统"阶段进化到"精神生态系统"阶段和"数字生态系统"阶段。从宏观层面讲,每一个"个人"既不能被简单地同质化为人类、人群,也不能简化为生态系统和食物链中的"消费者",更不能视为宇宙中可有可无的"尘埃";从微观角度来看,"个人"是由亿亿级的"微观粒子"构成的,人体的一切活动受制于"微观粒子"之间的相互作用,将人还原为物质的运动和能量的增减,削弱了个人意识的自主性和统一性。所以,对"个人"的考察,必须选取适中的距离,既不能太宏观也不能太微观,要将个人视为一个完整的、独立的、具有统一性的个体。虽然"个人"原本就处在相互连通的"全体生态系统"中,或者说"个人"是"全体生态系统"的阶段性"作品",但是,"个人"作为一个可以认知和反思"全体生态系统"的统一体,具有自主的反作用能力,至少能够优化自己身边的"生态环境"。与此同时,需要在"全体生态系统"中考察和界定个人的道德、幸福及其同一性,相应地,"全体生态系统"的平衡和稳定是"个人"推进德福同一的重要前提。

"个人"在"全体生态系统"中的重要地位和自主能力,保障了"个人"能够享有独特的权益。但是,权益与责任是对等的,或者说,获取权益的能力与承担责任的能力是同一种能力,是同一种能力在不同方面的运用。"个人"的能力不仅要面向自身的自我成就,而且要面向对他者他物的"成全",更要面向对"全体生态系统"的责任。在"物质生态系统"方面,"个人"是物质运行、能量增减、宇宙进化的最佳杰作之一——整个宇宙用了138亿年(时间)和上百亿光年(空间)的不懈"努力";在"精神生态系统"方面,至高无上者、神圣者、宇宙万有、人类最伟大的心灵和最杰出的智慧永远都在滋养着"个人"的精神,引导个人精神成长为卓越的继承者和超越者;在"数字生态系统"方面,"个人"既是"数字信息"的制造者,又是"数字信息"的接收者,在平等自由的网络空间中,信息的绝对垄断权被打破,"个人"可以随时随地接入各种"数字信息库",获取自己所需的信息,以高质量的信息为基础,帮助自身实现快速成长。所以,"个人"首先是"全体生态系统"的"成果",是物质、精神、数字、宇宙万有等相互作用的"结果","个人"是过往和当下一切存在综合作用的"结果",个人的才能及其实现也离不开过往和当下的一切存在。"个人"人生意义的求取应当是一条完整的路,过去、现在和未来应当形成一个完整的系统。"个人"是自己人生意义的起点,同时,"个人"也是宇宙运行的某个"节点",是很多条件相互作用而形成的结果。既然"个人"过去和现在已经接受了宇宙万有的滋养,那么"个人"人生意义的实现就不仅是自我实现,同时也指向宇宙万有的实现,"因为人是小宇宙,与大宇宙一致不二,以全宇宙为自体是人生最高的价值,能够达到这个目的才是人生最高的意义"①。所以,"个人"必须在与宇宙万有的相扶相助、生态互动中,实现人生的意义和生命的价值,勇担责任,实现宇宙万有之间的"生态"共在!

---

① 释太虚:《太虚大师全书》第 1 卷,宗教文化出版社 2004 年版,第 185—186 页。

参考文献

一 古籍

（曹魏）康僧铠译：《佛说无量寿经》，宗教文化出版社 2021 年版。

（唐）韩愈撰、（宋）魏仲举集注：《五百家注韩昌黎集》，郝润华、王东峰整理，中华书局 2019 年版。

（唐）实叉难陀译：《华严经》，林世田等点校，宗教文化出版社 2001 年版。

（宋）张载：《张载集》，章锡琛点校，中华书局 1978 年版。

（宋）朱熹：《四书章句集注》，中华书局 1983 年版。

（明）吕坤：《呻吟语正宗》，王国轩、王秀梅译注，华夏出版社 2007 年版。

（明）方以智：《东西均注释》（外一种），庞朴注释，中华书局 2016 年版。

（清）郭庆藩撰：《庄子集释》，王孝鱼点校，中华书局 1961 年版。

（清）李道平撰：《周易集解纂疏》，潘雨廷点校，中华书局 1994 年版。

（清）孙希旦撰：《礼记集解》，沈啸寰、王星贤点校，中华书局 1989 年版。

（清）王聘珍撰：《大戴礼记解诂》，王文锦点校，中华书局 1983 年版。

（清）王先谦撰：《荀子集解》，沈啸寰、王星贤点校，中华书局 1988 年版。

陈林译注：《佛教十三经：无量寿经》，中华书局 2010 年版。

陈秋平译注：《佛教十三经：金刚经·心经》，中华书局 2010 年版。

戴琏璋、吴光主编：《刘宗周全集》，台北："中央研究院"中国文哲研究所 1997 年版，第 2 册。

丁士仁、刘彬译著：《阿拉伯哲学名著译介》，中国社会科学出版社 2014 年版。

高明撰：《帛书老子校注》，中华书局 1996 年版。

何宁撰：《淮南子集释》，中华书局 1998 年版。

黄晖撰：《论衡校释》，中华书局 1990 年版。

赖永海、高永旺译注：《佛教十三经：维摩诘经》，中华书局 2010 年版。

黎翔凤撰：《管子校注》，梁运华整理，中华书局 2004 年版。

李定生、徐慧君校释：《文子校释》，上海古籍出版社 2004 年版。

刘鹿鸣译注：《传教十三经：楞严经》，中华书局 2012 年版。

王彬译注：《佛教十三经：法华经》，中华书局 2010 年版。

王明编：《太平经合校》，中华书局 1960 年版。

宣化法师：《地藏菩萨本愿经浅释》，宗教文化出版社 2007 年版。

中国佛教文化研究所点校：《长阿含经》，宗教文化出版社 1999 年版。

中国佛教文化研究所点校：《杂阿含经》，宗教文化出版社 1999 年版。

中国佛教文化研究所点校：《增壹阿含经》，宗教文化出版社 1999 年版。

中国佛教文化研究所点校：《中阿含经》，宗教文化出版社 1999 年版。

中国基督教协会：《新旧约全书》，中国基督教协会 1989 年版。

朱杰人、严佐之、刘永翔主编：《朱子全书》，上海古籍出版社、安徽教
　育出版社 2002 年版，第 14 册。

二　中文著作

陈根法、吴仁杰：《幸福论》，上海人民出版社 1988 年版。

陈荣富：《比较宗教学》，世界知识出版社 1993 年版。

陈瑛主编：《人生幸福论》，中国青年出版社 1996 年版。

樊浩：《道德形而上学体系的精神哲学基础》，中国社会科学出版社 2006
　年版。

樊浩等著：《中国伦理道德报告》，中国社会科学出版社 2012 年版。

樊浩：《伦理道德的精神哲学形态》，中国社会科学出版社 2019 年版。

樊浩：《伦理精神的价值生态》，中国社会科学出版社 2001 年版。

樊浩：《中国伦理精神的历史建构》，江苏人民出版社 1992 年版。

樊浩：《中国伦理精神的现代建构》，江苏人民出版社 1997 年版。

樊和平：《中国伦理的精神》，台北：五南图书出版有限公司 1995 年版。

方东美：《华严宗哲学》，中华书局 2012 年版。

方东美：《中国哲学之精神及其发展》，匡钊译，中州古籍出版社 2009
　年版。

方立天：《中国佛教哲学要义》，中国人民大学出版社 2002 年版。

冯俊科：《西方幸福论》，吉林人民出版社 1992 年版。

冯秀军编：《社会变革时期中国大学生道德价值观调查》，教育科学出版社 2013 年版。

冯友兰：《三松堂全集》第 4、5、6、7 卷，河南人民出版社 2001 年版。

佛光星云：《佛教谈家庭》，载《佛陀真言》（中），上海辞书出版社 2008 年版。

高小强：《天道与人道——以儒家为衡准的康德道德哲学研究》，华夏出版社 2013 年版。

关子尹：《语默无常——寻找定向中的哲学反思》，北京大学出版社 2009 年版。

何怀宏：《伦理学是什么》，北京大学出版社 2002 年版。

贺麟：《文化与人生》，上海人民出版社 2019 年版。

江畅：《德性论》，人民出版社 2011 年版。

江畅：《幸福之路：伦理学启示录》，湖北人民出版社 1999 年版。

林大雄：《失落的文明：玛雅》，华东师范大学出版社 2001 年版。

林佩儒：《先秦德福观研究》，新北：花木兰文化出版社 2012 年版。

刘道超：《中国善恶报应习俗》，陕西人民出版社 2004 年第 2 版。

刘劲杨：《当代整体论的形式分析》，西南交通大学出版社 2018 年版。

刘美红：《先秦儒学对“怨”的诊断与治疗》，中山大学出版社 2010 年版。

龙运杰：《幸福论》，湖南大学出版社 2014 年版。

楼梁：《网络文化背景下的发展伦理学探究》，人民日报出版社 2013 年版。

卢永凤、王福海：《荀子与兰陵文化研究》，山东人民出版社 2013 年版。

吕锡琛：《道家、道教与中国古代政治》，湖南出版社 2002 年第 2 版。

牟宗三：《牟宗三先生全集》第 22、29、30 卷，台北：联经出版事业股份有限公司 2003 年版。

努尔曼·马贤、伊卜拉欣·马效智：《伊斯兰伦理学》，宗教文化出版社 2005 年版。

钱穆：《中国思想通俗讲话》，生活·读书·新知三联书店 2002 年版。

尚九玉：《宗教人生哲学思想研究》，北京师范大学出版社 2000 年版。

佘正荣：《中国生态伦理传统的诠释与重建》，人民出版社 2002 年版。

释净空：《认识佛教》，伊犁人民出版社 2003 年版。

释太虚：《太虚大师全书》第 1 卷，宗教文化出版社 2004 年版。

孙经国：《从理想性到现实性：柏拉图政治哲学研究》，天津社会科学院
    出版社 2012 年版。

孙英：《幸福论》，人民出版社 2004 年版。

唐君毅：《唐君毅全集》第 28 卷，九州出版社 2016 年版。

王利华：《中国家庭史：先秦至南北朝时期》，广东人民出版社 2007 年版。

王月清：《中国佛教伦理研究》，南京大学出版社 1999 年版。

维之：《精神与自我现代观：精神哲学新体系》，社会科学文献出版社
    2004 年版。

巫白慧：《印度哲学——吠陀经探义和奥义书解析》，东方出版社 2000
    年版。

吴信如编著：《大圆满精萃》，中国藏学出版社 2005 年版。

萧登福：《道家道教与中土佛教初期经义发展》，上海古籍出版社 2003
    年版。

邢占军：《测量幸福——主观幸福感测量研究》，人民出版社 2005 年版。

熊十力：《熊十力全集》第 6 卷，湖北教育出版社 2001 年版。

徐梵澄：《陆王学述——一系精神哲学》，上海远东出版社 1994 年版。

徐复观：《徐复观文集》第 2 卷，湖北人民出版社 2002 年版。

严群：《古希腊哲学探研及其他》，商务印书馆 2011 年版。

杨玉荣：《中国近代伦理学核心术语的生成研究》，武汉大学出版社 2013
    年版。

杨泽波：《孟子性善论研究》（修订版），中国人民大学出版社 2010 年版。

张岱年：《中国哲学大纲》，商务印书馆 2017 年版。

张怀承：《中国的家庭与伦理》，中国人民大学出版社 1993 年版。

张俊：《德福配享与信仰》，商务印书馆 2015 年版。

张志伟：《康德的道德世界观》，中国人民大学出版社 1995 年版。

赵汀阳：《论可能生活》，中国人民大学出版社 2010 年第 2 版。

郑雪等：《幸福心理学》，暨南大学出版社 2004 年版。

周雪光：《组织社会学十讲》，社会科学文献出版社 2003 年版。

三　中译著作

金寿福译注：《古埃及〈亡灵书〉》，商务印书馆 2016 年版。

［奥］迈克尔·米特罗尔、雷达因哈德·西德尔：《欧洲家庭史》，赵世玲
　　等译，华夏出版社 1987 年版。

［奥］维特根斯坦：《哲学研究》，李步楼译，陈维杭校，商务印书馆
　　1996 年版。

［德］鲍吾刚：《中国人的幸福观》，严蓓雯、韩雪临、吴德祖译，江苏人
　　民出版社 2009 年版。

［德］伯特·海灵格：《爱的序位：家庭系统排列个案集》，霍宝莲译，世
　　界图书出版公司 2005 年版。

［德］弗里德里希·迈内克：《马基雅维里主义》，时殷弘译，商务印书馆
　　2008 年版。

［德］海德格尔：《存在与时间》（中文修订第二版），陈嘉映、王庆节
　　译，熊伟校，商务印书馆 2019 年版。

［德］海因兹·基姆勒：《非洲哲学：跨文化视域的研究》，王俊译，人民
　　出版社 2016 年版。

［德］汉斯·萨克塞：《生态哲学》，文韬、佩云译，东方出版社 1991 年版。

［德］黑格尔：《精神现象学》，贺麟、王玖兴译，商务印书馆 1979 年版。

［德］黑格尔：《精神哲学》，杨祖陶译，人民出版社 2005 年版。

［德］黑格尔：《美学》第 1 卷，朱光潜译，商务印书馆 1996 年版。

［德］黑格尔：《小逻辑》，贺麟译，商务印书馆 1996 年版。

［德］黑格尔：《宗教哲学》，魏庆征译，中国社会出版社 1999 年版。

［德］卡尔·雅斯贝斯：《生存哲学》，王玖兴译，上海译文出版社 2005
　　年版。

［德］康德：《康德著作全集》第 3 卷，李秋零主编，中国人民大学出版
　　社 2004 年版。

［德］康德：《康德著作全集》第 5 卷，李秋零主编，中国人民大学出版
　　社 2007 年版。

丁士仁译著：《阿拉伯哲学名著译介》，中国社会科学出版社 2014 年版。

［俄］尼古拉·别尔嘉耶夫：《自由精神哲学：基督教难题及其辩护》，石
　　衡潭译，上海三联书店 2016 年版。

［法］安德烈·比尔基埃等主编：《家庭史（第1卷）：遥远的世界，古老的世界》，袁树仁等译，生活·读书·新知三联书店1998年版。

［法］马里旦：《人和国家》，沈宗灵译，中国法制出版社2011年版。

［法］史怀泽：《敬畏生命》，陈泽环译，上海社会科学院出版社1995年版。

［法］一行禅师：《一行禅师佛学讲演录》（下），明洁、明尧译，中国国际广播出版社1999年版。

［古罗马］普罗提诺：《九章集》，石敏敏译，中国社会科学出版社2009年版。

［古希腊］柏拉图：《巴曼尼得斯篇》，陈康译注，商务印书馆1982年版。

［古希腊］柏拉图：《理想国》，郭斌和、张竹明译，商务印书馆1986年版。

［古希腊］拉尔修：《名哲言行录》，徐开来、溥林译，广西师范大学出版社2010年版。

［古希腊］亚里士多德：《尼各马可伦理学》，廖申白译注，商务印书馆2003年版。

［古希腊］亚里士多德：《尼各马科伦理学》，苗力田主编，中国人民大学出版社1994年版。

［古希腊］亚里士多德：《亚里士多德选集》伦理学卷，苗力田编，中国人民大学出版社1999年版。

［荷兰］斯宾诺莎：《简论上帝、人及其心灵健康》，顾寿观译，商务印书馆1999年版。

［美］H. T. 奥德姆：《系统生态学》，蒋有绪等译，科学出版社1993年版。

［美］W. 理查德·斯格特：《组织理论：理性、自然和开放系统》，黄洋等译，华夏出版社2002年版。

［美］阿尔·戈尔：《濒临失衡的地球：生态与人类精神》，陈嘉映等译，中央编译出版社1997年版。

［美］华理士·布奇：《埃及亡灵书》，罗尘译，京华出版社2001年版。

［美］加里·约翰斯：《组织行为学》，彭和平译，求实出版社1989年版。

［美］卡洛琳·麦茜特：《自然之死》，吴国盛等译，吉林人民出版社1999年版。

〔美〕凯利·克拉克主编：《幸福的奥秘：在比较和练习中指向上帝的至善》，郑志勇译，世界知识出版社 2010 年版。

〔美〕理查德·罗蒂：《后形而上学希望》，张国清译，上海译文出版社 2003 年版。

〔美〕林恩·福斯特：《探寻玛雅文明》，王春侠等译，张强校，商务印书馆 2007 年版。

〔美〕罗伯特·索罗门、〔美〕凯瑟琳·希金斯主编：《从非洲到禅：不同样式的哲学》，俞宣孟、马迅等译，上海人民出版社 2003 年版。

〔美〕麦马翁：《幸福的历史》，施忠连、徐志跃译，上海三联书店 2011 年版。

〔美〕尼古拉斯·怀特：《幸福简史》，杨百朋、郭之恩译，杨百揆校，中央编译出版社 2011 年版。

〔美〕诺齐克：《无政府、国家与乌托邦》，何怀宏等译，中国社会科学出版社 1991 年版。

〔美〕提摩太·夏纳罕、罗宾·王编著：《理性与洞识——东方与西方求索道德智慧的视角》，王新生等译，黄颂杰审校，复旦大学出版社 2012 年版。

〔日〕池田大作、〔英〕阿·汤因比：《展望 21 世纪》，荀春生等译，国际文化出版公司 1999 年第 2 版。

〔日〕丸山敏雄：《纯粹伦理原论》，王英、刘李胜译，社会科学文献出版社 1992 年版。

〔日〕丸山敏雄：《实验伦理学大系》，丘成等译，社会科学文献出版社 1991 年版。

〔日〕佐佐木毅、〔韩〕金泰昌主编：《国家·人·公共性》，金熙德、唐永亮译，人民出版社 2009 年版。

〔新加坡〕龚道运：《道德形上学与人文精神》，上海人民出版社 2009 年版。

〔以色列〕泰勒·本 – 沙哈尔：《幸福的方法》，汪冰、刘骏杰译，当代中国出版社 2007 年版。

〔印度〕克里希那穆提：《全然的自由》，廖世德译，上海三联书店 2016 年版。

〔印度〕摩诃提瓦：《印度教导论》，林煌洲译，台北：东大图书股份有限公司 2002 年版。

［印度］婆罗门教:《奥义书》,黄宝生译,商务印书馆 2010 年版。

［印度］婆罗门教:《五十奥义书》(修订本),徐梵澄译,中国社会科学
　　出版社 1995 年版。

［印度］室利·阿罗频多:《神圣人生论》,徐梵澄译,商务印书馆 1984
　　年版。

［英］边沁:《道德与立法原理导论》,时殷弘译,商务印书馆 2000 年版。

［英］边沁:《政府片论》,沈叔平等译,商务印书馆 1995 年版。

［英］怀特海:《过程与实在:宇宙论研究》,杨富斌译,中国城市出版社
　　2003 年版。

［英］雷蒙德·福克纳编著:《古埃及亡灵书》,文爱艺译,吉林出版集团
　　有限责任公司 2010 年版。

［英］帕林德:《非洲传统宗教》,张治强译,商务印书馆 1999 年版。

［英］塞缪尔·斯迈尔斯:《品格的力量》,王正斌、秦传安译,中央编译
　　出版社 2007 年版。

四　中文论文

（一）期刊论文

暴希明:《从甲骨文"后"、"好"、"祖"等字的构形看古代的生殖崇
　　拜》,《甘肃社会科学》2009 年第 4 期。

蔡家和:《牟宗三心学式解决德福一致问题之反思》,《贵阳学院学报》
　　(社会科学版)2021 年第 1 期。

陈坚:《"善有善报"与"善不受报"——佛教善恶"因果"观辨析》,
　　《湖南大学学报》(社会科学版)2016 年第 5 期。

陈京伟:《〈易传〉善恶报应思想探析》,《周易研究》2008 年第 4 期。

陈科华:《"好人"如何一生平安?——走出"德福悖论"的怪圈》,《伦
　　理学研究》2005 年第 5 期。

陈立胜:《宋明理学如何谈论"因果报应"》,《中国文化》2020 年第
　　1 期。

陈林:《从"无我轮回"说到"神不灭"论——印度佛教业报轮回说与中
　　国六朝时期佛教因果报应论的问题意识》,《学海》2004 年第 5 期。

陈筱芳:《中国传统报应观的源头:春秋善恶报应观》,《求索》2004 年

第 4 期。

陈筱芳：《中国传统报应观与佛教果报观的差异及文化根源》，《社会科学研究》2004 年第 3 期。

程秀波：《道德与幸福》，《中州学刊》1992 年第 1 期。

戴峰：《宋元善恶报应信仰之发展及其对戏曲的影响》，《船山学刊》2008 年第 3 期。

戴景平：《幸福、道德与至善——康德关于幸福与道德的二律背反》，《赤峰学院学报》（汉文哲学社会科学版）2008 年第 3 期。

戴茂堂、朱运海：《幸福与德性的二律背反——以西方伦理学为视角》，《道德与文明》2013 年第 3 期。

戴兆国：《道德悖论视阈中的德福悖论》，《道德与文明》2008 年第 6 期。

樊浩：《德福因果律的"理性形态"与"精神形态"》，《学术月刊》2013 年第 1 期。

樊和平：《善恶因果律与伦理合理性》，《上海社会科学院学术季刊》1999 年第 3 期。

方圆：《善恶报应与善本当行——从功过格看晚明清初士人劝善理念之差异》，《道德与文明》2018 年第 3 期。

顾智明：《道德是使人获得幸福的源泉》，《南京政治学院学报》1996 年第 2 期。

郭淑新：《慧远的"因果报应"论新诠》，《安徽师范大学学报》（人文社会科学版）2010 年第 5 期。

韩跃红：《道德与幸福关系的历史与现实》，《思想战线》2014 年第 3 期。

何益鑫：《孔子与亚里士多德：德福一致的两种范式及其当代意义》，《道德与文明》2014 年第 3 期。

贺善侃：《现代西方精神哲学研究现状》，《学术月刊》1994 年第 10 期。

胡建：《追求"至善"——幸福与道德的匹配一致》，《复旦学报》（社会科学版）1998 年第 2 期。

黄明理：《论道德与个人幸福的内在统一性》，《南京政治学院学报》2003 年第 6 期。

黄明理：《善恶因果律的现代转换——道德信仰构建的关键概念》，《华东师范大学学报》（哲学社会科学版）2008 年第 2 期。

黄瑞英：《道德世界的幸福何以可能》，《南京师大学报》（社会科学版）

2012 年第 5 期。

季芳桐：《论王岱舆对回儒佛三教报应思想的探讨》，《西北民族研究》
　　2012 年第 4 期。

江畅：《关于道德与幸福问题的思考》，《湖北大学学报》（哲学社会科学
　　版）1999 年第 3 期。

赖辉亮：《德与福的争论——晚期古希腊哲学的伦理学特征》，《中国青年
　　政治学院学报》2004 年第 4 期。

蓝法典：《论"德福一致"的内在危险与实践指向》，《人文杂志》2021
　　年第 4 期。

黎良华：《美德与幸福：有益、阻碍抑或同一》，《齐鲁学刊》2011 年第
　　3 期。

李安山：《当代非洲哲学流派探析》，《国际社会科学杂志》（中文版）
　　2020 年第 2 期。

李超：《幸福生活的伦理思考——作为幸福指标的财富与道德》，《华中科
　　技大学学报》（社会科学版）2013 年第 1 期。

李建华：《道德幸福·何种幸福》，《天津社会科学》2021 年第 2 期。

李娜：《当代美德伦理论域下"幸福"概念之诠释》，《求索》2011 年第
　　1 期。

李文珍：《从德福关系看当代中国道德问题的症结及消解》，《湖南社会科
　　学》2013 年第 3 期。

刘东锋：《德福一致——社会转型期道德建设路径的必然选择》，《学术论
　　坛》2009 年第 11 期。

刘富胜：《后形而上学视野里的"德福观"》，《道德与文明》2012 年第
　　2 期。

刘胜有：《释"好"》，《东北师大学报》（哲学社会科学版）1986 年第
　　3 期。

刘月琴：《伊斯兰报应理论与中国文化的相通性》，《西亚非洲》2009 年
　　第 8 期。

莫楠：《〈淮南子〉德福思想探析》，《青海社会科学》2012 年第 6 期。

潘建漳：《现代化与人性的困厄——论梁漱溟的文化难题》，《浙江大学学
　　报》（人文社会科学版）1993 年第 1 期。

彭文会、黄希庭：《美德幸福观：一个古老而充满活力的话题》，《西南大

学学报》（社会科学版）2013 年第 4 期。

乔根锁、徐东明：《关于藏汉佛教因果报应论的比较研究》，《中国藏学》
　2011 年第 4 期。

曲宁宁、陈晨捷：《论先秦善恶报应理论及其衍变》，《周易研究》2016
　年第 5 期。

任春强：《道德与幸福同一性的儒道佛形态》，《江海学刊》2018 年第
　6 期。

任春强、刘秦闰：《论基于“一”的伦理认同》，《云南社会科学》2014
　年第 3 期。

邵水浩：《邦格的精神哲学评介》，《社会科学》1988 年第 4 期。

沈国琴：《论赫费道德哲学与亚里士多德幸福论及康德自律论之关系》，
　《浙江大学学报》（人文社会科学版）2011 年版第 2 期。

沈晓阳：《通向德福统一的伦理学路径》，《道德与文明》2013 年第 1 期。

沈晓阳：《正义：通向德福统一的基本路径》，《杭州师范学院学报》（社
　会科学版）2007 年第 3 期。

沈亦军：《试论〈阴骘文〉的德福观》，《中华文化论坛》1996 年第 2 期。

史怀刚：《鬼神、道德、幸福——孔子、老子、墨子三家幸福观试较》，
　《孔子研究》2014 年第 2 期。

释因果：《业力如影随形，报应好比声响》，《佛教文化》2005 年第 4 期。

宋增伟：《制度公正与德福统一》，《伦理学研究》2008 年第 3 期。

孙长虹：《〈管子〉中善恶报应的实现及其意义》，《江南大学学报》（人
　文社会科学版）2016 年第 1 期。

孙亦平：《从幸福观的角度解读庄子的生命哲学》，《南京社会科学》2012
　年第 6 期。

孙英：《论幸福的实现》，《学习与探索》2003 年第 3 期。

唐代兴：《道德与幸福的生成论思考》，《阴山学刊》2017 年第 2 期。

陶涛：《亚里士多德论功能、幸福与美德》，《伦理学研究》2013 年第
　6 期。

田海平：《人为何要“以福论德”而不“以德论福”——论功利主义的
　“福—德”趋向问题》，《学术研究》2014 年第 11 期。

田海平：《如何看待道德与幸福的一致性》，《道德与文明》2014 年第
　3 期。

托马斯·希尔、周治华：《道德与人的尊严、幸福、卓越——与托马斯·希尔教授谈康德道德哲学研究》，《道德与文明》2014 年第 6 期。

汪立夏、刘波：《至善、至德与至福：亚里士多德的幸福观》，《江西社会科学》2015 年第 6 期。

王锋、田海平：《善恶因果律的现代重构》，《河北学刊》2004 年第 5 期。

王海明：《宪政民主：提高国民总体品德的主要方法》，《山西师大学报》（社会科学版）2007 年第 5 期。

王鲁宁：《〈道德经〉"祸福相倚"幸福观与老子本体论哲学》，《理论界》2019 年第 2 期。

王蓇：《幸福与德性：启蒙传统的现代价值意涵》，《哲学研究》2014 年第 2 期。

王强：《在幸福的途中：道德何为？道德何以为?》，《道德与文明》2012 年第 2 期。

王月清：《中国佛教善恶报应论初探》，《南京大学学报》（哲学·人文科学·社会科学版）1998 年第 1 期。

王中江：《孔子的生活体验、德福观及道德自律——从郭店简〈穷达以时〉及其相关文献来考察》，《江汉论坛》2014 年第 10 期。

魏冰娥：《戴震论自然与必然及其德福一致》，《理论与现代化》2013 年第 2 期。

夏辉：《孟子对传统天命报应论的创造性转化——兼论性善论的价值合理性》，《现代哲学》2003 年第 1 期。

肖平：《道德是幸福的文化元素》，《道德与文明》2012 年第 2 期。

杨国荣：《作为伦理问题的幸福》，《南通师范学院学报》（哲学社会科学版）2002 年第 1 期。

杨伟涛：《康德实践理性视域中的德性幸福观》，《学术论坛》2013 年第 1 期。

杨先明：《中印佛教轮回报应学说与异质话语对话中新话语的创生》，《贵州社会科学》2010 年第 9 期。

杨泽波：《从德福关系看儒家的人文特质》，《中国社会科学》2010 年第 4 期。

杨泽波：《孟子道德之乐生成机理探微——牟宗三以存有论解说道德幸福质疑》，《国学学刊》2014 年第 3 期。

杨祖汉：《比较康德的德福一致论与孔子的天命观》，《深圳大学学报》（人文社会科学版）2014 年第 6 期。

姚云：《论幸福与道德的一致——康德幸福观》，《苏州大学学报》（哲学社会科学版）2014 年第 3 期。

易小明：《德福一致的内在通道及其文化扩展》，《道德与文明》2012 年第 4 期。

尹怀斌：《论康德的德福一致结构》，《道德与文明》2010 年第 4 期。

尤西林：《圆善与时间——康德伦理—宗教学的现代性》，《哲学与文化》2001 年第 6 期。

喻丰、彭凯平等：《美德是幸福的前提吗?》，《心理科学》2014 第 6 期。

张传有：《对康德德福一致至善论的反思》，《道德与文明》2012 年第 3 期。

张方玉：《“孔颜之乐”的“接着讲”：冯友兰德性幸福论的三种图景》，《中南大学学报》（社会科学版）2021 年第 2 期。

张方玉：《“孔颜之乐”与罗素“幸福之路”比较——现代德性幸福的大众化何以可能》，《理论探索》2015 年第 1 期。

张俊：《德福配享作为一种道德信仰——兼评王海明先生的德福观》，《道德与文明》2012 年第 3 期。

张俊：《儒家自然理性主义传统中的德福思想》，《浙江大学学报》（人文社会科学版）2013 年第 1 期。

张雷：《道德中间状态对德福关系的证伪》，《江西社会科学》2010 年第 9 期。

张廷国、但昭明：《在事实与价值之间——论怀特海的形而上学与道家天道观》，《湖北大学学报》（哲学社会科学版）2008 年第 4 期。

张威：《“德福一致”：政治合法性的道德基础》，《深圳大学学报》（人文社会科学版）2010 年第 4 期。

张文俊：《重塑德福一致的伦理信仰》，《东南大学学报》（哲学社会科学版）2006 年第 6 期。

张忠：《论中国善恶报应观的形成及其当代启示意义》，《中州学刊》2014 年第 9 期。

周广友：《王船山的德福关系论——以〈周易外传·困〉为中心》，《中国哲学史》2009 年第 1 期。

周全波：《古埃及的宗教经典——〈亡灵书〉》，《世界宗教文化》2004 年第 2 期。

周志锋：《字典、词典应补收"祂"字》，《现代语文》（语言研究版）2009 年第 12 期。

朱晓稳、姚朝宗、闫春平等：《大学生一般自我效能感和道德行为与幸福感的关系》，《新乡医学院学报》2014 年第 9 期。

［韩］张闰洙：《庄子的自由理念》，辽宁师范大学学报（社会科学版）2004 年第 4 期。

［美］安乐哲：《古典儒家与道家修身之共同基础》，《中国文化研究》2006 年秋之卷。

　　（二）论文集

陈立骧：《试论黄梨洲哲学思想的特性》，载赵毅、秦海滢主编《第十二届明史国际学术研讨会论文集》，辽宁师范大学出版社 2009 年版。

党相魁：《甲骨文释丛（续）》，载王宇信、宋镇豪、徐义华主编《纪念王懿荣发现甲骨文 110 周年国际学术研讨会论文集（2009 中国福山）》，社会科学文献出版社 2009 年版。

释昭慧：《有关"自然律"与"自然道德律"之佛法观点》，载弘法寺编《行愿大千》，宗教文化出版社 2006 年版。

唐永进、肖平、陈学明主编：《道德与幸福》，西南交通大学出版社 2012 年版。

张有才：《论汉传佛教和谐伦理之建构》，载觉醒主编《觉群佛学 2012》，宗教文化出版社 2013 年版。

［新加坡］龚道运：《孔孟的道德和幸福观》，载中国孔子基金会、新加坡东亚哲学研究所编《儒学国际学术讨论会论文集》，齐鲁书社 1989 年版。

　　（三）学位论文

曹峰：《我可以希望什么？——康德希望问题研究》，博士学位论文，湖南师范大学，2012 年。

陈明海：《李贽儒道佛三教思想研究》，博士学位论文，安徽大学，2013 年。

傅映兰：《佛教善恶思想研究》，博士学位论文，湖南师范大学，2013 年。

高恒天：《道德与人的幸福》，博士学位论文，复旦大学，2003 年。

蔺熙民：《隋唐时期儒释道的冲突与融合》，博士学位论文，陕西师范大学，2011 年。

唐圣：《圆觉主体的自由：牟宗三美学思想的核心问题》，博士学位论文，陕西师范大学，2011 年。

张方玉：《追寻幸福：先秦儒家幸福观研究》，博士学位论文，上海师范大学，2009 年。

张国立：《纪昀伦理思想研究》，博士学位论文，中南大学，2011 年。

张军：《社会保障制度的福利文化解析》，博士学位论文，西南财经大学，2010 年。

［泰国］李毓贤（Kewalee Petcharatip）：《中泰佛教慈善思想比较研究》，博士学位论文，南京大学，2014 年。

［英］龙爱仁（Aaron Kalman）：《〈希伯来圣经〉与〈太平经〉的思想比较》，博士学位论文，浙江大学，2014 年。

五　中译论文

［波兰］瓦·塔塔尔克威茨：《道德与幸福关系理论的历史考察》，漆玲译，《道德与文明》1991 年第 3 期。

［加］克劳德·皮杉：《幸福在道德领域中的位置——对康德道德哲学的研究》，张国华译，《湖南大学学报》（社会科学版）1998 年第 1 期。

［美］J. A. 沙弗尔：《精神哲学》（下），东方白译，《哲学译丛》1996 年第 A2 期。

［美］余纪元：《亚里士多德论幸福：在柏拉图的〈国家篇〉之后》，朱清华译，《世界哲学》2003 年第 3 期。

［瑞士］梯洛·威舍：《道德与幸福——康德与阿多诺论"希望"》，张继云、曾哲译，《东吴学术》2013 年第 2 期。

［希腊］帕诺斯·艾烈珀洛斯：《基提翁的芝诺和庄子的德性与幸福》，彭荣译，《商丘师范学院学报》2015 年第 1 期。

六　外文著作

Akrivou, Kleio, and Alejo José Sison, eds., *The challenges of capitalism for virtue ethics and the common good: Interdisciplinary perspectives*, Cheltenham: Edward Elgar Publishing, 2016.

Annas, Julia, *The Morality of Happiness*, New York: Oxford University Press, 1993.

Aristotle, *Nicomachean Ethics*, trans., Roger Crisp, Cambridge: Cambridge University Press, 2000.

Aurobindo, Sri, *The life divine*, Pondicherry: Sri Aurobindo Ashram Press, 2005.

Bentham, Jeremy, *A Fragment on Government*, Oxford: The Clarendon Press, 1891.

Bentham, Jeremy, *An Introduction to the Principles of Morals and Legislation*, New York: Oxford University Press, 2005.

Bohm, David, *Wholeness and the implicate order*, London and New York: Routledge, 2005.

Fung, Yu-Lan, *A Short History of Chinese Philosophy*, New York: The Macmillan Publishing Company, 1948.

Hegel, Georg, *Aesthetics: Lectures on fine art*, trans., T. M. Knox, New York: Oxford University Press, 1975.

Hegel, Georg, *Die Wissenschaft der Logik*, Hamburg: Felix Meiner Verlag GmbH, 2008.

Hegel, Georg, *Phänomenologie des Geistes*, Frankfurt am Main: Suhrkamp Verlag, 1970.

Hegel, Georg, *Vorlesungen über die Ästhetik*, Berlin: Duncker und Humblot, 1842.

Heidegger, Martin, *Sein und Zeit*, Frankfurt am Main: Vittorio Klostermann, 1977.

Höffe, Otfried ed., *Immanuel Kant: metaphysische Anfangsgründe der Tugendlehre. Vol.* 58, Berlin: Walter de Gruyter GmbH & Co KG, 2019.

Jaspers, Karl, *Existenzphilosophie*, Berlin/Boston: De Gruyter, 1974.

Mulnix, Jennifer Wilson, and Michael Joshua Mulnix, *Happy Lives*, *Good Lives: A Philosophical Examination*, Peterborough: Broadview Press, 2015.

Schummer, Joachim ed., *Glück und Ethik*, Würzburg: Königshausen & Neumann Verlag, 1998.

Seligman, Martin, *Authentic Happiness: Using the New Positive Psychology to Realize Your Potential for Lasting Fulfillment*, New York: Simon and Schuster, 2002.

Smuts, Jan, *Holism and evolution*, New York: The Macmillan Company, 1926.

Whitehead, Alfred North, *Process and Reality: An Essay in Cosmology*, New York: The Free Press, 1978.

七　外文论文

（一）期刊论文

［日］菅沢龍文：《ヨブの幸福とカント：最高善概念を手がかりに》，载《法政大学文学部紀要 = Bulletin of Faculty of Letters》，Hosei University，2014 年。

Baeumer, Max, "Hölderlin Und Das Hen Kai Pan", *Monatshefte*, Vol. 59, No. 2, 1967.

Baran, Paul, "On Distributed Communications Networks", *The IEEE Transactions of the Professional Technical Group on Communications Systems*, Vol. 12, No. 1, 1964.

Disselkamp, Annette, "Georg Simmel, une interprétation critique de la notion kantienne du Bonheur", *Methodos*, Savoirs et textes 4, 2004.

Edelman, P. D., etal., "In vitro cultured meat production", *Tissue Engineering*, Vol. 11, No. 5 – 6, May 2005.

Forschner, Maximilian, "Moralität und Glückseligkeit in Kants Reflexionen", *Zeitschrift Für Philosophische Forschung*, Bd. 42, H. 3, Jul. – Sep. 1988.

Hopkins, Patrick D., and Austin Dacey, "Vegetarian meat: Could technology save animals and satisfy meat eaters?" *Journal of Agricultural and Environmental Ethics*, No. 21, July 2008.

McMahon, Darrin, "From the happiness of virtue to the virtue of happiness: 400 BC-AD 1780", *Daedalus*, Vol. 133, No. 2, 2004.

Schaffer, Jonathan, "Monism: The priority of the whole", *The Philosophical Review*, Vol. 119, No. 1, 2010.

Tuomisto, Hanna L., and M. Joost Teixeira de Mattos, "Environmental impacts of cultured meat production", *Environmental science & technology*, No. 45, June 2011.

（二）学位论文

Bobonich, Christopher, *The moral and political philosophy of Plat's Laws*,

Ph. D. dissertation, University of California, Berkeley, 1990.

Cantu, Gerald, *Plato's Moral and Political Philosophy*: *Individual and Polis in the Republic*, Ph. D. dissertation, University of California, Irvine, 2010.

Contavalli, Alonso, *An overarching defense of Kant's idea of the highest good*, Ph. D. dissertation, Loyola University Chicago, 2010.

Dentsoras, Dimitrios, *Virtue*, *Knowledge*, *and Happiness*: *Stoic moral theory and its Socratic and Platonic antecedents*, Ph. D. dissertation, Princeton University, 2006.

Garcia, John, *Humanity in the Balance*: *The Relationship Between the Moral Law and the Promotion of the Moral World in Kant's Ethics*, Ph. D. dissertation, Loyola University Chicago, 2010.

McTavish, Christopher, *An experiential approach to Kant's moral philosophy A reply to dogmatism*, *formalism and rigorism*, Ph. D. dissertation, Loyola University Chicago, 2010.

Sciban, Lloyd, *Wang Yangming on moral decision*, Ph. D. dissertation, University of Toronto, 1994.

Vitrano, Christine, *The structure of happiness*, Ph. D. dissertation, City University of New York, 2006.

八　工具书

（汉）许慎撰，（清）段玉裁注：《说文解字注》，上海古籍出版社 1981 年版。

陈济编著：《甲骨文字形字典》，长征出版社 2004 年版。

陈嘉映等译：《西方大观念》，华夏出版社，2008 年版。

慈怡主编：《佛光大辞典》，高雄：佛光出版社 1988 年版。

杜友良主编：《简明英汉、汉英世界宗教词典》，中国对外翻译出版公司 1994 年版。

冯契主编：《哲学大辞典》（修订本），上海辞书出版社 2001 年版。

汉语大词典编纂处：《康熙字典：标点整理本》，汉语大词典出版社 2005 年版。

汉语大字典编辑委员会：《汉语大字典》，四川辞书出版社、湖北辞书出版社 1986 年版。

李圃主编：《古文字诂林》，上海教育出版社 1999 年版，第 1 册。

李圃主编：《古文字诂林》，上海教育出版社 2000 年版，第 2 册。

李圃主编：《古文字诂林》，上海教育出版社 2001 年版，第 3 册。

李圃主编：《古文字诂林》，上海教育出版社 2002 年版，第 4 册。

李圃主编：《古文字诂林》，上海教育出版社 2002 年版，第 5 册。

李圃主编：《古文字诂林》，上海教育出版社 2003 年版，第 9 册。

刘兴隆：《新编甲骨文字典》，国际文化出版公司 1993 年版。

刘志基等主编：《古文字考释提要总览》，上海人民出版社 2008 年版，第 1 册。

刘志基：《汉字与古代人生风俗》，华东师范大学出版社 1995 年版。

罗念生、水建馥编：《古希腊语汉语词典》，商务印书馆 2004 年版。

钱宗武：《今文〈尚书〉词汇研究》，河南大学出版社 2012 年版。

史建桥、乔永、徐从权编：《〈辞源〉修订参考资料》，商务印书馆 2011 年版。

四川大学汉语史研究所编：《汉语史研究集刊》（第二辑），巴蜀书社 2000 年版。

韦政通主编：《中国哲学辞典大全》，世界图书出版公司 1989 年版。

吴东平：《汉字的故事》，新世界出版社 2006 年版。

吴金瑞编：《拉丁汉文辞典》，台中：光启出版社 1980 年版。

谢大任主编：《拉丁语汉语词典》，商务印书馆 1988 年版。

谢光辉主编：《汉语字源字典》（图解本），北京大学出版社 2000 年版。

徐中舒主编：《甲骨文字典》，四川辞书出版社 1989 年版。

于省吾主编：《甲骨文字诂林》，中华书局 1996 年版，第 1 册。

张岱年主编：《中国哲学大辞典》，上海辞书出版社 2010 年版。

张岱年主编：《中华思想大辞典》，吉林人民出版社 1991 年版。

张世英主编：《黑格尔辞典》，吉林人民出版社 1991 年版。

郑若葵：《解字说文：中国文字的起源》，四川人民出版社 2003 年版。

左民安：《汉字例话》，中国青年出版社 1984 年版。

［德］布鲁格编著：《西洋哲学辞典》，项退结编译，台北：先知出版社 1976 年版。

［英］尼古拉斯·布宁，余纪元编著：《西方哲学英汉对照辞典》，人民出版社 2001 年版。

Watkins, Calvert ed. , *The American heritage dictionary of Indo-European roots*, Boston: Houghton Mifflin Harcourt, 2000.

九 网络文献

Crisp, Roger, "Well-Being", The Stanford Encyclopedia of Philosophy (Fall 2017 Edition), Edward N. Zalta ed. , http://plato. stanford. edu/archives/sum2015/entries/well – being/ >.

Gayle, Damien, "Artificial meat grown in a lab could become a reality THIS year", http://www. dailymail. co. uk/sciencetech/article – 2087837/Test – tube – meat – reality – year – scientists – work – make – profitable. html, 2012 – 01 – 17.

Gyekye, Kwame, "African Ethics", The Stanford Encyclopedia of Philosophy (Fall 2011 Edition), Edward N. Zalta ed. , https://plato. stanford. edu/archives/fall2011/entries/africanethics/, 2020 – 11 – 29.

Harper, Douglas ed. , "Well-being", online etymology dictionary, http://www. etymonline. com/index. php? allowed_ in_ frame = 0&search = well – being.

Jha, Alok, "Synthetic meat: how the world's costliest burger made it on to the plate", http://www. theguardian. com/science/2013/aug/05/synthetic – meat – burger – stem – cells, 2013 – 08 – 05.

Ruut, Veenhoven, "World Database of Happiness", Erasmus University Rotterdam, The Netherlands, Assessed on (date) at: https://worlddatabaseofhappiness. eur. nl/, 2021 – 06 – 29.

索　引

后　记

　　一位匿名评审专家对笔者的博士学位论文——《道德与幸福同一性的精神哲学形态》评价如下："道德与幸福的同一性问题是道德哲学史上非常重要的理论问题，也是一个具有重大争议和挑战性的问题。论文选题难度大，具有重要的理论价值和现实意义，从精神哲学的视域系统地进行理论分析和建构，表明作者具有很强的理论创新性，亦具有难得的学术勇气。纵观全文，结构严谨合理，逻辑性强，构思精巧；语言表达流畅，具有很好的文字驾驭能力和表达能力；论文提出了许多前人未充分论证的观点，有理有据，自成一家之言；论文资料翔实，引用得当，有自己独立的见解和认识。总之，这是一篇优秀的博士学位论文。"并给予96分的高评分。十分感激匿名评审老师的用心评阅，十分感谢您的认可、鼓励、指正和指导！

　　2006年，笔者开始对"德福同一"或者"德福一致"难题展开学术性研究。撰写《永恒之秤》一文（1万字，已完成），文章的核心观念是"永恒本身是万事万物之合理性的最终评判标准"。文章写道："哲学最关注人生、最关注现实。哲学最直接面对的是现实的、当下的、活生生的世界及其内容。处在这个现实中的人，会切身地有这样一种感受：这个世界有太多不合理的现象存在，比如德福不一致、犯罪邪恶的存在。……永恒本身是最终极的评判标准——永恒之秤，永恒本身是评判万事万物之合理性的一杆秤……永恒本身是完满自足的，人对于永恒而言是没有意义、没有价值的，但是，正是基于这个终极性的反省，人才要去争得人的价值和尊严，因为人的价值、人生的意义在于：人让自身具有永恒性。……人要成为人，必然要追求永恒……见永恒，乃见死生之意；见永恒，方能自我拯救。在永恒面前，人没有一丝一毫向不合理之现实妥协的余地。我们每一个人的责任是：让现实朝向永恒，且以永恒的标准来引导和规范我们当下的现实和人生。"

2007 年至 2010 年，在硕士生导师高小强教授的指导下，笔者研究儒家哲学和康德哲学，撰写论文《定言命令式如何可能》（5 万字，已完成），论文涉及"德福一致"问题。"人所获致的幸福应当与其德性严格相称，因为'唯有德性是应当得到幸福的'，德性是获得幸福的前提……如果将理性和道德作为实现幸福的手段，使道德法则去顺应人的主观愿望和爱好，那么人只是为了幸福才做出道德行动。由于幸福只是一个经验性的概念，人们无法对幸福形成一个普遍必然统一的认识，如果将其纳入达成道德行为的准则的根据中，使幸福成为道德行为的根据，那么这会在根本上败坏道德。"

2010 年至 2016 年，在博士生导师樊和平教授的指导下，笔者专门研究"道德与幸福同一性的逻辑形态"，撰写论文《道德与幸福同一性的精神哲学形态》（25 万字，已完成），主要从逻辑角度研究"德福同一性"。"精神哲学的本质为'个人如何精神地理解全体或一'。在精神哲学中，'一'被理解为经验的个体或共同体、超验的神和先验的形上本原，同一性被阐释为同于'一'性，相应地同一性也具有三大类型；道德即全体的价值之善，幸福即全体的事实之好，由此，德福的同一性转化为'善好如何在全体中获得统一'。依据'一'和'同一性'的三大类型，生成了德福同一性的经验、超验和先验三大样态：其经验同一性是在诸经验共同体中寻求二者的现实同一性；其超验同一性以绝对地信仰神为前提，通过神之全能来达成二者的终极同一；其先验同一性强调人的能动性与形上本原、绝对价值之间的结合，在无限的道德生活中促进二者的同一。以德福的三大同一性为基础，个人才能系统地应对德福难题。"

2016 年至 2020 年，笔者专门研究"道德与幸福同一性的现实形态"，撰写论文《道德与幸福同一性的网络哲学形态》（20 万字，已完成），主要从现实角度研究"德福同一性"。"互联网时代是一个全新的时代，是一个'万有互联'的时代。从互联网的设计架构层面讲，互联网采用'分布式结构'，其主要特点为：第一，去中心化；第二，'网络节点'之间是平等关系；第三，'网络节点'之间是互联互通的。这种结构体现了平等的互联互通精神。从互联网的内容看，网络技术将'万有'转换为'二进制数字信号'，'万有'之间的区隔被打破，'万有'作为'数字信号'能够在'分布式网络'中自由地流通，继而形成'虚拟空间'。融合互联网的结构和内容，互联网具有如下特征：自由，平等，互联互通，虚拟性。在此基础上，探究'道德''幸福'及'德福同一性'在互联网语境中发生的变化，提出互联网时代道德与幸福的三大同一性形态：自由形态，异化形态，至善形态。"

2020 年开始，笔者专门研究"道德与幸福同一性的历史形态"，主要从历史角度研究"德福同一性"，计划写作 20 万字，书名为《道德与幸福同一性的历史哲学形态》。"德福同一性的历史哲学形态由四大方面组成，分别是：道德论形态、幸福论形态、中介论形态和因果律形态。德福同一性的四大历史哲学形态被统摄在一个完整的系统中，换言之，四大历史哲学形态相互合作和补充，才能较为全面系统地解答德福一致难题。德福同一性的历史哲学形态不仅是一种历史形态，更是一种现实形态，因为每一种形态都是一种具有终极意义的范型，是现实生活追求的目标，对促成德福一致的实现具有重大的引导作用。"

对于"德福同一性"难题的研究，在我的精神生命里，要深深感谢我的两位授业恩师：樊和平先生，任教于东南大学哲学与科学系；高小强先生，任教于四川大学哲学系。在我的情感生命里，深深感念我的至亲：外祖父敬清武，外祖母赵新琼，祖父任坤顺，祖母罗庆芬，父亲任毅，母亲敬高芬。特别感谢郝玉明副编审精心的编校工作，受益良多。在此，一并向其他老师、朋友、亲人致谢，你们一直在滋养着我的精神生命和情感生命，帮助我成长。面对所有的关心、帮助和呵护，我永远心存感激，永远激励自己成长为更善、更美好的人！

任春强

记于修远图书馆

2022 年 5 月 1 日